VOYAGE

DANS

L'HÉMISPHÈRE AUSTRAL,

ET

AUTOUR DU MONDE.

TOME QUATRIÈME.

VOYAGE

DANS

L'HÉMISPHÈRE AUSTRAL,

ET

AUTOUR DU MONDE.

TOME QUATRIÈME.

VOYAGE

DANS

L'HÉMISPHÈRE AUSTRAL,

ET

AUTOUR DU MONDE,

FAIT SUR LES VAISSEAUX DE ROI, *L'Aventure*, & *la Résolution*, en 1772, 1773, 1774 & 1775.

Écrit par JACQUES COOK, *Commandant de* la Résolution,

Dans lequel on a inféré

La Relation du Capitaine FURNEAUX, & celle de MM. FORSTER.

TRADUIT DE L'ANGLOIS.

Ouvrage enrichi de Plans, de Cartes, de Planches, de Portraits, & de Vues de Pays, deffinés pendant l'Expédition, par M. HODGES.

TOME QUATRIEME.

A PARIS,

HÔTEL DE THOU, RUE DES POITEVINS.

M. DCC. LXXVIII.

AVEC APPROBATION ET PRIVILÉGE DU ROI.

VOYAGE

DANS

L'HÉMISPHÈRE AUSTRAL,

ET

AUTOUR DU MONDE,

FAIT SUR LES VAISSEAUX DE ROI, l'Aventure...

... 1772, 1773, 1774 et 1775.

Écrit par JACQUES COOK, Commandant de la Résolution;

Dans lequel on a inséré

La Relation du Capitaine FURNEAUX, & celle de MM. FORSTER.

TRADUIT DE L'ANGLOIS.

Ouvrage enrichi de ... de Cartes, de Planches, ... &c.
& Figures ... par M. HODGES.

TOME QUATRIÈME.

A PARIS,

HOTEL DE THOU, RUE DES POITEVINS.

M. DCC. LXXVIII.

TABLE
DES CHAPITRES

Contenus dans ce Volume.

a iij

DES CHAPITRES. vij

VOYAGE

VOYAGE
DANS
L'HEMISPHÈRE AUSTRAL
ET AUTOUR DU MONDE.

LIVRE QUATRIEME.

DEPUIS notre départ de la Nouvelle-Zélande, jusqu'à notre retour en Angleterre.

CHAPITRE PREMIER.

TRAVERSÉE de la Nouvelle-Zélande à la Terre de Feu. Traversée du Cap Déséada au Canal de Noël ; & Description de cette partie de la Côte.

Barbara præruptis, inclusa est (insula) saxis :
Horrida, desertis undique vasta locis.
Umbrarum nullo ver est lætabile fœtu,
Nullaque in infausto nascitur herba solo.   SENEC.

LE 10, à la pointe du jour, nous levâmes l'ancre avec une jolie brise de l'O. N. O., & je portai hors du Canal ; &, après

ANN. 1774.
10 Novemb.

Tome IV.   A

qu'on eut tourné les deux freres, je gouvernai sur le Cap Campbell, qui est à l'entrée S. O. du détroit, à l'aide d'une bonne brise du Nord, & toutes voiles dehors. A quatre heures après-midi, nous dépassâmes le Cap à la distance de quatre ou cinq lieues, & je marchai ensuite S. S. E. $\frac{1}{2}$ E. avec un vent du N. O., & un tems brumeux.

11. LE LENDEMAIN, le vent passa par l'Ouest au Sud, & nous porta plus à l'Est que je ne le desirois. A sept heures du soir, les montagnes de neige nous restoient O. $\frac{1}{4}$ S. O. & le Cap Palliser au N. $\frac{1}{2}$ O., à seize ou dix-sept lieues. C'est de ce Cap que je pris, pour la troisieme fois, mon point de départ. A la suite de quelques heures de calme, une brise s'éleva du Nord, & je cinglai S. $\frac{1}{4}$ S. E. à toutes voiles, dans la vue d'atteindre le cinquante-quatrieme ou cinquante-cinquieme degré de latitude: je projetois de traverser ce vaste Océan, à-peu-près dans ces paralleles, & de reconnoître ainsi les parages que nous n'avions pas examinés l'été précédent.

12. LE MATIN du 12, le vent devint bon frais.

« NOUS AVIONS PERDU la Nouvelle-Zélande de vue: comme
» aucune Terre ne sembloit devoir arrêter notre marche,
» nous commençâmes cette navigation avec plus de gaieté
» que la derniere campagne que nous venions de faire au
» Sud: d'ailleurs les vents d'Ouest, qui dominent dans ces
» latitudes, étoient en notre faveur, & nous savions que
» les travaux les fatigues & de notre long Voyage appro-
» choient de leur fin. Nous nous croyions déjà hors de

» tout danger, & l'espérance de revoir l'Europe, après tant
» de périls & de peines, sembloit nous inspirer une nou-
» velle ardeur. »

A MIDI, la latitude observée fut de 43ᵈ 13′ 30″ Sud, &
la longitude 176ᵈ 41′ Est: on apperçut un poisson extraordinaire, de l'espèce des baleines, & quelques personnes
l'appelerent un *Monstre de Mer*: « Il étoit long d'environ
» douze verges; il avoit la tête oblongue & écrasée, &
» pardessus des sillons longitudinaux & des proéminences
» qui leur correspondoient. Deux petites ouvertures en
» demi-lune lui servoient d'yeux, & par-là il jetoit de l'eau.
» Il étoit par-tout tacheté de blanc: deux grandes nageoires
» sortoient de derriere la tête, mais aucune du dos. Ce
» poisson semble inconnu jusqu'à présent. » Pour moi, je ne
le vis point. L'après-midi, les pintades-péterels commencerent à paroître.

LE 13, au matin, le vent tourna au O. S. O. à trois
heures, nous crûmes voir une Terre au S. O.; nous portâmes
dessus; mais on reconnut bientôt que c'étoit de la brume.
Je marchai ensuite S. E. ¼ S. & bientôt on apperçut un veau
marin. A midi, la latitude, suivant l'estime, fut de 44ᵈ 25′,
& la longitude 177ᵈ 31′ Est. Il y eut de la brume tout
l'après-midi. A six heures du soir, le vent sauta au N. E. ¼ N.
& devint grand frais, accompagné d'une brume très-épaisse:
je marchai S. E. ¼ S.

13.

LE 14, à minuit, on apperçut un autre veau marin. A
midi, nous étions par 45ᵈ 54′ de latitude & 179ᵈ 29 de
longitude Est.

14.

« Nous découvrîmes une voie d'eau que nous avions
» fait dans le Canal de la Reine Charlotte ; mais elle ne
» nous caufa pas beaucoup d'inquiétudes, parce que l'eau
» ne s'accroiffoit, dans le puits de la pompe, que de cinq
» pouces en huit heures. Les vents d'Oueft fifflerent
» avec une violence furprenante ; les vagues étoient d'une
» groffeur extrême , & quelquefois de plufieurs cen-
» taines de verges de long ; le roulis du vaiffeau extrê-
» mement défagréable, quand le vent venoit de l'arriere ;
» & quoiqu'on ait fuppofé que l'inclinaifon d'un vaiffeau,
» dans le plus grand roulis, ne furpaffe jamais vingt degrés,
» nous l'obfervâmes de plus de trente degrés, & M. Wales
» l'obferva enfuite de plus de trente-huit degrés, comme on
» le dira plus bas. »

15.   Le 15, à minuit, le vent tourna à l'Oueft ; la brume fe
diffipa, mais le tems continua à être nébuleux. A midi, la
latitude fut de 47ᵈ 30′, & la longitude 178ᵈ 19′ Oueft ; car,
ayant paffé le Méridien de 180ᵈ Eft, je compte maintenant
à l'Oueft du premier Méridien de Gréenwich. Le foir, nous
16.   entendîmes des penguins, & le lendemain nous vîmes des
paffe-pierres & des goëfmons. A midi, une brife fraîche fe
leva de l'Oueft, & le ciel fut beau : nous étions par 49ᵈ 33′
de latitude obfervée, & 175ᵈ 31′ de longitude Oueft.

17.   Le lendemain, le vent fraîchit & le tems devint brumeux : nous apperçûmes un veau marin & différens morceaux de goëfmon. A midi, la latitude fut de 51ᵈ 12′, & la
longitude de 173ᵈ 17′ Oueft. Le vent paffa au N. & au
N. O. ¼ N., & fouffla par raffales, qui déchirerent une vieille

voile de perroquet, & nous obligerent à prendre deux ris aux huniers; mais, le soir, le vent mollit & tourna à l'O. N. O.; alors nous larguâmes les ris: étant par 51ᵈ 47′ de latitude, & 172ᵈ 21′ de longitude Ouest, nous trouvâmes que le compas déclinoit de 3ᵈ 52′ Est. Le lendemain 18, par 52ᵈ 25′ de latitude, & 170ᵈ 45′ de longitude Ouest, il déclinoit de 10ᵈ 26′ Est. Vers midi, nous eûmes un tems modéré, mais brumeux, & une grosse houle de l'Ouest. On apperçut des penguins & des morceaux de goëfmon.

Le 19, je gouvernai E. S. E. avec un vent grand frais du Nord: le tems fut brumeux & sale. A midi, nous étions par 53ᵈ 43′ de latitude, & 166ᵈ 15′ de longitude Ouest.

Le 20, je marchai E. ¼ S. E., avec une brife modérée du Nord, accompagnée d'une brume épaisse. A midi, la latitude fut de 54ᵈ 8′, & de 162ᵈ 18′ de longitude Ouest.

Le 21, le vent soufflant principalement du N. E. grand frais, accompagné d'un tems épais, brumeux & sale, notre route fut S. E. ¼ S.: la latitude, à midi, de 55ᵈ 31′, & la longitude 160ᵈ 29′. Nous vîmes une grande quantité de péterels bleus & quelques penguins.

Les vents frais du N. O. ¼ N. & du N. ¼ N. O., & la brume durerent jusqu'à midi du 22, que le tems s'éclaircit; & nous observâmes 55ᵈ 48′ de latitude Sud, & 156ᵈ 56′ de longitude Ouest. L'après-midi, il y eut un calme de quelques heures; ensuite le vent passa au S. S. E. & S. E. ¼ S. petite brife, avec laquelle je gouvernai Est en inclinant au Nord.

6 VOYAGE

La nuit, l'aurore auftrale fe montra; mais elle fut très-foible; & point du tout remarquable.

23.

Le 23, par 55ᵈ 46' de latitude Sud, & 156ᵈ 13' de longitude Oueft, la déclinaifon de l'aimant fut de 9ᵈ 42' Eft. Nous eûmes un calme, depuis dix heures du matin jufqu'à fix du foir, lorfqu'une brife fe leva de l'Oueft : d'abord elle fut foible, mais enfuite elle fraîchit. Notre route étoit N. E. $\frac{1}{2}$ N.

24.

Le 24, il y eut une brife fraîche du N. O. $\frac{1}{4}$ O. & du N. $\frac{1}{4}$ N. O. A midi, la latitude fut de 55ᵈ 38' Sud, & la longitude 153ᵈ 37' Oueft; le tems brumeux toute la nuit; mais,

25.

le lendemain, il y eut un bon frais de N. O., accompagné d'un tems clair & agréable : je marchai E. $\frac{1}{4}$ N. E. Le foir, par 55ᵈ 8' de latitude Sud, & 148ᵈ 10' de longitude Oueft, la déclinaifon, d'après un réfultat moyen de deux compas, fut de 6ᵈ 35' $\frac{1}{2}$ Eft.

26, 27.

Ayant un vent frais du N. N. O., le 26 & le 27, nous marchâmes à l'Eft; & à midi du dernier jour, nous étions par 55ᵈ 6' de latitude Sud, & 138ᵈ 56' de longitude Oueft. « Nous fîmes ce jour cent quatre-vingt-quatre milles par » le lok, efpace de chemin, plus confidérable que la Réfo- » lution n'en avoit jamais fait. » Je n'avois plus d'efpoir de trouver de Terres dans cet Océan, & je réfolus de gouverner directement fur l'entrée occidentale du détroit de Magellan, dans la vue de côtoyer en-dehors, ou de longer le côté méridional de la Terre de Feu, autour du Cap de Horn, jufqu'au détroit de le Maire. Comme on connoît

imparfaitement cette Côte, je crus qu'il feroit plus utile à la
Navigation & à la Géographie de la bien examiner, que de
cingler dans une latitude plus élevée, fans rien découvrir.
L'après-midi, le vent fouffla par raffales, & emporta le mât
de grand perroquet.

UN VENT très-froid du Nord, accompagné d'un tems de
brume & de pluie, nous obligea à prendre deux ris aux
huniers, à ferler le hunier d'artimon, & à abattre la vergue du
petit perroquet. Le matin du 28, la ralingue du grand hunier
caffa, & fit déchirer la voile. J'ai remarqué que les ralingues de
toutes nos voiles, & fur-tout des voiles quartées, ne font pas
affez groffes & affez fortes pour porter la toile. A midi, nous
étions par 55ᵈ 20′ de latitude Sud, & 134ᵈ 16′ de longitude
Oueft; nous avions une groffe houle du N. O.: nous vîmes
des albatroffes & des péterels bleus.

LE LENDEMAIN, vers midi, le vent diminuant, on largua
tous les ris des huniers, on remit un autre mât de perroquet & on replaça les vergues. Il y eut peu de vent l'après-
midi, & le tems fut brumeux; &, à minuit, un calme fur-
vint, qui dura jufqu'à midi du lendemain : alors il fe leva de
l'Eft une brife, avec laquelle nous forçâmes de voiles au
Nord. Nous étions par 55ᵈ 32′ de latitude Sud, & 128ᵈ 45′
de longitude Oueft. On voyoit des albatroffes & des péterels. A huit heures du foir, le vent tournant au N. E., je
revirai de bord pour porter à l'E. S. E.

LE PREMIER DÉCEMBRE, il y eut un tems épais, brumeux, avec une petite pluie & une brife modérée, qui, à

trois heures après-midi, tomba en calme: notre latitude étoit de 55ᵈ 41' Sud, & notre longitude 127ᵈ 5' Ouest. Après quatre heures de calme, la brume s'éclaircit, & nous atteignîmes un vent de S. E., avec lequel je cinglai au N. E.

2.

LE LENDEMAIN, il y eut une brise fraîche du S. E. & un tems brumeux, excepté pendant quelques heures de la matinée: l'aimant déclinoit de 1ᵈ 28' Est, par 55ᵈ 17' de latitude, & 125ᵈ 41' de longitude Ouest: la déclinaison parût augmenter ensuite; car le 4, au matin, par 53ᵈ 21' de latitude, & 121ᵈ 31' de longitude Ouest, elle étoit de 3ᵈ 16' Est; le soir, par 53ᵈ 13' de latitude, & 119ᵈ 46' de longitude Ouest, elle fut de 3ᵈ 28' Est: & le 5, à six heures du soir, par 53ᵈ 8' de latitude, & 115ᵈ 58' de longitude Ouest, elle fut de 4ᵈ 1' Est.

4.

5.

UN BON VENT du Sud dura plus de vingt-quatre heures; ce qui me mit en état de gouverner Est, en dérivant très-peu au Nord; le vent passant ensuite au S. O., & devenant une brise ferme, nous continuâmes à marcher à l'Est un peu au Sud.

6.

LE 6, il y eut quelques ondées de neige. Le soir, par 53ᵈ 13' de latitude, & 111ᵈ 12' de longitude, la déclinaison fut de 4ᵈ 58' Est; &, le lendemain, par 58ᵈ 16' de latitude, & 109ᵈ 33' de longitude, elle fut 5ᵈ 11' Est.

7.

LE VENT souffloit alors de l'Ouest, bon frais, accompagné quelquefois d'ondées de pluie. Il n'arriva rien de remarquable jusqu'au 9, à midi, lorsque, par 53ᵈ 37' de latitude,

9.

                                     & 103ᵈ

& 103ᵈ 44′ de longitude Oueſt, le vent ſauta au N. E.: il
tourna peu-à-peu au Sud par l'Eſt & le S. E., accompagné
d'un tems de brume & de nuages, & de quelques ondées de
pluie.

LE 10, un peu avant midi, par 54ᵈ de latitude & 102ᵈ
7′ de longitude Oueſt, nous dépaſsâmes un petit banc de
goëſmon. L'après-midi, le vent ſauta au S. O.; ſouffla grand
frais, accompagné d'un tems ſombre & nébuleux. Je gouvernai E. un demi-rumb au N., & le lendemain, à ſix heures
du ſoir, par 53ᵈ 35′ de latitude & 95ᵈ 52′ de longitude
Oueſt, la déclinaiſon de l'aimant fut de 3ᵈ 58′ Eſt. Il y
avoit, autour du vaiſſeau, un grand nombre d'albatroſſes
de différentes eſpèces.

LE 12, le vent paſſa à l'O. N. O., & le ſoir au Nord, &
enfin il y eut calme : ce calme dura juſqu'à minuit, tems
où nous atteignîmes une briſe du Sud, qui, bientôt après,
tournant & ſe fixant à l'Oueſt, nous gouvernâmes Eſt. Le
14, au matin, on trouva que la déclinaiſon de l'aimant étoit
de 13ᵈ 25′ Eſt, la latitude 53ᵈ 25′, & la longitude 87ᵈ 53′
Oueſt : l'après-midi, par la même latitude & 88ᵈ 2′ de longitude Oueſt, elle étoit de 15ᵈ 3′ Eſt, & elle s'accrut tellement que, le 15, par 53ᵈ 30′ de latitude, & 82ᵈ 23′ de
longitude Oueſt, elle fut de 17ᵈ Eſt; le lendemain, au ſoir,
par 53ᵈ 25′ de latitude & 78ᵈ 40′ de longitude, elle fut de
17ᵈ 38′ Eſt. Vers ce tems, nous vîmes un penguin & du
goëſmon; &, le lendemain, un veau marin & des péterels-
plongeurs. Les trois derniers jours, le vent avoit ſoufflé de
l'Oueſt, bon frais, accompagné par intervalles d'ondées de
pluie ou de grêle.

Tome IV. B

10.

11.

12.

14.

15.

16.

ANN. 1774.
17 Décemb.

A SIX HEURES du matin du 17, à-peu-près par la latitude dont on vient de parler, & 77ᵈ 10′ de longitude Oueſt, la déclinaiſon de l'aimant fut de 18ᵈ 33′ Eſt; &, l'après-midi, de 21ᵈ 38′ par 53ᵈ 16′ de latitude S., & 75ᵈ 9′ de longitude Oueſt. Le matin, ainſi que l'après-midi, je fis quelques obſervations pour déterminer la longitude par la Montre marine, & les réſultats réduits à midi, donnerent 76ᵈ 18′ 30″ Oueſt. La longitude, ſuivant l'eſtime, étoit en même-tems de 76ᵈ 17′ Oueſt; mais j'ai lieu de croire que nous étions environ un demi-degré plus à l'Oueſt que l'un ou l'autre de ces deux points : notre latitude étoit de 53ᵈ 21′ S.

Nous GOUVERNAMES E. ¼ N. E. & E. ½ N. pendant tout le jour, avec toutes les voiles que nous pouvions porter, & un bon vent frais du N. O. ¼ O. : nous nous attendions à voir la terre avant la nuit ; mais nous ne la découvrîmes qu'à dix heures : on ferla les bonnettes, les voiles de perroquet, & on prit un ris à chaque hunier, & je marchai E. N. E., afin d'être ſûr de rencontrer le Cap Déſéada.

DEUX HEURES APRÈS, nous apperçûmes la terre qui s'étendoit du N. E. ¼ N. à l'E. ½ S. E., à la diſtance d'environ ſix lieues. On revira tout de ſuite de bord, on mit à la cape, l'avant du vaiſſeau tourné au S. : la ſonde rapporta ſoixante-quinze braſſes, fond de pierres & de coquilles. La terre, qui étoit devant nous, ne pouvoit être que la côte occidentale de la terre de Feu, près de l'entrée Oueſt du détroit de Magellan.

COMME c'eſt la premiere route qu'on ait fait directe-

ment à travers cette mer, dans une haute latitude méridionale *(a)*, j'ai rapporté un peu en détail tout ce qui nous
eft arrivé d'important ; &, en tout, je dois obferver que je
n'ai jamais fait nulle part une traverfée fi longue, & même
beaucoup plus courte, où j'aie remarqué fi peu de circonf-
tances intéreffantes ; car, fi j'en excepte la déclinaifon de
l'aimant, je ne fache rien qui vaille la peine d'être confervé.
« Quoique la *Réfolution* fût un lourd voilier, nous fîmes
» plus de quarante lieues par jour. » Le tems n'avoit été
ni extrêmement orageux ni extrêmement froid. Avant d'atteindre le cinquantieme degré de latitude, le mercure du
thermomètre tomba peu-à-peu de 60 à 50, &, après que
nous eûmes gagné le cinquante-cinquieme parallèle, il fe
tint ordinairement entre quarante-fept & quarante-cinq ;
une fois ou deux il tomba à quarante-trois. Nous obfer-
vons le thermomètre à midi.

JE N'AI PLUS RIEN A DIRE de la Mer du Sud, & je me flatte
de l'avoir affez reconnue. Il me femble que, pour remplir le
but de cette expédition, perfonne n'avancera qu'on pouvoit
faire plus dans un feul Voyage. Bientôt après notre départ
de la Nouvelle-Zélande, M. Wales imagina & monta un
inftrument qui mefuroit très-exactement l'angle du roulis
du vaiffeau, lorfque nous naviguions dans une grande
mer, ainfi que lorfque nous marchions fur le vent. Il   6.
obferva que l'angle le plus ouvert étoit de 38ᵈ : ce fut le 6

(*a*) L'Aventure avoit fait cette même route ; mais je ne le favois
pas alors.

B 2

de ce mois, en un moment où la mer n'étoit pas extrêmement haute : de forte que nous avions eu fûrement un roulis
plus confidérable : il ne remarqua pas que nous donnaffions
jamais la bande de plus de 18^d ; & nous portions alors les
huniers, deux ris pris, & les baffes voiles.

    « Le poisson, qu'on avoit falé à la Nouvelle-Zélande,
» dura toute la traverfée; l'équipage fe trouva très-bien d'en
» manger plutôt que du bœuf & du porc falés, qui caufoient
» un dégoût univerfel. M. Cook lui-même déclara que pro-
» bablement il n'en mangeroit jamais avec un certain degré
» de plaifir. La *fourkrout* étoit auffi bonne que jamais ; mais
» la drêche étoit fort endommagée ; elle avoit perdu une
» partie de fa vertu , parce qu'on l'avoit mife dans des
» tonneaux de bois verd. »

18.

    Le 18, à trois heures du matin, la fonde rapporta dix
braffes , même fond que ci-deffus : nous fîmes de la voile
avec un vent frais du N. O. , & on gouverna S. E. $\frac{1}{4}$ E. le
long de la côte : du Cap Déféada, qui nous reftoit au N.
7^d E. elle s'étendoit à l'E. S. E. : nous avions au N. 49^d E. , à
quatre lieues, une Ifle hachée affez haute, qui gît à près d'une
lieue de la grande terre, & au S. 18^d E., à fix lieues du Cap
Déféada. Je lui donnai le nom de *Landfall* (atterrage) : à
quatre heures, nous étions au Nord & Sud de la haute terre
du Cap Déféada , éloigné d'environ neuf lieues : de forte
que nous ne vîmes aucun des rochers bas qu'on dit être
par fon travers. La latitude de ce Cap eft d'environ 53^d S.,
& fa longitude 74^d $40'$ Oueft.

    « La partie de l'Amérique, qui frappoit nos regards, étoit

ANN. 1774.
Décembre.

» d'un afpect fort trifte ; elle fembloit découpée en pe-
» tites Ifles, qui, quoique peu hautes, étoient cependant
» très-noires, & prefque entièrement ftériles. Parderriere,
» nous appercevions de hautes terres hachées, & couvertes
» de neige, prefque jufqu'au bord de l'eau ; mais de groffes
» troupes de nigauds, de fauchets, &c. nous faifoient efpé-
» rer de prendre des rafraîchiffemens, fi nous pouvions
» trouver un Havre. »

JE CONTINUAI à ranger la côte à environ deux lieues au
large, & à deux heures nous dépafsâmes une pointe avancée,
que j'appelai le Cap *Glocefter*. Il préfente une furface ronde
d'une hauteur confidérable, & il reffemble beaucoup à une
Ifle : il gît S. S. E. ½ E., à dix-fept lieues de l'Ifle de *Landfall*. La côte, entre les deux terres, forme deux Baies jon-
chées d'Iflots, de roches, de rochers & de brifans. La côte
paroiffoit être brifée par plufieurs goulets, ou plutôt elle
fembloit compofée d'un grand nombre d'Ifles. La terre eft
très-montueufe, remplie de rochers, ftérile & parfemée çà
& là de quelques touffes de bois & de cercles de neige. A
midi, nous avions le Cap Glocefter au Nord, à huit milles,
& la pointe de la terre la plus avancée au S. E., que nous
prîmes pour le Cap Noir, nous reftoit au S. E. ¼ S., à fept ou
huit lieues. On obferva 54ᵈ 13′ de latitude S., & la longitude, comptée depuis le Cap Déléada, fut de 5 4′ Eft. Du
Cap Glocefter, en travers duquel gît une petite Ifle de
roche, la côte court à-peu-près S. E. ; mais, fi l'on veut aller
au Cap Noir, fur lequel je gouvernai, la route eft S. S. E.,
& la diftance d'environ dix lieues.

A TROIS HEURES, nous dépaſsâmes le Cap Noir; c'eſt un rocher eſcarpé d'une hauteur conſidérable, & la pointe S. O. d'une grande Iſle, qui paroiſſoit détachée à une lieue ou une lieue & demie de la grande terre. La terre du Cap, quand nous en étions éloignés, reſſembloit à une Iſle ſépa- rée de l'autre; mais, en l'approchant, nous reconnûmes qu'elle eſt jointe par une langue baſſe. A la pointe du Cap, il y a deux rochers; l'un en forme de pain de ſucre; & l'autre, moins élevé, offre une ſurface ronde: au S. $\frac{1}{4}$ S. E., à deux lieues du Cap, on trouve deux autres Iſlots de roches. Ce Cap gît par 54^d 30$'$ de latitude S., & 73^d 33$'$ de longi- tude Oueſt.

APRÈS avoir dépaſſé les deux Iſlots, nous gouvernâmes E. S. E., traverſant la grande Baie de Sainte-Barbe : nous ap- perçûmes à peine la terre qui eſt au fond, & dont nous n'étions pas éloignés de moins de ſept ou huit lieues. Dans un eſpace qui court E. N. E. du Cap Noir, on ne découvroit point de terre : c'eſt peut-être le canal de Sainte-Barbe, qui débouche dans le détroit de Magellan, comme le dit Fraizier. Le Cap répond très-bien à ſa Deſcription : ce qui prouve qu'il a donné les poſitions du Canal d'après de bons Mé- moires.

« CETTE EXTRÉMITÉ de la Terre de Feu eſt marquée
» avec exactitude dans les Cartes des Eſpagnols : leurs pre-
» miers Navigateurs ont reconnu & nommé en particulier
» les différentes Iſles & Canaux qui la compoſent. L'une
» des meilleures Cartes de cette eſpèce, ſe trouve dans la

» traduction de la Relation anonyme du Voyage autour
» du monde de M. Byron, par le Docteur Casimir Gomez
» Ortéga. Suivant leurs découvertes, nous avons trouvé un
» grand nombre d'Isles séparées. »

A DIX HEURES, en nous approchant de la pointe S. E.
de la Baie qui gît à-peu-près dans la direction du S. 60ᵈ E.
du Cap Noir, à 18 lieues, on diminua de voiles, & nous
passâmes la nuit à louvoyer.

LE 19, à deux heures du matin, après avoir fait de la
voile, on gouverna S. E. ¼ E., le long de la côte. Nous dépassâmes bientôt la pointe S. E. de la Baie de Sainte-Barbe,
que je nommai le Cap *Désolation*, parce que c'est dans ces
environs que commence le pays le plus stérile & le plus affreux
que j'aie jamais vu. Il gît par 54ᵈ 55′ de latit. S. & 72ᵈ 12′ de
long. O. A environ quatre lieues à l'Est de ce Cap, est un goulet
profond, à l'entrée duquel se trouvent une Isle assez grande,
& d'autres moindres. Quelques Cartes placent à-peu-près
ici un Canal, qui conduit dans le détroit de Magellan, sous
le nom de Détroit de *Jelouzell*. A dix heures, environ à
une lieue & demie de terre, la sonde rapporta soixante brasses,
fond de petites pierres & de coquillages.

LE VENT, qui avoit été frais du N. ¼ N. O., commença
à diminuer : à midi, il y eut calme : nous observâmes 55ᵈ
20′ de latitude S. ; & la longitude comptée depuis le Cap
Déséada, fut de 3ᵈ 24′ E. Dans cette position, nous étions à
environ trois lieues de la côte la plus proche, qui étoit une
Isle : je l'appelai Isle *Gilbert*, d'après le nom de mon Maître

ANN. 1774.
Décembre.

d'équipage ; elle eſt de la même élévation que le reſte de la côte, & elle préſente une ſurface compoſée de pluſieurs rochers en pic, de hauteurs inégales : un peu au Sud, il y a des Iſles plus petites, &, en-dehors de ces Iſles, des briſans.

J'AI OBSERVÉ plus haut que c'eſt la côte la plus affreuſe que j'aie jamais vue : elle paroît remplie entièrement de montagnes, de roches, ſans la moindre apparence de végétation. Ces montagnes aboutiſſent à d'horribles précipices, dont les ſommets eſcarpés s'élèvent à une grande hauteur : il n'y a peut-être rien dans la Nature qui offre des points de vue auſſi ſauvages : les montagnes de l'intérieur étoient couvertes de neige, mais celles de la côte de la Mer ne l'étoient pas : nous jugeâmes que les premieres appartenoient à la Terre de Feu, & que les autres étoient de petites Iſles, rangées de maniere qu'en apparence, elles formoient une côte non-interrompue.

APRÈS trois heures de calme, nous eûmes une briſe du S. E. ¼ E., & ayant fait une courte bordée au Sud, je portai ſur la terre : la pointe la plus avancée qui fût dans notre horizon nous reſtoit à l'Eſt, à dix lieues de diſtance. C'eſt un Promontoire élevé, qui court E. S. E., à dix-neuf lieues de l'Iſle Gilbert, & qui gît par 55ᵈ 26′ de latitude Sud, & 70ᵈ 25′ de longitude Oueſt : de l'endroit où nous étions, il ſembloit ſe terminer en deux hautes tours, & en dedans il paroiſſoit y avoir une colline en forme de pain de ſucre : je donnai pour cela le nom de *Cathédrale d'York* à ce rocher. A deux lieues à l'Oueſt de ce Cap, nous crûmes voir un large goulet, dont nous amenâmes la pointe occidentale ;

à ſept

à sept heures, je revirai alors par quarante-quatre braffes, à une demi-lieue de la côte : à l'Oueft de ce goulet, il y en a un autre, & plufieurs Ifles font à fon entrée.

« L'APRÈS-MIDI, environ trente grampuffes s'amuferent
» autour du vaiffeau ; elles nageoient ordinairement en
» couples. »

PENDANT la nuit du 19 au 20, nous eûmes un petit vent d'Eft qui paffa le matin au N. E. & au N. N. E.; mais il étoit trop foible pour qu'on pût en profiter : à dix heures, durant un calme, nous obfervâmes que le vaiffeau écartoit la côte, & dérivoit au large; nous avions fait la même obfervation la veille : ce dut être l'effet d'un courant, & les eaux de l'intérieur des terres s'accroiffant par la fonte des neiges, elles produifirent un torrent qui fortoit de la plupart des goulets.

« LE TEMS étoit doux aux environs de ce Cap, dont le
» nom feul effraie les Marins, depuis le Voyage du Lord
» Anfon. Le thermomètre fe tenoit à 48ᵈ, & ce point étoit
» modéré, vu les amas prodigieux de neige qui fe trou-
» voient fur la côte. »

A MIDI, nous obfervâmes 55ᵈ 39′ 30″ de latitude : la Cathédrale d'York nous reftoit au N. 15ᵈ E., à cinq lieues, & nous avions à l'E. 25ᵈ S., à dix ou onze lieues, une colline ronde qui ne faifoit que fe montrer au-deffus de l'horizon, & que nous jugeâmes dépendre des Ifles de Saint-Ildé-

Tome IV.   C

phonſe. A dix heures, une briſe s'élevant de l'E. ¼ S. E.
je profitai de l'occaſion pour porter ſur la terre : je voulois
entrer dans un des Ports nombreux qui ſembloient ouverts
pour nous recevoir, afin d'examiner la contrée, & faire du
bois & de l'eau. En marchant ſur une ouverture, qui ſe montroit au côté oriental de la Cathédrale d'York, nous eûmes
40, 37, 50 & 60 braſſes, fond de petites pierres & de coquilles. Au moment où l'on prit les dernieres ſondes, nous
étions à-peu-près au milieu, entre les deux pointes qui
forment l'entrée du goulet, lequel, ſuivant ce que nous obſervâmes, ſe partage en deux bras : ces deux bras courent
à-peu-près Nord, & ſont ſéparés par une haute pointe
de roches : je portai ſur le bras Eſt, parce qu'il n'avoit pas
d'Iſlots ; &, après avoir dépaſſé un rocher noir qui gît en dehors de la pointe dont on vient de parler, on ſonda ſans
trouver de fond, avec une ligne de 170 braſſes. Cette profondeur nous ſurprit : nous n'y aurions pas fait attention, ſi
la briſe eût continué ; mais alors il ſurvint un calme, de
façon qu'il n'étoit pas poſſible de nous tirer de cette poſition
déſagréable. J'envoyai deux bateaux en avant pour nous
touer ; leurs efforts auroient été inutiles, ſans une briſe
qui s'éleva à environ huit heures, du Sud-Oueſt ; ce qui me
donna le moyen de cingler en mer, ou de remonter le goulet.
La prudence ſembloit ſuggérer le premier parti ; le deſir
cependant de trouver un bon Port & d'apprendre quelque
choſe de nouveau ſur cette contrée, l'emportant ſur toutes les
autres conſidérations ; je réſolus de marcher en avant ; &,
comme la nuit s'approchoit, nous ne pouvions échapper au
danger qu'en mouillant : dans cette vue, on continua à
ſonder, toujours ſans trouver de fond.

JE RANGEAI le côté oriental de la terre qui féparoit les deux bras, &, voyant une petite anfe en avant, j'envoyai une chaloupe pour fonder, & nous nous tînmes auffi près de la côte que le permirent les coups de vent qui venoient de la terre, afin de pouvoir gagner tout de fuite le mouillage, fi on en trouvoit un. La chaloupe revint bientôt, & j'appris qu'il y avoit trente & trente-cinq braffes d'eau à une encablure du rivage : nous jetâmes enfuite l'ancre par trente braffes, fond de fable & de coquilles brifées, & on plaça une ancre de touc & une hanfiere pour affurer le vaiffeau pendant la nuit. « Depuis notre départ de la Nouvelle-Zélande, c'eft-» à-dire, depuis quarante-un jours, nous n'avions pas » mouillé. »

ANN. 1774. Décembre.

C 2

CHAPITRE II.

Relâche dans le Canal de Noël. Description
du Pays, & de ses Habitans.

LA MATINÉE du 21 fut calme & agréable; après déjeûner, je pris deux chaloupes, & j'allai chercher un ancrage plus sûr. Dès que j'eus doublé la pointe au-dessous de laquelle mouilloit le vaisseau, je trouvai une anse dans laquelle on pouvoit jeter l'ancre par trente, vingt & quinze brasses, fond de pierres & de sable : il y avoit au fond une greve pierreuse, une vallée couverte de bois & un courant d'eau douce : de sorte qu'elle offroit tout ce qu'il étoit possible d'espérer dans une pareille contrée. Nous y vîmes quatre oyes, & nous en tuâmes trois; nous en prîmes de petites, auxquelles nous rendîmes ensuite la liberté.

« MON PERE, le Docteur Spartman & moi, nous descen-
» dîmes à terre avec M. Cook. Le tems étoit doux pour
» ce climat, & on entendoit plusieurs oiseaux chanter sur
» la côte. Nous apperçûmes de petites fentes, que propre-
» ment on ne peut pas appeler vallées, où quelques arbris-
» seaux de différentes espèces croissoient sur une légere
» couche de terre marécageuse; ils y étoient à l'abri de la
» violence des tempêtes, & exposés à l'influence des rayons
» réfléchis du Soleil. Le rocher, qui remplit toute l'Isle, est

Pl. 59

Bassin du Diable

Anse des Canards

23 24
17
5
17 17
13 13
20

Isle Brulée

I. de l'Œuf

Anse Pickersgill

10 12
8
12 10

Port Clerke

12 24 20 18

0
+ +
13 30
18
9 18 20
30

Isle Shag

Isle des Oies

17

LA CATHÉDRALE D'YORK

Point de fond avec
170 brasses de ligne

+ Grand Rocher noir

60

Anse des Oies

B.R

50

Petit Rocher noir

POINTE
NATIVITÉ

CANAL DE NOËL,

sur la côte S.O.

DE LA TERRE DE FEU.

Echelle de 5 Milles Anglois

Benard Direx

Ann. 1774,
Décembre.

» un granite groffier, compofé de feld-Spath, de quatrz
» & de mica noir; dans la plupart des endroits, il eft entiè-
» rement nud, fans la moindre trace de végétation; mais
» par-tout où les pluies & les neiges fondues ont entraîné
» des décombres, il eft revêtu de petites plantes qui croiffent
» comme de la mouffe, & forment une efpèce de gazon
» d'environ un pouce ou davantage d'épaiffeur, qu'on en-
» leve aifément, en marchant deffus, parce qu'elles tiennent
» peu au rocher. Dans les cantons abrités, un petit nombre
» d'autres plantes croiffent parmi les mouffes, & celles-ci
» forment à la fin une quantité de fol qui fuffit à la
» nutrition des arbriffeaux, fur-tout dans les endroits dont
» j'ai déjà parlé : nous y remarquâmes, tout de fuite, celui
» dont l'écorce a été reconnue par le Capitaine Winter pour
» un excellent aromatique, qu'on appelle dans les boutiques
» *Ecorce de Winter*, & qu'on a confondu long-tems avec
» une plante très-différente, la *Canella alba* de la Jamaïque.
» L'arbriffeau qui donne l'écorce de Winter croît fort haut
» fur les côtes du détroit de Magellan, & fur la partie orien-
» tale de la terre de Feu; mais, dans ce terrain ftérile, nous
» ne l'avons jamais vu que fous la forme d'un arbriffeau, élevé
» d'environ deux pieds, tortu & d'une mauvaife venue.
» Quelques ftériles que paruffent ces rochers, prefque toutes
» les plantes que nous y cueillîmes étoient nouvelles, &
» plufieurs étoient remarquables par la beauté de leurs fleurs,
» ou par leurs parfums; une nouvelle efpèce d'oïes, une
» efpèce de nigauds, des preneurs d'huîtres noires, ou des
» Pies de mer, & plufieurs autres oifeaux habitoient le
» bord des côtes entourées d'immenfes lits flottans de
» paffe-pierres. »

Ann. 1774.
Décembre.

Après avoir découvert & fondé cette anse, j'envoyai à
bord le Lieutenant Clerke, qui commandoit la seconde chaloupe, & je lui ordonnai d'amener ici le vaisseau, tandis que
je remonterois le passage. Je reconnus alors que la terre
au-dessous de laquelle nous étions, qui sépare les deux
bras, comme on l'a dit, est une Isle, à l'extrémité septentrionale de laquelle ces deux passages se réunissent. Je me
rendis promptement sur la Résolution; tout y étoit prêt à
l'appareillage : on se remit en marche en effet, & on envoya tous les bateaux en avant pour remorquer le vaisseau
autour de la pointe; mais, à ce moment, une brise légere
s'éleva de la mer; elle fut trop foible pour remplir nos voiles :
de sorte que, de peur de tomber sur la pointe, il fallut
jeter l'ancre une seconde fois, & porter une ancre de toue
au-dessus du vent. Ensuite on releva les ancres, &, tournant
la pointe sous nos voiles d'étay, on mouilla de rechef, avec
l'ancre d'affourche, par vingt brasses, & on amarra avec la
seconde ancre placée au Nord à treize brasses. Dans cette
position, nous étions à l'abri de la mer par la pointe mentionnée ci-dessus, qui formoit une seule & même ligne, avec
l'extrémité du passage à l'Est, Quelques Islots, en travers de
la pointe, qui étoit la plus proche & au-dessus de nous, nous
couvroient au N. O., d'où le vent venoit le plus : & notre
éloignement de la côte étoit d'environ un tiers de mille.

On alla ensuite préparer un emplacement, afin
de faire de l'eau, couper du bois, & dresser une tente pour
la garde. Nous avions déjà découvert que ce pays étoit ha-
bité, malgré sa stérilité; mais nous n'avions point encore
apperçu d'Indiens. M. Wales fit aussi porter à terre son

Obfervatoire & fes inftrumens; mais il eut beaucoup de peine à trouver un endroit affez ftable & affez débarraffé, car des montagnes nous entouroient de toutes parts : enfin il fut obligé de prendre pofte au fommet d'un rocher, qui n'avoit pas plus de neuf pieds de large.

Le lendemain, j'envoyai les Lieutenans Clerke & Pickergill, & quelques autres Officiers, examiner & lever le plan du Canal de l'autre côté de l'Ifle, & je m'embarquai fur une chaloupe accompagné de MM. Forfter & du Docteur Sparrman, afin de reconnoître les parties feptentrionales du paffage.

« Ce passage eft très-fpacieux & environné au Nord
» & à l'Eft, par plufieurs rangées de hautes montagnes, qui
» paroiffoient couvertes d'une neige & d'une glace, qui ne
» fe fondent jamais. Il y a dans la Baie plufieurs montagnes
» d'une hauteur confidérable, mais moins élevées que celle
» de la grande terre : celle au-deffous de laquelle mouilloit
» le vaiffeau, étoit fans neige, quoique fa hauteur perpen-
» diculaire, femblât être d'au moins deux cens verges.
» Entre ces hautes Ifles, nous en obfervâmes plufieurs de
» dix à vingt verges d'élévation, dans la partie fepten-
» trionale du Canal & que, de loin, nous jugeâmes cou-
» vertes de verdure. »

Chemin faisant, je débarquai fur la pointe d'une Ifle baffe revêtue d'herbes, dont une partie avoit été brûlée dernièrement : nous y apperçûmes des huttes, figne certain que des Indiens habitoient les environs.

« LE ROCHER eft une efpèce d'ardoife jaunâtre, placée
» en couches horizontales, couverte d'un lit de terreau,
» plus épais que fur l'autre Ifle. Nous y cueillîmes quelques
» nouvelles plantes, & nous trouvâmes fur la côte une
» nouvelle efpèce d'attrape-mouches, qui fe nourrit de
» poiffons à coquille & de vers, & qui pour cela a
» un bec beaucoup plus fort que l'ont communément les
» oifeaux de ce genre. La forme des huttes reffembloit à
» celles qui font décrites & repréfentées dans la Collection
» d'Hawkfworth (a) ; feulement elles n'étoient pas cou-
» vertes de peaux de veaux marins, qu'on n'y place peut-
» être que par occafion, & que les Naturels jugent trop
» précieufes, pour les y laiffer quand ils quittent le canton.
» Des branches d'arbres en compofoient toute la char-
» pente, & il y avoit pardeffus des feuilles vertes,
» preuve que les Indiens les avoient quittés depuis peu.
» L'afpect horrible & fauvage de ce Canal, nous fit fup-
» pofer, en y entrant, que les Habitans de la terre de Feu
» ne defcendent jamais fur cette côte, & qu'ils fe bornent
» à roder autour du détroit de Magellan & de la terre
» de Feu. Mais il paroît que l'homme eft capable d'affronter
» les climats les plus rigoureux, & qu'il vit également dans
» les fables brûlans de l'Afrique, & aux extrémités glacées
» du globe. »

APRÈS avoir pris les relevemens néceffaires, nous marchâmes autour de l'extrémité orientale de l'Ifle Brûlée,
jufqu'à une côte, que nous prîmes pour celle de la grande

(a) Voyez le Volume II.

terre de feu, où nous trouvâmes un très-beau Havre, environné de rochers escarpés & fort hauts sur les flancs desquels rouloient plusieurs courans limpides : il y avoit au pied des rochers des bouquets d'arbres qui n'étoient bons qu'à brûler.

CE HAVRE, que je distinguerai par le nom de *Bassin du Diable*, est divisé en deux parties, l'une intérieure, & la seconde plus en-dehors : elles communiquent l'une à l'autre, par un canal étroit de cinq brasses de profondeur : dans le bassin extérieur, la sonde rapporta treize & dix-sept brasses d'eau & dans celui du fond dix-sept & vingt-trois. Cette place est très-sûre, mais extrêmement sombre. L'élévation prodigieuse des roches sauvages qui l'entourent, la privent même, pendant le jour, des rayons du Soleil. Le Havre extérieur a aussi un peu de cet inconvénient ; mais il est beaucoup plus éclairé que l'autre ; il est d'ailleurs plus commode sans être moins sûr. Il gît dans la direction du Nord, à un mille & demi de l'extrémité Est de l'Isle Brûlée. Je découvris encore un bon mouillage à l'Ouest de ce Havre, devant un courant d'eau qui sort d'un lac ou d'un grand réservoir, entretenu constamment par une cascade qui y verse.

EN QUITTANT cette place, nous longeâmes la côte à l'Ouest, & nous apperçûmes d'autres Havres que je n'eus pas le tems d'examiner ; il y a dans tous de l'eau douce, & du bois à brûler ; mais excepté de petites touffes d'arbrisseaux, tout le pays est un rocher nud, condamné par la nature à une stérilité éternelle. Les Isles basses & même

Tome IV.   D

quelques-unes des hautes qui font difperfées çà & là, au fond
& au bas du Canal, font la plupart couvertes d'arbuftes &
d'herbages. Le fol, une efpèce de tourbe noire & pourrie,
a été évidemment formé par des végétaux tombés en putréfaction.

J'eus occasion de vérifier ce que nous avions obfervé
au large ; favoir, que la côte de la mer eft compofée d'un
certain nombre d'Ifles grandes & petites, & que tous les
goulets qu'on remarque, font formés par la jonction de
plufieurs paffages : c'eft du moins ce que nous vîmes ici.

« Quoique nous fuffions au premier mois d'été, la
» contrée étoit par-tout couverte de neige comme en plein
» hiver. Les plantes cependant commençoient à pouffer
» des fleurs, & les oifeaux s'apparioient. On peut delà
» prendre une idée de ces régions, où les rayons du Soleil
» ne peuvent pas fondre la neige, dans la faifon où leur
» action eft la plus forte. Plus nous nous éloignions de
» la haute mer, plus nous appercevions de neige fur les
» montagnes.

» Les bords inférieurs du Baffin du Diable étoient den-
» telés par des arbres, plus grands que tous ceux que nous
» avions vus dans les environs. Un nombre prodigieux
» d'oifeaux rempliffoient chaque branche, & chantoient
» autour de nous à l'éclat du Soleil. Ils étoient d'efpèces
» très-différentes ; mais, ne connoiffant pas les hommes,
» ils fe juchoient fi près de nous qu'il étoit impoffible de
» les tirer. Beaucoup de mouffe, de fougere & de liferons

» croissoient entre les arbres, & nous embarrassoient dans
» notre marche. Diverses fleurs, qui remplissoient ces bois,
» fournirent à notre Collection de nouvelles espèces. Quel-
» ques objets annonçoient l'été par-ci par-là ; mais si nous
» examinions les montagnes énormes, couvertes de nuages,
» de neige & de glace, qui enfermoient le Havre de tous les
» côtés, nous nous croyions transportés aux glacieres de
» Suisse, où les saisons paroissent se confondre. La hauteur
» de ces montagnes est très-considérable, quoiqu'inférieure
» à celle des Alpes, & leurs sommets étoient divisés en
» autant de pointes aigues & escarpées, dont la neige rem-
» plissoit les intervalles.

» PARMI différens canards sauvages, que nous trouvâmes
» dans un autre Port où nous débarquâmes, il y en avoit
» un, en particulier, de la grosseur d'un oie, qui couroit
» sur la surface de la mer avec une vitesse étonnante, en
» battant les flots de ses aîles & de ses pieds.

——— Fugit illa per undas

Ocior & jaculo, & ventos acquante sagittâ.

» SON MOUVEMENT étoit si vîte qu'il fut impossible de
» le tirer; dans la suite, nous vînmes à bout d'en tuer
» quelques-uns : il ressembloit au canard, excepté par sa
» grosseur & l'extrême brièveté de ses aîles. Il avoit un
» plumage gris, & un petit nombre de plumes blanches;
» le bec & un pied jaune, & deux grandes bosses calleuses
» nues de la même couleur, à la jointure de chaque aile :
» nos Matelots l'appelerent *Cheval de course*, à cause de

ANN. 1774.
Décembre.

» sa viteffe ; mais aux Ifles Falkland, les Ang'ois lu' ont don-
» né le nom de canard-lourdaut *(a)* : de groffes mouettes
» faifoient leurs nids dans des herbes féches fur une des
» Ifles. Nous eûmes le bonheur de defcendre fur une Ifle,
» entièrement couverte d'un *arbutus*, chargé de fruits
» rouges, de la groffeur des petites cerifes aigrelettes &
» douces : ces fruits étoient très-bons à manger. Les rochers
» de la même Ifle, jufqu'au bord de l'eau, étoient rem-
» plis de gros moules, meilleurs que des huîtres. Au
» milieu des roches fauvages de cette contrée, nous dînâmes
» de ces fruits, de ces coquillages, & de quelques morceaux
» de bifcuit, & de bœuf falé. »

SUR une des Ifles baffes, il y avoit plufieurs huttes qui
venoient d'être habitées, & aux environs beaucoup de céleri.
« Ce céleri, quoique plus petit que celui de la Nouvelle-
» Zélande, étoit meilleur. »

APRÈS en avoir chargé notre chaloupe, nous retournâmes
à bord à fept heures du foir.

« NOUS REMARQUAMES que les environs du vaiffeau
» étoient beaucoup plus chauds, que les parties fepten-
» trionales du Canal, où l'air fe trouvoit refroidi, par la
» grande quantité de neige qui couvroit les montagnes. »

NOUS APPERÇUMES peu de gibier pendant cette expédition : nous ne tuâmes qu'un canard, deux ou trois nigauds,

---

*(a) Loggerhead-Duck. Voyez les Tranfactions Philofophiques ; Vol. 66.
Part. I.*

& à-peu-près autant de râles ou de pies de mer. L'autre
chaloupe étoit arrivée quelques heures avant nous : elle
avoit rencontré deux Havres fur la côte occidentale de l'autre
Canal, l'un grand & le fecond petit, mais tous les deux
fûrs & commodes ; par le plan qu'en avoit fait M. Pickerfgill, l'accès en paroiffoit pourtant un peu embarraffé.

ANN. 1774.
Décembre.

J'APPRIS alors un accident fatal furvenu à un de nos Soldats
de Marine : on ne l'avoit pas vu depuis onze heures ou
minuit de la veille : on fuppofa qu'en tombant dans la mer,
il s'étoit noyé.

LE TEMS étant beau & agréable, le 23 ; j'envoyai le
Lieutenant Pickerfgill fur le canot pour reconnoître le côté
occidental du Canal ; &, montant la pinnace, je me rendis
du côté de l'Ouëft, dans le deffein de doubler l'Ifle, fous
laquelle nous mouillions, (& que je diftinguerai par le nom
d'Ifle *Shagg*,) (des Nigauds,) afin d'examiner le paffage
qui menoit au Havre, découvert par M. Pickerfgill la veille :
voici les obfervations que je fis, & que j'adreffe aux Navigateurs : en venant de la mer, laiffez à bas-bord tous les
rochers & les Ifles qui font en travers & en-dedans de la
Cathédrale d'York, & à ftribord le rocher noir qui eft devant l'extrémité Sud de l'Ifle *Shagg*, & quand vous ferez
devant l'extrémité S. de cette Ifle, portez vers la côte Ouëft,
prenant garde d'éviter les lits d'algues que vous verrez devant vous, car elles croiffent toujours fur des rochers. J'en
ai trouvé quelques-unes à douze braffes au-deffous de l'eau,
mais il eft plus fage de s'en éloigner. L'entrée du grand Havre
& du Port Clerke, eft juftement au Nord de quelques

23.

Ann. 1774.
Décembre.

rochers bas, qui fe trouvent vis-à-vis d'une pointe fur l'Ifle Shagg. Ce Havre court O. $\frac{1}{4}$ S. O. l'efpace d'un mille & demi; & il a de douze à vingt-quatre braffes de profondeur, du bois & de l'eau douce. A environ un mille en-dehors ou au Sud du Port Clerke, il y a, ou il paroît y en avoir, un autre que je n'examinai point. Il eft fermé par une grande Ifle, qui le met à couvert des vents du Sud & de l'Eft. En dehors de cette Ifle, c'eft-à-dire entre cette terre & la Cathédrale d'York, la mer paroiffoit jonchée d'Iflots, de rochers & de brifans. En faifant le tour de l'extrémité méridionale de l'Ifle Shagg, je remarquai qu'une grande quantité de nigauds font leurs nids dans les fentes des rochers. Nous en tuâmes plufieurs des vieux, mais nous ne pûmes pas approcher des jeunes dont la chair eft beaucoup meilleure.

« Mille de ces oifeaux conftruifent leurs nids tout près les
» uns des autres, & l'inftinct leur a appris à choifir, pour cela,
» les endroits où les rochers fe projettent fur la mer, ou bien
» les côtés perpendiculaires de ces rochers, afin que fi les
» petits tombent, ils ne fe bleffent point en tombant fur
» l'eau. L'ardoife dont le rocher eft compofé dans cette
» partie de l'Ifle, n'eft pas très-dure; il eft cependant
» furprenant que ces oifeaux aient pu y faire des trous,
» & en agrandir affez les cavités naturelles, pour que
» leurs petits y aient des places fuffifantes : ces nigauds
» retournoient toujours à leurs nids, immédiatement après
» nos coups de fufil, & ils s'envoloient fi pefamment, que
» nous ne trouvions pas beaucoup de difficulté à les tirer
» au vol. Les François les ont appellés, aux Ifles Falkland,
» nigauds, à caufe de leur ftupidité, qui paroît fi grande

» qu'ils ne peuvent pas apprendre à éviter la mort *(a)*. »

SUR le côté Eft de l'Ifle, nous apperçûmes des ôies; & , après avoir débarqué avec peine, nous en tuâmes trois qui nous procurerent un bon régal.

« ELLES ÉTOIENT REMARQUABLES par la différence de
» couleur, entre le mâle & la femelle. Le Jar étoit un peu
» moindre qu'une oie ordinaire apprivoifée, & parfaitement
» blanc, excepté les pieds, qui étoient jaunes, & le bec,
» qui étoit noir. La femelle, au contraire, étoit noire, avec
» des barres blanches en travers; une tête grife, quelques
» plumes vertes, & d'autres blanches. Il paroît que cette
» différence eft heureufe, car la femelle étant obligée de
» conduire les petits, fa couleur plus brune la cache mieux
» aux faucons & aux autres oifeaux de proie.

» M. HODGES fit un deffin de tout le Canal du haut
» d'une colline, d'où le pays fe montroit fous un point de
» vue très-pittorefque. On en donne ici une Gravure; il y
» a fur le devant un faucon qui eft beaucoup trop gros : nous
» en trouvâmes en effet un fur la terre de Feu, à peu-près
» de la grandeur du faucon gentil, brun avec une crête noire,
» & le col & les épaules bariolés en gris & en couleur de
» chocolat : c'eft apparemment l'oifeau que M. Hodges
» veut défigner. »

A NEUF HEURES du foir, nous fûmes de retour à bord: M. Pickerfgill, qui venoit d'y arriver, m'apprit que la terre

(*a*) *Voyez* le Voyage de Dom Pernetti aux Ifles Malouines.

oppofée à l'endroit où nous mouillions, étoit une Ifle dont il avoit fait le tour : que, fur une autre plus au Nord, il trouva des œufs d'hirondelle de mer, & qu'en dehors la grande Ifle, entre la côte & la pointe Eft, il y a une anfe dans laquelle il vit des oies : il tua une mere & de petits oifons.

24.

CE RAPPORT de M. Pickerfgill nous engagea à entreprendre, le lendemain, deux parties de chaffe : M. Pickerfgill & fes camarades retournerent fur le canot, & je m'embarquai avec MM. Forfter & le Docteur Sparrman dans la pinnace. Le Lieutenant alla par le côté N. E. de la grande Ifle, qui fut appelée *Ifle des Oies*, & moi par le côté S. O. Dès que nous fûmes au-deffous de l'Ifle, nous appercûmes dans les rochers une grande quantité de nigauds ; mais, fans perdre notre tems à les tirer, nous continuâmes notre route, & bientôt nous vîmes beaucoup d'autre gibier ; car, au Sud de l'Ifle, il y a un nombre prodigieux d'oies. Comme c'étoit la faifon de la mue, la plupart changeoient de plumes & ne pouvoient pas s'enfuir : il y avoit une groffe houle, & il nous fut très-difficile de débarquer : il nous fallut enfuite traverfer des rochers par de fort mauvais chemins : de forte que des centaines d'oies nous échapperent ; quelques-unes s'envolerent dans la mer, & d'autres dans l'Ifle. Nous en tuâmes ou prîmes cependant foixante-deux.

« PLUSIEURS CAVERNES profondes coupoient les rochers, & formoient des voûtes, élevées fouvent de trente
» verges au-deffus de nos têtes ; & la houle, fe calmant par
» intervalles, nous pouvions entrer quelquefois dans ces
» retraites obfcures avec le bateau : les oifeaux, qui y étoient,
» récompenfoient

ANN. 1774.
Décembre.

» récompenſoient bien notre peine. Pluſieurs de ces antres
» avoient quarante ou cinquante verges de longueur ; les
» rochers, qui leur ſervoient de murailles, étoient commu-
» nément l'aſyle des nigauds, auxquels nous ne faiſions
» alors aucune attention. L'ardoiſe de ces rochers, étoit
» auſſi remplie de fentes & de crevaſſes énormes, qui
» devenoient fatales aux oies : ces oiſeaux trop lourds,
» ayant rarement la force de traverſer l'ouverture, tom-
» boient, & nos Matelots les prenoient en vie. »

NOUS RETOURNAMES à bord bien fatigués ; nous man-
geâmes à ſouper une partie de ce que la chaſſe de la veille
avoit produit. M. Pickerſgill & ſon parti, arrivés quelque
tems avant nous, avoient rapporté trois cens œufs d'hirondelles de mer & quatorze oies. Je pus ainſi en diſtribuer à
tout l'équipage ; ce qui fit d'autant plus de plaiſir aux Matelots, que Noël approchoit : ſans cette heureuſe rencontre,
ils n'auroient eu pour régal que du bœuf & du porc ſalés.

J'APPRIS que les Naturels, ſur neuf pirogues, s'étoient
rendus aux flancs du vaiſſeau, & que quelques-uns étoient
montés à bord : il ne fut pas néceſſaire de les preſſer beaucoup pour cela, car ils paroiſſoient fort bien connoître les
Européens, & ils avoient pluſieurs couteaux de fer.

LE LENDEMAIN, ils nous firent une autre viſite : je m'apperçus qu'ils étoient de la même Nation que j'avois vue autrefois dans la Baie de Bon-Succès, & que M. de Bougainville
diſtingue, ſous le nom de Péchéraſis ; mot que ces Indiens
prononçoient à tout moment. Ils ſont petits, laids &

Tome IV. E

très-maigres : « ils ont des yeux fort petits & fans ex-
» preffion, des cheveux noirs & liffes, flottans en dé-
» fordre, & barbouillés d'huile ; ils n'avoient fur le menton
» que quelques poils clair-femés ; & leur nez répandoit con-
» tinuellement du *Mucus* dans leur bouche ouverte : toute
» leur figure annonçoit la mifere & la faleté la plus hor-
» rible. M. Hodges a deffiné avec beaucoup de vérité un
» de ces Sauvages, & il y en a une excellente Gravure
» dans ce Voyage. Leurs épaules & leur eftomac font larges
» & offeux, & le refte de leur corps fi mince & fi grêle,
» qu'en voyant féparément ces différentes parties, nous ne
» pouvions croire qu'elles appartinffent à la même perfonne ;
» leurs jambes étoient courbées, & leurs genoux d'une lar-
» geur difproportionnée. » Je n'en ai pas vu un feul de grand ;
ils étoient prefque nuds ; une peau de veau marin leur fervoit
de vêtemens ; quelques-uns en portoient deux ou trois coufues
enfemble, de manière qu'elles formoient un manteau qui
defcendoit jufqu'au genou, mais la plupart n'en avoient qu'une
feule, affez large pour couvrir leurs épaules ; les parties infé-
rieures du corps étoient abfolument découvertes. On nous
dit que les femmes fe cachent le milieu du corps avec un
morceau de peau de veau marin, mais que d'ailleurs elles
font vêtues comme les hommes. Elles reftèrent dans les
pirogues, ainfi que les enfans.

　« JE REMARQUAI de loin que ces femmes avoient
» autour de leur col un grand nombre de coquillages, fuf-
» pendus à un cordon de cuir, & que leur tête étoit cou-
» verte d'une efpèce de bonnet, compofé de grandes
» plumes d'oies blanches, placées toutes droites ; de forte

Pl. 60.

Benard Direx.

HOMME DU CANAL DE NOËL DANS LA TERRE DE FEU.

» que cette parure reſſembloit aux fontanges françoiſes
» du dernier ſiécle.

» NOUS N'APPERÇUMES qu'un ſeul homme qui
» eut couſu à ſa peau de veau marin un lambeau de
» peau de guanaque, afin de l'alonger.

» LEUR TEINT NATUREL paroiſſoit être un
» brun olivâtre, luiſant comme le cuivre; le viſage de
» pluſieurs étoit bariolé de rayures de peinture rouge,
» & quelquefois de blanche. »

J'OBSERVAI deux enfans à la mammelle entièrement
nuds: par-là, on les endurcit, dès l'enfance, à la fatigue &
au froid.

« LES ENFANS ne prononçoient guères que le mot *Peſ-*
» *ſeray*, que nous prîmes quelquefois pour un terme de
» tendreſſe, & d'autres fois pour une expreſſion de mal-aiſe
» ou de douleur. »

CES INDIENS tenoient des arcs, des traits & des dards,
ou plutôt des harpons d'os, placés au bout d'un bâton; je
crois qu'ainſi armés, ils tuent des veaux marins, d'autres
poiſſons, & peut-être auſſi des baleines, comme le font
les Eskimaux.

« LES MANCHES de ces harpons ſont longs
» d'environ dix pieds, d'une épaiſſeur égale par-tout,
» mais angulaires, & non pas ronds, l'os pointu

E 2

ANN. 1774.
Décembre.

» a une feule barbe d'un côté, & on l'attache au be-
» foin. Ils s'en fervent pour prendre des coquillages
» fur les rochers, fuivant la Relation des premiers Voya-
», geurs (a). »

JE LEUR FIS DONNER du bifcuit; mais je ne remarquai
pas qu'ils l'aimaffent autant qu'on me l'avoit dit. « L'inftinct
» leur a peut-être appris que cet aliment n'eft pas auffi
» bon pour eux que la viande pourrie de veau marin. »
Ils préféroient les médailles, les couteaux, &c.

IL Y AVOIT dans chacune de leurs pirogues un feu, autour duquel fe ferroient & fe réchauffoient les femmes & les
enfans: je ne puis pas fuppofer qu'ils portent du feu dans
leurs canots uniquement pour cela, mais plutôt afin d'être
toujours prêts d'en allumer à terre, par-tout où ils dé-
barquent; car, quelle que foit leur méthode de s'en procurer
quand ils n'en ont point, ils ne font pas fûrs de trouver toujours du bois fec qui s'enflamme à la première étincelle.
Ils ont auffi, dans leurs pirogues, de grandes peaux de veaux
marins, que je jugeai deftinées à les abriter, quand ils font
en mer, & à couvrir leurs huttes à terre: ils les employoient
quelquefois comme des voiles.

« LEURS PIROGUES étoient très-groffieres, & d'écorce
» d'arbres; de petits bâtons fervoient à maintenir la cour-
» bure de l'écorce; leurs pagayes étoient mauvaifes,
» & ils manœuvroient fort lentement: chaque canot con-

(a) Voyez la Collection d'Hawkfworth; Tom. II.

» tenoit de cinq à huit personnes, y compris les enfans :
» bien différens de tous les Infulaires de la Mer du Sud,
» ils gardoient un profond filence, en approchant du vaif-
» feau.

ANN. 1774.
Décembre.

» CEUX qui monterent à bord ne témoignerent pas la
» moindre curiofité : ils ne parurent charmés de rien, ils
» accepterent des grains de verre fans reconnoiffance, &
» fans y mettre aucun prix ; ils nous abandonnerent avec
» la même indifférence leurs armes, & leurs peaux de veau
» marin déguenillées. Ils ne fembloient pas même remar-
» quer notre fupériorité fur eux, & nous ne furprîmes pas,
» dans leurs regards ni dans leurs geftes, un feul figne d'admi-
» ration, à la vue de tous ces objets merveilleux que con-
» tient un vaiffeau, aux yeux des Sauvages. Tout leur
» caractere annonçoit la ftupidité & l'infouciance.

» QUELQUES-UNS d'entr'eux proférerent un petit nombre
» de mots, outre celui de *Pefferay*, dans lefquels je remar-
» quai beaucoup de confonnes & de gutturales, fur-tout
» le *Il* des Gallois : ils fembloient tous graffeyer forte-
» ment ; ce qui contribua à rendre inintelligible ce qu'ils
» difoient.

» NOUS LEUR FÎMES envain les geftes que les plus mifé-
» rables Infulaires de la Mer du Sud avoient aifément com-
» pris : ils ne montrerent pas la moindre envie de nous
» inftruire de leur langage ; &, comme aucune de nos ri-
» cheffes n'excitoit leurs defirs, ils ne prenoient pas de
» peine pour fe faire comprendre.

» Tous ceux qui étoient du Voyage de l'Endéavour,
» convinrent que les Indiens qu'ils avoient vus à la Baie de
» Bon-Succès, vivoient plus à leur aife & plus heureuse-
» ment que ceux-ci (a) : leur taille étoit plus haute; ils
» portoient des bottines, ce qui mettoit leur pied en sûreté ;
» enfin ils étoient plus communicatifs, & ils avoient des
» idées de civilité : ceux-ci, au contraire, étoient si stupides,
» si indolens & si misérables, qu'ils ne vouloient ou ne pou-
» voient point se préserver de la rigueur du tems : je ne puis
» pas imaginer un être plus misérable que celui qui est
» privé de raison au point d'être incapable de combiner de
» pareilles idées.

» Ces Sauvages, en mangeant la chair de veau marin
» pourrie, préféroient la partie huileuse, & la seule at-
» tention qu'ils eurent pour les Matelots, fut de leur en
» offrir. Tous les Peuples des hautes latitudes aiment cette
» huile par instinct, & on dit qu'elle échauffe leur corps
» contre la rigueur du froid. La chair, les vêtemens, les
» armes, les ornemens, les uftensiles, & tout le corps de
» ces Sauvages, exhaloient une puanteur si insupportable,
» que nous ne pouvions pas demeurer long-tems parmi eux,
» & les yeux fermés, nous les sentions à une distance con-
» sidérable. On aura peine à le croire, & cependant c'est
» un fait, ces mauvaises exhalaisons réprimerent tellement
» les defirs des Matelots les plus sales & les plus détermi-
» nés, qu'ils n'essayerent pas de contracter des liaisons avec
» les femmes.

(a) *Voyez* la Collection d'Hawkfworth, *Tom. II.*

» Si jamais on a pu révoquer en doute la prééminence
» de la vie civilisée sur la vie sauvage, la vue seule de ces
» Indiens suffiroit pour déterminer la question : jusqu'à ce
» qu'on me prouve qu'un homme tourmenté continuelle-
» ment par la rigueur du climat, est heureux, je ne croirai
» point aux déclamations éloquentes des Philosophes, qui
» n'ont pas eu occasion de contempler la Nature humaine
» dans toutes ses modifications, ou qui n'ont pas senti ce
» qu'ils ont vu (a).

» NOUS N'AVONS REMARQUÉ aucune espèce de subor-
» dination parmi ces Sauvages : leur vie approche plus de
» celle des brutes que celle d'aucune autre Nation. Il est
» très-probable que ce sont de malheureux proscrits de
» quelque tribu voisine, qui mene une vie plus douce ; &
» que, réduits à vivre dans cette partie sauvage de la terre
» de Feu, ils ont insensiblement perdu toutes leurs idées,
» excepté celles que renouvellent sans cesse les besoins les
» plus pressans : ils errent peut-être cherchant de la nour-
» riture d'une Baie ou d'un Golfe à l'autre ; car nous
» avons lieu de croire qu'ils passent leur hiver dans le
» canton le moins rigoureux de cet horrible pays. Je
» pense que la rigueur de l'hiver n'est pas proportion-
» né au froid de l'été ; & en effet les observations de
» thermomètre, faites aux Isles Falkland, qui ne sont
» pas éloignées de la terre de Feu, & qui gissent à-
» peu-près dans la même latitude, confirment cette
» supposition ; mais, en supposant que les hivers y

(a) « Le système de ces Philosophes est tiré de Sénèque : Perpetua
» illos hiems, triste cœlum premit ; imbrem culmo aut fronde defendunt ;

» font aussi doux qu'il est possible, ils doivent affecter
» prodigieusement ces pauvres Sauvages, qui n'ont pas
» l'esprit de s'en garantir. Les Navigateurs Hollandois, &
» sur-tout Jacques l'Hermite, qui conduisit la flotte Nassau
» dans la Mer du Sud, en 1624, disent que les Naturels
» de l'extrémité méridionale de la terre de Feu font Can-
» nibales, & se tuent les uns les autres pour se manger (a).
» Si jamais le besoin de nourriture a pu suggérer un pareil
» usage, il faut convenir que ç'a dû être, parmi un petit
» nombre d'Individus privés de tout, chassés d'un canton
» plus doux à cette extrémité stérile du globe; &, dans ce
» cas, une pareille Tribu doit se détruire bientôt. »

25.

ILS SE RETIRÈRENT tous avant dîner, & ils ne parta-
gèrent pas notre régal de Noël : je crois que personne ne
les y invita, car la saleté & la puanteur de leurs personnes,
suffisoient pour ôter l'appétit à l'Européen le plus vorace :
c'eût été dommage de ne pas profiter des nourritures
fraîches que nous avoit fourni le hasard. On servit donc des
oies rôties & bouillies, des pâtés d'oies, &c. Il nous restoit
encore quelques bouteilles de vin de Madère, le seul article
de nos provisions qui se fût amélioré en mer, de sorte que
nos Amis d'Angleterre ne firent peut-être pas Noël plus
gaiement.

26.

&nulla illis domicilia, nullæ sedes sunt, nisi quas lassitudo in diem posuit.
» In alimentis feras captant. Vilis & hic quærendus manu victus. Miseri tibi
» videntur ? Nihil miserum est quod in Naturam consuetudo perduxit,
» hoc quod tibi calamitas videtur tot gentium vita est. » Seneca de Pro-
videntia,

(a) Voyez le Recueil des Voyages qui ont servi à l'établissement de
la Compagnie des Indes Orientales. Amsterdam, 1705, Vol. IV. pag. 702.

VUE DU CANAL DE NOËL, SUR LA TERRE DE FEU.

LE 26, il y eut si peu de vent, que l'air sembloit en calme : le tems fut beau, excepté le matin, que nous eûmes des ondées de pluie. Pendant la soirée, qui fut froide, les Naturels vinrent nous faire une nouvelle visite; &, comme il étoit pénible de les voir tremblans & nuds sur le pont, il fallut bien les couvrir de serge & de vieille toile.

« LES MATELOTS ayant commencé leur Noël la veille,
» burent encore toute la journée du 26 : la plupart étoient
» morts-ivres; M. Cook les fit jeter dans les chaloupes,
» comme des animaux, & on les mena à terre, où ils re-
» prirent leurs sens à l'air. »

LES FUTAILLES étant remplies le 27, on conduisit à bord le bois, la tente & l'observatoire; &, sur ces entrefaites, deux bateaux partirent pour aller tuer des oies. Le tems étoit agréable; nous tournâmes le côté méridional de l'Isle des Oies, &, en tout, nous en prîmes trente-&-une sur la bande orientale de l'Isle : au Nord de la pointe Est, il y a un bon mouillage de dix-sept brasses, où l'on est entiè-rement enfermé par les terres : cette place seroit excellente pour les vaisseaux qui vont à l'Ouest. Au côté Nord de cette Isle, j'observai trois belles anses, dans lesquelles il y avoit de l'eau & du bois; mais, comme la nuit approchoit, je n'eus point le tems de les sonder; je ne doute pas qu'on ne puisse y jeter l'ancre. Pour y arriver, il faut prendre l'extrémité Ouest de l'Isle.

« PENDANT l'absence de M. Cook, les Naturels vinrent
» à bord : chacun les fuyoit, à cause de leur puanteur, &

Tome IV. F

» ils s'en allerent bientôt. Ils prononçoient quelquefois le
» mot *Peſſeray* d'un ton ſi piteux, que nous croyions qu'ils
» mandioient quelque choſe; mais, en les examinant de
» plus près, je n'obſervai pas le moindre changement dans
» leur contenance; je n'apperçus qu'un regard ſtupide-
» ment fixe. »

DE RETOUR à bord, je trouvai qu'on avoit tout enlevé
de la côte : nous n'attendions plus que le vent pour remettre
en mer. J'ai donné à ce Canal le nom de Noël, à cauſe de
la fête que nous y célébrâmes. L'entrée, qui a trois lieues
de large, gît par 55ᵈ 27′ de latitude S. & 70ᵈ 16′ de longitude O. dans la direction du N. 37ᵈ O. des Iſles de Saint-
Ildéfonſe à dix lieues. Ces Iſles ſont le meilleur indice
pour le trouver. La Cathédrale d'York, qui eſt la ſeule
terre remarquable des environs, peut difficilement être
reconnue, d'après la deſcription qu'on en donneroit, parce
qu'elle change d'aſpect, ſuivant les différentes poſitions d'où
on la voit. Outre le rocher noir qui gît en travers de l'extrémité de l'Iſle Shagg (des nigauds), il y en a un autre à-peu-
près à moitié chemin, entre cette Iſle & la côte orientale.
Il eſt inutile de faire une deſcription détaillée de ce Canal;
car peu de Navigateurs en profiteroient : la carte qui accompagne cette Relation, ſuffira aux vaiſſeaux que le haſard
conduira dans ce parage. Toutes les anſes & tous les Havres
offrent du bois & de l'eau douce. Je ne conſeillerois à
perſonne de mouiller très-près de la côte, afin d'avoir une
profondeur d'eau raiſonnable, car j'y ai trouvé communément un fond de roches.

ON N'EST PAS SUR d'y prendre des rafraîchiſſemens ; ils

ANN. 1774.
Décembre.

consistent principalement en volailles, non apprivoisées, &
il n'y en aura probablement jamais assez pour en fournir
l'équipage d'un vaisseau. Le poisson, autant que nous avons
pu en juger, y est rare ; il est vrai que la grande quantité
d'oies nous fit négliger la pêche : il y a des moules en abondance, non pas très-grosses, mais d'un bon goût, & sur
plusieurs des Ilots bas, où les Naturels ont leurs habitations,
on peut cueillir un excellent céleri. Les oiseaux qu'on y tue
sont des oies, des canards, des pies de mer, des nigauds,
& cette espèce d'hirondelle, dont on a parlé si souvent dans
ce Voyage, sous le nom de poule du Port Egmont : il y a
une espèce de Canard, que les matelots appelèrent cheval
de course, comme on la dit ; car il ne peut pas voler,
parce que ses ailes sont trop courtes pour soutenir son
corps en l'air : cet oiseau est aux Isles Falkland, ainsi qu'on
le voit par le Journal de Pernetty : les oies qu'on y trouve,
paroissent très-bien décrites sous le nom d'*outardes* : elles
sont beaucoup plus petites que les oies privées d'Angleterre,
mais aussi bonnes : elles ont des becs noirs & courts, &
les pieds jaunes : le mâle est tout blanc ; la femelle mou-
chetée de noir & de blanc, ou de gris, & elle a une grande
tache blanche sur chaque aile. Il y a plusieurs autres oiseaux
aquatiques & quelques-uns de terre ; mais ces derniers ne
sont pas nombreux.

D'APRÈS la connoissance que les Habitans semblent avoir
des Européens, on peut supposer qu'ils n'habitent pas toujours ce canton, & qu'ils se retirent au Nord pendant
l'hiver. Je me suis souvent étonné que ce peuple ne s'ha-
bille pas mieux, puisque la Nature lui en a donné les

moyens; il pourroit garnir ses manteaux de peaux de veaux marins, de la peau & des plumes des oiseaux aquatiques; il pourroit faire ses vêtemens plus larges, & employer les mêmes peaux à d'autres espèces d'habillemens, car je n'ai pas lieu de croire que ces peaux soient rares. Les Naturels étoient prêts à nous vendre toutes celles qu'ils avoient; & peut-être qu'ils ne les auroient point cédées, s'ils n'avoient pas su où en trouver des nouvelles.

QUELQUE STÉRILE que soit la contrée, elle est remplie de diverses plantes inconnues, & elle fournit assez d'occupations à MM. Forster, & au Docteur Sparrman. On a déjà dit que l'arbre, qui donne l'écorce de Winter, se trouve ici dans les bois, ainsi que l'épine vinette, & quelques autres sortes que je connois pas, mais que je crois communes dans le détroit de Magellan. Nous y vîmes en abondance une petite mûre, qui croît sur une plante touffue: elle a un goût amer & un peu insipide, mais on peut la manger ou crue ou en tarte, & elle sert de nourriture aux Habitans.

CHAPITRE III.

Navigation du Canal de Noël, autour du Cap de Horn, à travers le Détroit de le Maire, & autour de la Terre des Etats. Découverte d'un Havre sur cette Isle, & Description des Côtes.

LE 28, à quatre heures du matin, on commença à démarer, & à huit heures on appareilla, & je portai en mer avec une brise légere du N. O., qui ensuite fraîchit & fut accompagnée de pluie. A midi, la pointe Est du Canal (la pointe Nativité) nous restoit au N. $\frac{1}{2}$ O., à une lieue & demie, & les Isles de Saint - Ildéphonse au S. E. $\frac{1}{2}$ S. à sept lieues. La côte sembloit courir dans la direction de l'Est $\frac{1}{4}$ S. E., mais le tems étant très-brumeux, on ne voyoit rien distinctement.

ANN. 1774. 28 Décemb.

JE CONTINUAI à gouverner S. E. $\frac{1}{4}$ E. & E. S. E. à l'aide d'une brise fraîche du O. N. O., jusqu'à quatre heures après midi, que je cinglai au Sud, afin de voir de plus près les Isles de Saint-Ildéphonse. Nous étions alors en travers d'un goulet qui gît E. S. E., à environ sept lieues du Canal; mais il faut observer qu'il y a quelques Isles endehors de cette direction. A la pointe Ouest du goulet, sont deux collines élevées & en forme de pic, & au-dessous

à l'Eſt, deux collines rondes ou Iſles, ſituées au N. E. &
au S. O. l'une de l'autre : une Iſle, ou une terre, qui ſembloit
être une Iſle, ſe trouve à l'entrée, & un autre goulet
plus petit, ſe montroit à l'Oueſt de celui-ci : la côte paroiſſoit
dentelée & briſée comme à l'ordinaire.

A cinq heures et demie, le tems s'éclaircit, & nous
vîmes très-bien les Iſles Saint-Ildéphonſe : elles forment
un grouppe, proche de quelques rochers au-deſſus de l'eau;
elles giſſent à environ ſix lieues de la grande terre, par
55ᵈ 53′ de latitude S. & 69ᵈ 41′ de longitude Oueſt.

Nous reprîmes alors notre route à l'Eſt, & au coucher
du Soleil, la terre la plus avancée nous reſtoit au S. E. ¼
E. ¾ E., & nous avions au N. 80ᵈ E. à ſix lieues, une pointe
que je jugeai être la pointe occidentale de la Baie de Naſſau,
découverte par la Flotte Hollandoiſe, que commandoit
l'Amiral l'Hermite, en 1624. Dans quelque carte, cette
pointe eſt appelée *le Faux Cap Horn*, comme formant la
pointe méridionale de la terre de Feu : elle eſt par 55ᵈ 39′
de latitude S., du goulet dont on a parlé plus haut : à ce
faux Cap, la direction de la côte eſt à-peu-près Eſt, un
demi-rumb au Sud, & la diſtance de 14 ou 15 lieues.

29.   Ayant diminué de voiles à dix heures, nous paſſâmes
la nuit à courir de petits bords ſous les huniers, & le lende-

30.   main, à trois heures du matin, on refit de la voile & on
gouverna S. E. ¼ S. avec une briſe fraîche de l'O. S. O. : le
tems étoit un peu brumeux. L'entrée occidentale de la Baie
de Naſſau s'étendoit alors du N. ¼ N. E. au N. E. ½ E. &

ANN. 1774.
Décembre.

le côté Sud des Isles de l'Hermite à l'E. ¼ S. E.: à quatre
heures, le Cap Horn, sur lequel nous marchions, nous
restoit à l'E. ¼ S. E.; on le reconnoît de loin à une colline
élevée & ronde qu'il porte. Une pointe au O. N. O. présente une surface pareille à celle-ci; mais leurs positions
seules suffiront toujours pour les distinguer.

A SEPT HEURES ET DEMIE, nous dépassâmes ce fameux
Cap, & nous entrâmes dans l'Océan Atlantique méridional.
C'est la même pointe de terre que je pris pour le Cap, sans
en être sûr, dans ma route de 1769: il forme l'extrémité
la plus méridionale d'un grouppe d'Isles, d'inégale étendue,
qui gissent devant la Baie Nassau, & qu'on connoît sous le
nom d'*Isles de l'Hermite*: il gît par 55ᵈ 58′ de latitude. S.
& 68ᵈ 13′ de longitude Ouest, suivant nos observations
de 1769; mais les observations faites dans le Canal de Noël,
& réduites au Cap de Bonne-Espérance, par la Montre
marine, & d'autres que nous fîmes dans la suite, & que nous
réduisîmes également par les mêmes moyens, le placent à 67ᵈ
19′: il est probable qu'un terme moyen entre ces deux
quantités, savoir 67ᵈ 47′ approchera davantage de la vérité.
Au côté N. O. du Cap, il y a deux rochers en forme de
pain de sucre: ils gissent N. O. ¼ N., & S. E. ¼ S. du compas
l'un de l'autre. Quelques autres rochers bas se trouvent çà
& là à l'Ouest du Cap: il y en a un au Sud; mais ils sont
tous près de la côte. Du Canal de Noël au Cap de Horn,
la route est E. S. E. & la distance trente-&-une lieues dans la
direction de l'E. N. E. A trois lieues du Cap de Horn, on
voit une pointe de rocher, que j'appellai Cap *Mistaken*
(de Méprise): c'est la pointe Sud de la plus orientale des

Isles de l'Hermite. Entre ces deux Caps, il paroît y avoir un passage, qui conduit directement dans la Baie de Nassau : on apperçoit de petites Isles dans le passage, & la côte, sur la partie de l'Ouest, sembloit former de bonnes Baies & de bons Havres. Quelques cartes représentent le Cap Horn, comme faisant partie d'une petite Isle. Nous ne pouvons ni confirmer ni contredire cette position; car plusieurs brisans se montroient dans la côte à l'Est & à l'Ouest du Cap; & le tems brumeux empêcha d'appercevoir distinctement les objets. Les sommets de quelques-unes des collines étoient de roches; mais les flancs & les vallées sembloient couvertes d'un verd gazon, & garnies de touffes de bois.

Du CAP HORN, je gouvernai E. $\frac{1}{4}$ N. E. $\frac{1}{2}$ N. : cette route nous porta en-dehors des rochers qui gissent en travers du Cap *Mistaken*. La fiente des oiseaux, qu'on voyoit voltiger en grand nombre, tout autour, avoit blanchi ces rochers. Après les avoir dépassé, je mis le Cap N. E. $\frac{1}{2}$ E. & N. E. sur le détroit de le Maire, afin d'examiner dans la Baie de Bon-Succès s'il y avoit des traces de l'Aventure. A huit heures du soir, comme nous approchions du détroit, on diminua de voile, & on serra le vent. Le pain de sucre sur la terre de Feu, nous restoit alors au N. 33^d O.; la pointe de la Baie de Bon-Succès, qui est justement à l'ouverture du Cap de même nom, au N. 20^d E.; & la terre des Etats s'étendoit du N. 53^d E. au 67^d E.

« LE CLIMAT de ce côté de la terre de Feu, paroissoit » beaucoup plus doux que celui des environs du Canal de Noël;

» Noël. La terre s'abaissoit insensiblement du haut des col-
» lines, & formoit de longues pointes plates, couvertes
» de grandes forêts, & on n'y appercevoit point de neige,
» excepté sur les montagnes éloignées de l'Ouest. »

Bientôt le vent s'éteignit, & nous eûmes de légers
souffles & des calmes par intervalles, jusqu'à près de midi
du lendemain ; &, durant ce tems, un courant nous fit dé-
river du côté de la terre des Etats.

30.

Une légere brise du N. N. O. ayant succédé au calme,
je marchai vers la Baie de Bon-Succès, aidé des courans qui
portoient au Nord. Nous avions déjà arboré notre pavillon,
& tiré deux coups de canon : nous vîmes bientôt de la fumée
sortir des bois au-dessus de la pointe méridionale de la Baie.
Je jugeai que les Naturels avoient allumé ces feux, comme
ils en allumerent pendant ma relâche, en 1769. Dès que
nous eûmes atteint le travers de la Baie, je chargeai le
Lieutenant Pickersgill d'aller reconnoître s'il y avoit quelque
vestige de l'Aventure ; &, sur ces entrefaites, nous lou-
voyâmes avec le vaisseau.

« Plus de trente grosses baleines & des centaines de veaux
» marins, jouoient dans l'eau autour de nous : les baleines
» marchoient sur-tout en couples, d'où on peut supposer
» que c'étoit la saison de l'appariage. Quand elles jetoient
» de l'eau, tout le bâtiment étoit infecté d'une odeur em-
» poisonnée, qui duroit l'espace de deux ou trois minutes ;
» quelquefois ces animaux énormes se couchoient sur leur
» dos, & avec leurs longues nageoires pectorales, ils

Tome IV. G

» battoient la furface de la mer, & produifoient à chaque
» coup un bruit pareil à l'explofion d'un pierrier. Nous eûmes
» occafion de voir le même exercice répété fouvent, & nous
» remarquâmes que tout le ventre, & le deffous des na-
» geoires & de la queue, font d'une couleur blanche, tandis
» que le refte eft noir. Comme nous n'étions qu'à foixante
» verges de l'un de ces animaux, nous apperçûmes beau-
» coup de fillons longitudinaux, ou de rides fur fon ventre,
» d'où nous conclûmes qu'il étoit de l'efpèce nommée par
» *Linnæus (Balæna Boops)*. Outre que ces Baleines, de
» quarante pieds de long & de dix de diamètre, frappoient
» les flots de leurs nageoires, elles fautoient en l'air, & elles
» retomboient lourdement, en faifant écumer la mer tout
» autour d'elles. Il faut une force étonnante pour foule-
» ver hors de l'eau une fi grande maffe. »

À DEUX HEURES, le courant revira & porta au Sud,
M. Pickerfgill m'apprit à fon retour que c'étoit la marée
tombante fur la côte; ce qui étoit le contraire de ce que j'y
avois obfervé à mon premier Voyage; car je penfai alors que
le flot venoit du Nord. M. Pickerfgill n'apperçut aucune
trace du vaiffeau. J'avois infcrit le nom de la Réfolution
fur une planche qu'il cloua à un arbre, à un endroit où
mouilla l'Endéavour, afin d'inftruire le Capitaine Furneaux
de notre paffage, fi, par hafard, il venoit ancrer ici après
nous.

DÈS que M. Pickerfgill débarqua, il fut reçu avec hon-
nêteté par plufieurs des Naturels, vêtus de peaux de guanaque & de veaux marins : ils avoient des bracelets de fil

d'argent, & travaillés en filigramme : ces ouvrages venoient sans doute d'Europe. Ces Indiens étoient de la même race que ceux que nous avions vus dans le Canal de Noël ; &, comme eux, ils répétoient le mot *Pefferai* à tout propos. Il y en eut qui parlerent beaucoup à M. Pickerfgill, en lui montrant d'abord le vaiffeau, & enfuite la Baie, comme s'ils euffent cru que nous voulions y mouiller. Le Lieutenant nous apprit que la Baie étoit remplie de baleines & de veaux marins. « Le bateau manqua d'échouer fur une des » baleines. » Nous avions obfervé auffi des baleines dans le Détroit, comme on vient de le dire ; fur le côté de la terre de Feu en particulier, il y en a un grand nombre.

A six heures, nous fîmes voile à l'Eft, avec une belle brife du Nord : puifque nous avions reconnu la côte méridionale de la terre de Feu, je réfolus de la reconnoître auffi du côté de la terre des Etats, dont je croyois les relevemens auffi incertains que ceux de la premiere. A neuf heures, le vent fraîchit & paffa au N. O. Nous revirâmes de bord pour porter au S. O. La nuit fut orageufe, & accompagnée de brume & de pluie.

Le lendemain, à trois heures, je marchai fur l'extrémité orientale de la terre des Etats, qui, à quatre heures & demie, nous reftoit au S. 60ᵈ E. : nous avions l'extrémité Oueft au S. 2ᵈ E., & la terre de Feu au S. 40ᵈ O. Après que j'eus pris ces relevemens, la terre fe perdit de nouveau fous une brume épaiffe, & nous fûmes obligés de marcher dans l'obfcurité, car nous n'appercevions la côte que par intervalles. Comme nous avancions à l'E. nous découvrîmes plufieurs Ifles

G 2

d'inégale étendue, & giffant en travers de la terre. « Ces » Ifles furent vues par le P. Feuillé, qui en a donné une » carte très-fautive dans fon Voyage au Pérou. » Il paroif-foit y avoir un paffage net à l'Oueft, entre la plus orientale & celle qui la fuivoit de plus près. J'aurois defiré de tra-verfer ce paffage, & de mouiller fous une des Ifles, pour attendre un meilleur tems, car, en fondant, on ne trouva que vingt-neuf braffes; mais, quand je confidérai qu'il falloit courir fous le vent dans les ténébres, j'aimai mieux me tenir en-dehors des Ifles, &, en conféquence, je cinglai au large du côté du Nord. À huit heures, nous étions par le travers, & à environ deux milles de l'Ifle la plus orientale, & la fonde rapporta la même profondeur qu'auparavant. On ferla alors toutes les voiles, excepté les trois huniers, en attendant un beau tems. La brume étoit fi épaiffe, que nous ne décou-vrions pas d'autre terre que cette Ifle. Après avoir refté une heure dans cette fituation, & la brume continuant, je mar-chai autour de l'extrémité de l'Ifle, afin de trouver une eau tranquille & un mouillage, fi nous en avions befoin. Nous découvrîmes bientôt un fort ras de courant, qui reffembloit à des vagues brifées; mais nous n'avions pas moins de dix-neuf braffes d'eau. Nous remarquâmes auffi fur l'Ifle une grande quantité de veaux marins & d'oifeaux. Comme nous manquions de provifions fraîches, nous ne pûmes pas réfifter à la tentation de nous arrêter, & je réfolus de mouiller. Enfin, après avoir fait un petit nombre de bords, en cherchant le meilleur fond, on jeta l'ancre par vingt-une braffes, fond de pierres, à environ un mille de l'Ifle, qui s'étendoit du N. 18^d E. au N. 55^d $\frac{1}{2}$ O. : bientôt après, le Ciel s'éclair-ciffant, nous vîmes le Cap S. Jean, ou l'extrémité de la

terre des Etats, qui nous reſtoit au S. 75ᵈ E., à quatre lieues.
Nous étions à l'abri du vent du Sud par la terre des Etats
& de celui du Nord par l'Iſle : les autres Iſles giſſent à l'Oueſt,
& nous préſervoient du vent de ce Rumb ; mais, outre que
nous étions ouverts au N. E. & à l'E., nous l'étions auſſi aux
vents de N. N. O. J'aurois pû échapper à cet inconvénient,
en mouillant plus à l'Oueſt ; mais je choiſis cette poſition
pour deux raiſons, afin d'être près de l'Iſle, où nous voulions
débarquer, & de pouvoir remettre en mer avec toute ſorte
de vents.

APRÈS DÎNÉ, trois bateaux allerent à terre ; l'un des
détachemens pour tuer des veaux marins, les autres pour
pêcher, prendre ou tirer des oiſeaux, ou ce que nous ren-
contrerions ſur notre route : tous les endroits étoient également bons pour les veaux marins ; car toute la côte en
étoit couverte ; &, au bruit qu'ils faiſoient, on auroit cru
l'Iſle remplie de vaches & de veaux. Nous reconnûmes
bientôt qu'ils étoient différens des veaux marins, auxquels
cependant ils reſſembloient par la forme & le mouvement.
Nous les appelâmes d'abord lions de mer, à cauſe de la
grande reſſemblance qu'a le mâle avec ce quadrupède. La
même eſpèce ſe trouve auſſi à la Nouvelle-Zélande, & elle
eſt connue généralement ſous le nom d'ours de mer, &
nous leur avons enfin laiſſé ce nom : en général, ils étoient
ſi peu ſauvages, ou plutôt ſi ſtupides, qu'ils nous permirent
d'approcher aſſez pour les aſſommer à coups de bâton ; mais
nous tirâmes les gros, parce que nous crûmes qu'il ſeroit
dangereux de les aborder.

Ann. 1774.
Décembre.

« Les vieux males, en général, étoient très-gros, &
» ils avoient dix à douze pieds de longueur : les femelles
» étoient un peu plus minces, & de six à huit pieds de
» long. Le plus gros mâle pesa de douze à quinze cens
» livres, & un moyen cinq cens cinquante livres, après
» qu'on en eut ôté la peau, les entrailles & la graisse. Le
» mâle ressemble réellement au lion (a); comme lui, il a une
» longue criniere, dure & grossiere au toucher, & il est à-
» peu-près de la même couleur : seulement il est d'un brun
» un peu plus foncé. Excepté la tête, le lion de mer est
» par-tout couvert de petits poils, qui forment une robe
» luisante & polie. La lionne est parfaitement lisse sur tout
» le corps : le mâle & la femelle ont les mêmes pieds, ou
» plutôt les mêmes nageoires : ces nageoires, qui com-
» mencent près de la poitrine, sont de grandes bandes
» plates, d'une membrane noire & coriace : il n'y a qu'au
» milieu de petites traces d'ongles qu'on distingue à peine :
» les nageoires de derriere ressemblent plus à des pieds :
» ce sont des membranes noires, séparées en cinq longs
» doigts : une espèce de cartilage se projette fort au-delà
» des doigts, qui sont très-petits : nous les avons vus ce-
» pendant se gratter toutes les parties de leur corps
» avec les doigts. La queue est excessivement courte,

_____

(a) « On a cru que M. Anson a donné le premier le nom de Lion-de-
» Mer à ces animaux; mais on se trompe. François Pretty, dans la Col-
» lection d'Hackluyt; Tom. III. Sir Richard Hawkins, Sir John Narbourough,
» & Labbe, dans les Lettres des Missionnaires, Tome XV, parlent déjà
» du Lion-de-Mer. Voyez aussi des Brosses, Navigation aux Terres Australes,
» Vol. II. »

» & cachée entre les pieds, ou nageoires de derriere, qui
» se trouvent très-près l'une de l'autre. La croupe
» est ronde, & couverte d'une quantité surprenante de
» graisse.

» LE BRUIT que produisoient tous ces animaux, assour-
» dissoit nos oreilles : les vieux mâles beuglent & rugissent
» comme les taureaux enragés, ou comme les lions ; les
» femelles bêlent exactement comme les veaux, & les pe-
» tits phoques, comme les agneaux. Nous avons vu un
» grand nombre de petits sur les greves ; & une des femelles
» ayant été frappée avec un gros bâton, fit ses petits au
» même instant. Les lions de mer vivent ensemble en grosses
» troupes : les mâles les plus vieils & les plus gras se tien-
» nent à part. Chacun d'eux choisit une large pierre, dont
» les autres n'approchent pas sans essuyer un combat furieux.
» Nous les avons observé souvent se saisir avec un degré de
» rage qu'il est impossible de décrire, & plusieurs portoient
» sur le dos des balafres reçues dans ces attaques : les lions de
» mer les plus jeunes & les plus actifs, marchent avec toutes
» les femelles & tous les petits phoques. Ils attendoient
» communément notre approche ; mais, dès que l'un de la
» troupe étoit tué, le reste s'enfuyoit avec beaucoup de
» précipitation : quelques femelles emportoient alors un
» petit dans leur bouche ; mais la plupart étoient si épou-
» vantées, qu'elles les abandonnoient parderriere. Quand
» nous les laissions roder & s'amuser en paix, on les voyoit
» souvent se caresser de la maniere la plus tendre ; & leurs
» museaux se recherchoient & se joignoient, comme s'ils
» se fussent baisés.

» LE FEU PROFESSEUR STELLER trouva ces animaux à l'Ifle
» de Bering, près du Kamtchatka, où il fit naufrage; fes def-
» criptions les premieres & les meilleures qu'on ait données,
» correfpondent avec nos obfervations. M. Pernetty, dans
» fon Voyage aux Ifles Falkland en a parlé auffi; mais la figure
» qu'il a publiée eft très-inexacte, & abfolument dans le
» ftyle de tous fes autres deffins. M. de Bougainville, dans
» fon Voyage autour du Monde, en fait auffi mention.

» ILS VIENNENT à terre pour engendrer fur ces cantons
» paifibles; ils ne prennent pas de nourriture pendant leur
» féjour fur la côte, qui eft quelquefois de plufieurs fe-
» maines; mais ils deviennent maigres, & ils avalent une
» quantité confidérable de pierres pour tenir leur eftomac
» tendu. Nous reconnûmes avec furprife que les eftomacs
» de plufieurs de ces animaux étoient entièrement vides,
» & les eftomacs de quelques autres remplis de dix ou douze
» pierres rondes, & pefantes chacune de la groffeur des
» deux poings (a).

» APRÈS avoir tué, bleffé ou difperfé un grand nombre
» de ces animaux, nous marchâmes au fommet de l'Ifle
» qui étoit prefque plat; mais couvert d'une quantité
» innombrable de petits mondrains, fur chacun defquels
» croiffoit une large touffe d'herbes ou de glayeuls (*Dactylis*

(a) « Beauchefne Gouin, Navigateur François, a obfervé la même
» chofe, & il ajoute : « Il y avoit apparence que ces pierres commen-
» çoient déjà à fe digérer. » Je doute que cette partie de fes Remarques
foit crue des Lecteurs. *Voyez* des Broffes, *Navig. aux Terres Auftrales,*
Vol. II.

» *Glomerata.*)

» *Glomerata*). Les intervalles entre ces touffes, étoient
» très-vaſeux & très-ſales ; ce qui nous obligea de ſauter
» d'une touffe à l'autre. Nous découvrîmes bientôt qu'une
» nouvelle eſpèce de phoques occupoit cette partie de l'Iſle,
» & que cette vaſe venoit de ce qu'ils abordoient tout
» mouillés ſur cette terre : ceux-ci étoient les ours de mer
» que nous avions déjà vus à la Baie *Dusky*, à la Nouvelle-
» Zélande; mais ils étoient infiniment plus nombreux, &
» leur groſſeur, plus conſidérable, égaloit celle que leur
» donne Steller. Ils ſont cependant fort inférieurs aux lions
» de mer ; les mâles n'ont jamais plus de huit ou neuf pieds
» de long, & leur groſſeur eſt proportionnée ; leur poil eſt
» d'un brun ſombre, tacheté de petits points gris, & beau-
» coup plus longs ſur tout le corps que celui du lion de
» mer ; mais il ne forme pas de criniere. La coupe générale
» du corps & la forme des nageoires, ſont exactement les
» mêmes : ils montroient plus de férocité à notre égard, &
» les femelles mouroient communément à la défenſe de
» leurs petits.

Ann. 1774.
Décembre.

» Nous avons remarqué ſur cette Iſle beaucoup de
» vautours (*Vultur aura*); ils mangent probablement les
» petits phoques qui meurent en naiſſant, ou ceux dont
» ils viennent à bout de ſe ſaiſir. »

L'Isle étoit remplie d'un grand nombre de penguins &
de nigauds : les derniers étoient environnés de petits aſſez
gros, & bons à manger : il y avoit auſſi quelques oies &
quelques canards, des péterels gris de la taille des albatroſſes, & de l'eſpèce que les Eſpagnols nomment *Quebran-*

Tome IV.　　　　　　　　　　　　　H

tahueſſas, ou *Briſeurs d'os*, & d'autres oiſeaux. Le ſoir, nous retournâmes à bord avec les bateaux bien chargés.

Le lendemain, premier de Janvier 1775 ; comme je voyois que ce Canal offriroit un bon lieu de rafraîchiſſe-ment aux vaiſſeaux qui pourroient venir ici par haſard, ou de deſſein prémédité, ſi on y découvroit un Havre, j'en-voyai M. Gilbert dans le canot à la Terre des Etats pour en chercher un. Il ſembloit qu'il devoit en trouver à un endroit oppoſé au vaiſſeau. Deux autres bateaux allerent auſſi chercher les lions, &c. que nous avions tués la veille: bientôt après, je deſcendis moi-même à terre, & j'obſervai la hauteur du Soleil à midi, à l'extrémité N. E. de l'Iſle; ce qui donna 54ᵈ 40′ 5″ de latitude Sud.

« Les couchés de cette Iſle étoient d'une pierre argil-
» leuſe, jaunâtre, & quelquefois d'une ardoiſe griſe : la
» pierre argilleuſe & l'ardoiſe avoient différens degrés de
» dureté en différens endroits. Nous rencontrâmes des
» troupes nombreuſes d'ours & de lions de mer, que nous
» n'attaquâmes point, parce qu'un autre détachement
» s'occupoit de cette chaſſe. Nous obſervâmes que les
» ours & les lions, quoique campés quelquefois ſur la
» même greve, ſe tenoient toujours à une fort grande
» diſtance les uns des autres, & qu'ils ne communi-
» quoient point entr'eux : ces phoques exhaloient une
» mauvaiſe odeur, ainſi que tous les autres : cette circonſ-
» tance étoit connue des Anciens, comme on le voit dans
» Homere. »

Après avoir tué des oies & d'autres oiseaux, & pris une grande quantité de jeunes nigauds, je retournai à bord.

« En ramant le long de la côte, nous atterrîmes dans un canton où des milliers de nigauds avoient fait leur nid, sur ces touffes élevées d'herbes dont j'ai parlé plus haut : ils étoient, la plupart, si peu sauvages, qu'ils nous laisserent approcher avec des pieux & des bâtons : cette chasse, sans être pénible, fut très-heureuse. Nous découvrîmes, durant cette excursion, un oiseau d'un nouveau genre, qui étoit de la grosseur d'un pigeon, & parfaitement blanc : il appartenoit à la classe des oiseaux aquatiques, qui marchent à gué ; il avoit les pieds à demi-palmés, & ses yeux, ainsi que la base du bec, entourés de plusieurs petites glandes ou verrues blanches. Il exhaloit une odeur si insupportable, que nous ne pûmes pas en manger la chair, quoiqu'alors les plus mauvais alimens ne nous causassent pas aisément du dégoût.

» Les penguins que nous prîmes, étoient de la grosseur des petites oies, & de cette espèce qui est la plus commune aux environs du détroit de Magellan : les Anglois l'ont nommé, aux Isles Falkland, *Jumping-Jacks* (a). Leur sommeil est très-dur ; car le Docteur Sparrman tomba sur un, qu'il roula, à plusieurs verges, sans l'éveiller ; &, pour le tirer de son assoupissement, il fut obligé de le secouer à différentes reprises. Comme ils se

(a) *Voyez* les Transactions Philosophiques, *Vol. LXVI, pag. 10.*

H 2

» tiennent en troupe., quand nous les entourâmes tous
» à-la-fois, ils prirent du courage; ils se précipiterent avec
» violence sur nous, & ils mordirent nos jambes, ou une
» partie de nos vêtemens. Ils sont très-vivaces; car, après en
» avoir laissé un grand nombre sur le champ de bataille, qui
» paroissoient morts, nous poursuivîmes les autres; mais ils
» se leverent tout d'un coup, & ils piétonnerent gravement
» derriere nous.

» NOUS EUMES aussi beaucoup de peine à tuer les
» veaux & les lions marins : leur museau étoit la partie la
» plus sensible. Nous manquâmes, le Docteur Sparrman &
» moi, d'être attaqués par un des plus vieux ours de mer ;
» sur un rocher où il y en avoit plusieurs centaines de ras-
» semblés, qui sembloient tous attendre l'issue du com-
» bat. Le Docteur avoit tiré son coup de fusil sur un oiseau,
» & il alloit le ramasser, lorsque le vieil ours gronda &
» montra les dents, & parut se disposer à s'opposer à mon
» camarade. Dès que je fus assis, j'étendis l'animal roide
» mort d'un coup de fusil, & au même instant toute la
» troupe voyant son champion terrassé, s'enfuit du côté de
» la mer; plusieurs s'y jeterent avec tant de hâte, qu'ils
» sauterent à dix ou quinze verges perpendiculaires sur
» des rochers pointus. Je crois qu'ils ne se firent point de
» mal, parce que leur peau est très-dure, & que leur graisse,
» très-élastique, se prête aisément à la compression.

» LA CHASSE de ces animaux amusa infiniment l'équi-
» page, & nous eûmes quelque plaisir à les contempler
» associés en troupes nombreuses. Ils étoient là dans leur

ANN. 1775.
Janvier.

» véritable climat; car les phoques fe trouvant chargés
» d'une grande quantité de graiffe, & les nigauds & les
» penguins étant revêtus d'un plumage épais, ils ne fouffrent
» point de la rigueur du froid. »

NOUS TIRAMES, fur-tout, de l'huile des vieux
lions & des ours de mer qu'on tua; car, excepté leurs
freffures, affez bonnes, la chair étoit trop rance pour être
mangée : les petits ourfins étoient bons, & même la chair de
quelques vieilles lionnes n'étoit pas mauvaife; mais celle
des vieux mâles nous parut déteftable. L'après-midi, j'envoyai quelques perfonnes à terre, afin d'ôter la peau &
de couper la graiffe de ceux qu'on avoit laiffés morts fur
la côte; nous avions déjà plus de carcaffes à bord qu'il
n'en falloit, & j'allai moi-même fur une chaloupe faire provifion d'oifeaux. A environ dix heures, M. Gilbert revint
de la Terre des Etats: il y trouva un bon Port, fitué à trois
lieues à l'Oueft du Cap Saint-Jean, & dans la direction du
Nord un peu à l'Eft, de l'extrémité N. E. de l'Ifle orientale:
on peut le reconnoître à de petites Ifles qui giffent à fon
entrée. Le chenal, qui eft fur le côté Eft de ces Ifles, a un
demi-mille de large. La route eft S. O. ¼ S., en tournant par
degrés au O. ¼ S. O. & à l'Oueft. Le Havre gît à-peu-près
dans cette derniere direction : il a prefque deux milles de
long, &, en quelques endroits, environ un mille de large; la
fonde y rapporta de cinquante à dix braffes d'eau, fond de
vafe & de fable. Ses côtes font couvertes de bois à brûler, &
il y a plufieurs courans d'eau douce. Les Ifles font remplies
de lions de mer, &c. & d'une quantité fi prodigieufe de
mouettes, qu'elles obfcurciffent l'air quand on les trouble;

elles suffoquoient presque nos Gens avec leur fiente;
Elles sembloient jeter leurs excrémens, comme pour se dé-
fendre; & ils puoient plus que l'*assa-fœtida*, ou, ainsi
qu'on l'appelle communément, la fiente de diable. Le détachement de M. Gilbert vit en outre des oies, des canards &
des chevaux coureurs, qui sont aussi une espèce de canard. Je
donnai à ce Havre le nom du *Nouvel-An*, à cause du
jour où on le découvrit. Il seroit plus commode pour les
vaisseaux qui font route à l'Ouest, ou autour du Cap Horn,
si sa position permettoit de mettre en mer avec un vent de
l'Est & du Nord. Cet inconvénient cependant est petit, puisqu'on sait que ces vents ne sont jamais de longue durée.
Ceux du Sud & de l'Ouest sont les dominans : de sorte
qu'un vaisseau ne peut pas être retenu long-tems dans
ce Port.

2. COMME nous ne pûmes pas appareiller le matin du 2,
faute de vent, j'envoyai un détachement sur l'Isle, afin d'y
chasser & d'y pêcher.

« NOUS FÎMES cette excursion, & nous prîmes de
» nouvelles espèces d'oiseaux, par exemple, un joli corlieu
» gris; il avoit le col jaunâtre, & c'étoit un des plus beaux
» oiseaux que nous eussions jamais vus. Nous ne remar-
» quâmes sur cette Isle que six ou huit productions végé-
» tales différentes : il y avoit de petits arbrisseaux qui n'ont
» pas plus de trois pieds, & une nouvelle plante; mais le
» gramen dont j'ai fait mention plus haut, (*Dactylis*
» *Glomerata*) occupoit presque toute la surface de
» cette Terre. »

VERS MIDI, il y eut une brise fraîche de l'Ouest; mais elle se leva trop tard, & je résolus d'attendre le lendemain. Effectivement à quatre heures, nous appareillâmes avec un vent frais du N. O. ¼ O., & je portai sur le Cap Saint-Jean, qui, à six heures & demie, nous restoit au N. ¼ N. E. à quatre ou cinq milles. Ce Cap étant la pointe orientale de la Terre des Etats, il est inutile d'en donner la description. Il ne sera cependant pas hors de propos de dire que c'est un rocher d'une élévation considérable, situé par 54ᵈ 46′ de latitude Sud, & 64ᵈ 7′ de longitude Ouest; qu'un Ilot de roche, gît tout près & au-dessous de sa partie septentrionale.

ANN. 1775.
3 Janvier.

A L'OUEST du Cap, à environ cinq ou six milles, il y a un goulet, qui semble partager la Terre, c'est-à-dire, communiquer avec l'Océan au Sud; & entre ce goulet & le Cap, est une Baie; mais je ne puis pas dire de quelle profondeur. En faisant voile autour du Cap, nous rencontrâmes un très-fort courant du Sud; il formoit un ras qui ressembloit à des brisans; & même, avec un vent fort, nous avions peine à lui résister.

APRÈS avoir doublé le Cap, je serrai la côte méridionale, &, dès que le vent souffla sur nous de la terre, il nous assaillit en raffales si lourdes, que nous fûmes obligés de prendre deux ris à nos huniers; il tomba ensuite peu-à-peu; &, à midi, il y eut calme. Le Cap Saint-Jean nous restoit alors au N. 20ᵈ E., à trois lieues & demie, le Cap Saint-Barthélemi, ou la pointe S. O. de la terre des états au S. 83ᵈ O., deux hauts rochers détachés au N. 80ᵈ O. & nous avions au N. 15ᵈ O. à trois lieues, l'endroit où la terre

sembloit partagée : elle présentoit encore la même apparence de ce côté. La latitude observée fut de 54ᵈ 56′. Nous
sondâmes dans cette position, mais une ligne de cent-vingt
brasses ne rapporta point de fond. Le calme fut de peu de
durée ; une brise s'éleva bientôt du N. O., trop foible pour résister au courant qui nous jeta en dériveau N. N. E. : à quatre
heures, le vent sauta tout d'un coup au S. ¼ S. E., & souffla par
raffales accompagnés de pluie. Deux heures après, les raffales
& la pluie s'appaiserent, & le vent retournant à l'Ouest souffla
petit frais. Sur ces entrefaites, le courant nous porta au Nord,
de maniere qu'à huit heures le Cap Saint-Jean nous restoit
au O. N. O. à environ sept lieues. Je cessai alors d'aller au
plus près, & je gouvernai S. E., dans le dessein de quitter
la terre : je crus l'avoir assez reconnue, pour ce qui intéresse
en général la Navigation & la Géographie.

CHAPITRE IV.

Pl. C

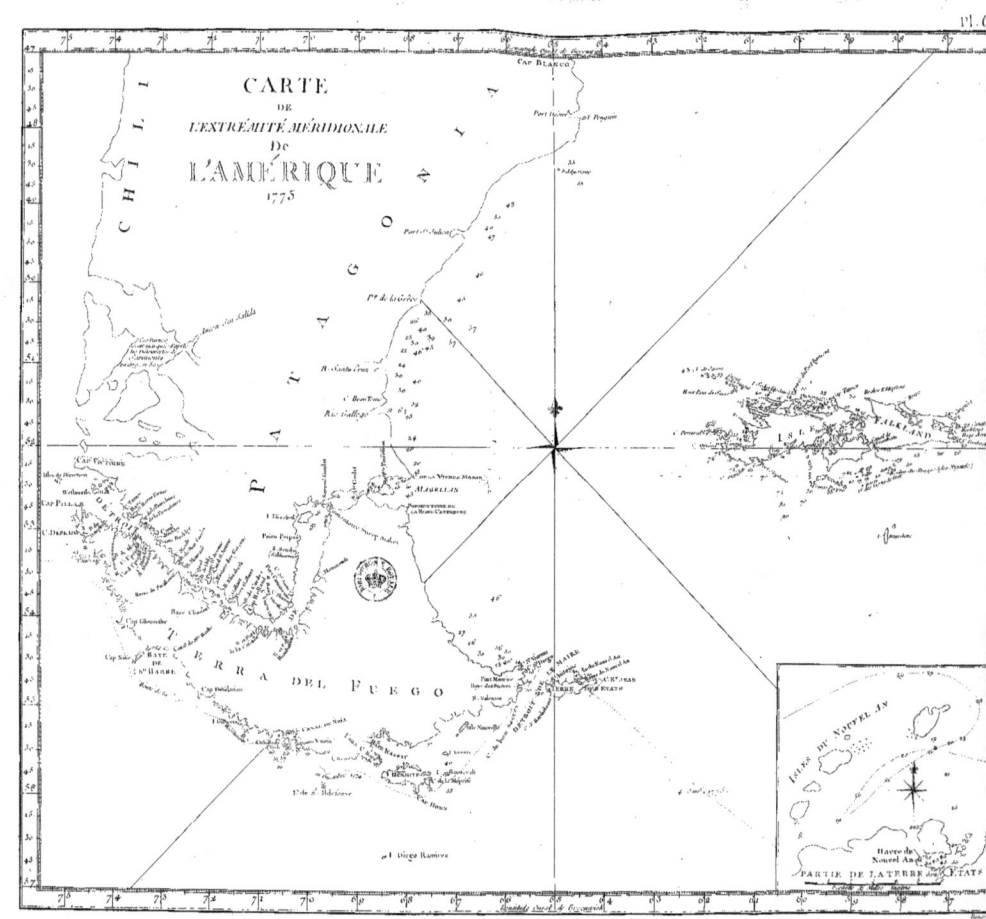

CARTE
DE
L'EXTRÉMITÉ MÉRIDIONALE
DE
L'AMÉRIQUE
1775

CHAPITRE IV.

Observations Géographiques & Nautiques. Description des Isles près de la Terre des Etats, & des Animaux qu'on y trouve.

LA CARTE ci-jointe montrera d'une maniere exacte la direction, l'étendue & la position de la côte, que j'ai longé dans ce ANN. 1775. Janvier. Voyage ou dans le premier, & il ne faut pas en attendre davantage : les latitudes ont été déterminées par la hauteur du Soleil à midi, que nous avons eu le bonheur de pouvoir prendre chaque jour, excepté celui où nous partîmes du Canal de Noël ; cette omission n'est pas importante, parce que le gissement de ce point étoit déjà connu. Les longitudes ont été déterminées par des observations de la Lune, comme on l'a déjà dit : j'ai supposé que celle du Cap Horn est de 67ᵈ 46′ ; de ce méridien, les longitudes de tous les autres endroits sont déduites par la Montre : ainsi, l'étendue de toute la côte doit être juste à peu de milles près, & les erreurs qu'il peut y avoir, dans la longitude, ne sont que générales ; mais je crois que la longitude est exacte, à un quart de degré près. On trouvera que l'étendue de la terre de Feu de l'Est à l'Ouest, & par conséquent celle du Détroit de Magellan, est moindre que ne l'ont marqué la plupart des autres Navigateurs.

Tome IV.   I

AFIN d'éclaircir ceci, & de montrer la pofition des terres voifines, & rendre par-là la Carte ci-jointe d'un ufage plus univerfel, je l'ai étendue jufqu'à 47ᵈ de latitude; mais je ne réponds que de l'exactitude des parties que j'ai reconnues moi-même; pour tracer le refte, j'ai eu recours aux autorités fuivantes.

LA LONGITUDE du Cap de la Vierge-Marie, qui eft le point le plus effentiel, parce qu'il détermine la longueur du détroit de Magellan, eft tirée du Voyage du Lord Anfon, qui met 2ᵈ 30′ de différence entre ce Cap & le détroit de le Maire; hors comme le détroit de le Maire gît par 65ᵈ 22′ de latitude S. le Cap de la Vierge-Marie doit être par 67ᵈ 52′ de longitude; pofition que je lui ai affignée, & que j'ai lieu de croire approchante de la vérité.

LE DÉTROIT de Magellan, & la côte orientale de la terre des Patagons eft indiquée d'après les Obfervations des derniers Navigateurs Anglois & François.

LES DÉCOUVERTES de Sarmianto, Navigateur Efpagnol, que m'a communiqué M. Stuart de la Société Royale, m'ont donné la pofition de la côte Oueft de l'Amérique, depuis le Cap Victoire au Nord.

LES ISLES FALKLAND font copiées fur un plan levé par le Capitaine Mac-Bride, qui en fit le tour il y a quelques années, fur le vaiffeau de Sa Majefté, le Jafon, & leur diftance de l'Amérique, eft conforme à la route du Dauphin, fous le Commodore Byron, du Cap de la Vierge-Marie au

ANN. 1775.
Janvier.

Port Egmont, & du Port Egmont au Port Defiré; ces deux routes ont été faites dans peu de jours, & par conféquent il ne peut pas y avoir d'erreurs effentielles.

LA CÔTE S. O. de la terre de Feu, relativement aux goulets, Ifles, &c. peut être comparée à celle de Norwège, car je ne crois pas qu'il y ait un efpace de trois lieues, où on ne trouve un goulet ou Havre, capable de contenir & d'abriter le plus gros vaiffeau; feulement jufqu'à ce que ces goulets foient mieux connus, il faut déterrer foi-même un mouillage. Il y a plufieurs rochers cachés fous la côte, mais heureufement aucun n'eft éloigné de la terre; la fonde peut en indiquer l'approche, en fuppofant que le tems obfcur empêche de les voir; car à juger du tout, par les endroits que nous avons fondés, il eft plus que probable qu'il y a des fondes tout le long de la côte, & à plufieurs lieues en mer; en un mot, cette côte ne me paroît point auffi dangereufe qu'on l'a repréfentée.

LA TERRE DES ETATS gît, à-peu-près, E. $\frac{1}{4}$ N. E. & O. $\frac{1}{4}$ S. O.: elle a dix lieues de long dans cette direction: fa largeur n'eft nulle part de plus de trois ou quatre lieues. La côte eft de roche, fort dentelée, & elle paroît former plufieurs Baies ou goulets. Elle préfente une furface de collines efcarpées, qui s'élevent à une hauteur confidérable, fur-tout près de l'extrémité occidentale: excepté les fommets de ces collines, la plus grande partie étoit couverte d'arbres & d'arbriffeaux, ou d'herbages, & il y avoit peu ou point de neige. Les courans, entre le Cap Défféada & le Cap Horn, portent de l'Oueft à l'Eft, c'eft-

I 2

à-dire, dans la même direction que la côte, mais ils font petits. A l'Eſt du Cap, leur force s'augmente beaucoup, & leur direction eſt N. E. vers la terre des Etats ; ils font rapides au détroit de le Maire, & le long de la côte méri-dionale de la terre des Etats, & ils reſſemblent à un torrent autour du Cap Saint-Jean, où ils prennent une direction N. O. & continuent à rouler avec force en-dedans & en-dehors des Iſles du Nouvel-An. Tandis que nous étions à l'ancre en-dedans de cette Iſle, j'obſervai que le courant étoit plus fort au tems du flot, & qu'à l'Ebbe ſa force diminuoit tellement que le vaiſſeau marchoit quelquefois devant le vent, quand il ſouffloit de l'O. & du O. N. O. : on doit ſeulement entendre ceci de l'endroit où la Réſolution étoit à l'ancre ; car, lorſque nous avions un fort courant qui portoit à l'Oueſt, M. Gilbert en trouva un d'une égale force, près de la côte de la terre des Etats, mais qui portoit à l'Eſt, quoique ce fût probablement un courant de reflux, ou l'effet de la marée.

Si la Lune y régle les marées, le flot eſt près de la côte à cet endroit, aux nouvelles & aux pleines Lunes, à environ quatre heures. L'élévation & la chûte perpendiculaire des eaux eſt très-peu conſidérable ; elle n'excède pas quatre pieds. Dans le Canal de Noël, la marée eſt haute à deux heures & demie, les jours de pleine & de nouvelle Lune, & M. Wales obſerva que les eaux s'élevoient & s'abaiſſoient perpendiculairement de trois pieds ſix pouces, mais c'étoit durant les baſſes marées : les marées du printems doivent être plus hautes. Pour donner une deſcription des marées & des courans de ces côtes, ſur leſquelles les Navigateurs

puſſent compter, il faudroit une multitude d'obſervations
en différens endroits, & ce travail emploieroit beaucoup
de tems. J'avoue que je n'ai pas aſſez de matériaux pour eſ-
quiſer ici une pareille tâche, & moins je parlerai ſur cette
matiere, & moins je commettrai d'erreurs; mais je crois
avoir bien remarqué que, dans le détroit de le Maire, la
marée & le courant du Sud, ſoit que ce ſoit le tems du
flot ou celui du juſſant, commence à agir, à environ quatre
heures, les jours de pleine & de nouvelle Lune; ce qui peut
être utile aux vaiſſeaux qui paſſent le Détroit.

EN FAISANT ROUTE autour du Cap Horn, à l'Oueſt,
ſi je n'avois beſoin ni de bois, ni d'eau, & que rien ne
m'obligeât de relâcher, je ne m'approcherois point du tout
de la terre; car, en ſe tenant au large, on évite les courans
qui, (j'en ſuis perſuadé) perdent leur force à dix ou douze
lieues de terre, & à une plus grande diſtance, il n'y en a
point du tout.

PENDANT que nous fûmes ſur la côte, nous eûmes plus
de calme que de tempêtes, & les vents furent ſi variables
que j'ignore ſi on n'auroit pas pu paſſer de l'Eſt à l'Oueſt, en
auſſi peu de tems que de l'Oueſt à l'Eſt : nous n'eûmes pas
de tems froid. Le mercure dans le thermomètre, à midi,
n'étoit jamais au-deſſous de 46ᵈ; &, durant notre mouillage
dans le Canal de Noël, il ſe tint communément au-deſſus
du tempéré. La déclinaiſon étoit à cet endroit de 23ᵈ 30′
Eſt : à peu de lieues au S. O. du détroit de le Maire, elle
fut de 24ᵈ, & à l'ancre en-dedans des Iſles du Nouvel-An,
de 24° 20′ Eſt.

EN GÉNÉRAL, ces Ifles font fi différentes de la terre des Etats, qu'elles méritent une Defcription particuliere : celle où nous débarquâmes, préfente une furface d'une hauteur égale, & élevée d'environ trente à quarante pieds au-deffus de la mer, dont elle eft défendue par une côte de roches : l'intérieur eft couvert d'une forte de glayeul très-verd, & fort long, comme on l'a déja dit, il croît fur de petits mondrains de deux ou trois pieds de diamètre, & d'environ autant d'élévation en groffes touffes, qui paroiffent compofées de racines de la plante nattées enfemble : parmi ces mondrains, il y a beaucoup de fentiers tracés par les ours de mer & les penguins, qui fe retirent au centre de l'Ifle. Le marcher eft cependant extrêmement mauvais, car ces chemins font fi fales, qu'on eft quelquefois dans la boue jufqu'au genou. Outre cette plante, nous y remarquâmes d'autres gramens, une efpèce de bruyere, & du céleri. Toute la furface eft humide ou mouillée, & fur la côte on voit plufieurs courans d'eau. L'herbe, qui fut furnommée *glayeul*, femble être la même qui croît aux Ifles Falkland, & dont parle M. de Bougainville *(a)*, comme d'une efpèce de *gladiolus*, ou plutôt d'une efpèce de gramen.

NOUS AVONS REMARQUÉ fur cette petite Terre, en animaux, des lions, des ours de mer, divers oifeaux de mer, & quelques-uns de terre. Nous n'avons apperçu aucun lion de mer de la groffeur que leur fuppofe Pernetti ; la longueur des plus grands n'étoit pas de plus de douze ou

---

(a) *Voyez* fon Voyage autour du Monde.

quatorze pieds, & leur circonférence peut être de huit ou dix.
Comme c'étoit le tems des amours & des accouchemens,
nous avons vu un mâle, entouré de vingt ou trente femelles,
très-occupé à les retenir toutes près de lui, & écartant pour
cela, à force de coups, les autres mâles qui vouloient se
mêler dans son ferrail. Plusieurs avoient une moindre quantité de lionnes. Quelques-uns n'en avoient qu'une ou deux;
& nous en observions çà & là un couché seul, & grondant
dans un lieu écarté, sans souffrir que les mâles ni les femelles
se tinssent dans les environs : nous jugeâmes que ceux-là
étoient vieux & accablés par l'âge.

LES OURS de mer ne sont pas, à beaucoup près, aussi
gros que les lions, mais ils le sont un peu plus que les veaux
marins. Il n'ont point ce long poil qui distingue le lion; le
leur est par-tout d'une longueur égale, & plus beau que
celui du lion; il ressemble à celui de la loutre; &, en général, il est gris-de-fer. C'est l'espèce que les François appellent *loups de mer*, & les Anglois *veaux marins* : ils different
cependant des veaux marins de l'Europe & de l'Amérique
septentrionale. Les lions peuvent aussi, sans impropriété,
être appelés des veaux marins, qui ont pris toute leur
croissance; ils font les uns & les autres de la même espèce.
Il n'étoit pas dangereux de marcher au milieu d'eux; car ils
s'enfuyoient alors, ou ils restoient tranquilles. On couroit
seulement des risques à se placer entr'eux & la mer; si
quelque chose les épouvante, ils se précipitent vers les
flots en si grand nombre, que si vous ne sortez pas de
leur chemin, vous serez terrassé. Quelquefois, lorsque nous
les surprenions tout-à-coup, ou que nous les éveillions,

(car ils dorment beaucoup & ils font très-ftupides) ils élevoient leurs têtes, ils ronfloient & montroient les dents
d'un air fi farouche, qu'ils fembloient vouloir nous dévorer;
mais, dès que nous avançions fur eux, ils s'enfuyoient.

LE PENGUIN eft un oifeau amphibie très-connu, &
j'obferverai feulement qu'il y en a des quantités prodigieufes:
de forte que nous en affommions autant qu'il nous plaifoit
avec un bâton. Je ne puis pas dire qu'ils font bons à manger : fouvent, dans la difette, nous les trouvions excellens ;
mais c'étoit faute d'autres alimens frais. Ils ne pondent pas
ici, ou bien ce n'étoit pas la faifon ; car nous n'apperçûmes
ni œufs ni petits.

LES NIGAUDS pullulent auffi en grand nombre, & nous
en emportâmes beaucoup à bord, parce qu'ils font bons
à manger. Ils s'approprient certains cantons, & ils y conftruifent leurs nids près du bord des rochers, fur les petits
mondrains où croît le glayeul : il y a une autre efpèce plus
petite que celle-ci, qui pond dans les crevaffes des
rochers.

LES OIES font de l'efpèce que nous trouvâmes au Canal
de Noël : nous en apperçûmes peu ; quelques-unes avoient
des petits. M. Fofter en tua une différente de celles-ci, en ce
qu'elle étoit plus groffe, qu'elle avoit un plumage gris &
des pieds noirs. Les autres faifoient un bruit exactement
pareil à celui du canard. Il y a des canards, mais en
petit nombre, & quelques-uns de ceux que nous avons
appelés chevaux de courfe. Ceux que nous tuâmes,
pefoient

pesoient de vingt-neuf à trente livres, & ils étoient assez
bons.

Nous comptames en oiseaux de mer, des mouettes, des hirondelles, des poules du Port Egmont, & un grand oiseau brun de la grosseur d'une albatrosse que Pernetty appelle *Quebrantahuessas* : nous lui donnâmes le nom de la mere Carey, & nous le trouvâmes assez bon. Voici les oiseaux de terre : des aigles ou des faucons, des vautours à la tête chauve, ou ce que nos Matelots appellent des buses de Turquie, des grives, & quelques petits oiseaux.

J'oubliois de dire qu'il y a des pies de mer, ou des oiseaux, auxquels nous donnions le nom de corlieux, quand nous étions à la Nouvelle-Zélande ; mais nous en vîmes seulement quelques couples dispersés çà & là. Il ne sera pas inutile d'observer que les nigauds sont les mêmes oiseaux que M. de Bougainville appelle *bec-scies (a)* ; mais il s'est trompé, en disant que les *Quebrantahuessas* sont leurs ennemis ; car cet oiseau est de la classe des péterels : il ne se nourrit que de poisson, & on le trouve dans toutes les hautes latitudes méridionales. On est étonné de la paix dans laquelle vivent les animaux de ce petit canton : ils paroissent avoir formé une ligue pour ne pas troubler leur tranquillité mutuelle. Les lions de mer occupent la plus grande

---

(*a*) Par-tout où on trouvera le mot de *Bec-scies* dans cette Traduction, on parle de l'oiseau que décrit sous ce nom M. de Bongainville, & non pas d'un oiseau de la Louisiane, qui est appelé ainsi, mais qui en est différent.

partie de la côte ; les ours de mer habitent l'intérieur de
l'Isle, & les nigauds les rochers plus élevés : les penguins
s'établissent où il leur est plus aisé de communiquer avec la
mer, & les autres oiseaux choisissent des lieux plus retirés.
Nous avons vu tous ces animaux se mêler & marcher ensemble comme un troupeau domestique, ou comme des
volailles dans une basse-cour, sans jamais essayer de se faire
du mal. J'ai souvent observé les aigles & les vautours eux-
mêmes assis sur les mondrains, parmi les nigauds, sans que
ceux-ci, jeunes ou vieux, fussent alarmés de ce voisinage. On
demandera peut-être comment vivent ces oiseaux de proie :
je crois qu'ils se nourrissent de carcasses des veaux marins &
des oiseaux qui meurent de différentes manieres, & il est probable qu'ils ne manquent pas d'alimens.

J'AI FAIT cette description imparfaite, plutôt pour sou-
lager ma mémoire, que pour instruire les autres : je ne suis
versé ni dans la Botanique, ni dans les autres branches de
l'Histoire Naturelle.

« DES VAISSEAUX qui entreprendroient des expéditions
» pareilles à la nôtre, pourroient se rafraîchir sur ces Isles; quoi-
» que la chair des lions de mer & des penguins ne soit pas très-
» bonne à manger, elle est infiniment plus salutaire que la
» viande salée ; & si on cherchoit avec soin les productions de
» ces différentes terres, il est vraisemblable qu'on y trouveroit
» une quantité suffisante de céleri & de cochléaria pour en
» fournir à tout un équipage ; car nous avons remarqué ces
» deux plantes dans nos excursions. Les Matelots mange-
» rent plusieurs jours de petits nigauds & des penguins ; ils

» comparoient les premiers à des poulets: ils rôtirent auffi
» plufieurs jeunes veaux marins; mais la chair avoit un
» degré de molleffe qui la rendoit dégoûtante : les jeunes
» ours, qui avoient pris toute leur croiffance, étoient pré-
» férables, & d'un goût pareil à celui d'un mauvais bœuf;
» mais il étoit impoffible de toucher à celle des vieux lions
» & des vieux ours de mer. »

CHAPITRE V.

Navigation après le Départ de la Terre des Etats. Découverte de la Georgie, & Description de cette Isle.

ANN. 1775. 3 Janvier. Après avoir quitté la Terre le soir du 3, comme on l'a dit plus haut, le lendemain, au matin, à trois heures, nous la revîmes qui nous restoit à l'Ouest. Le vent continua à souffler grand frais jusqu'à six heures du soir, qu'il sauta au S. O., & se changea en raffales pesantes, qui tomberent si subitement sur nous, que, n'ayant pas le tems de ferler les voiles, nous perdîmes un mât de perroquet, le boute-hors d'une bonnette & une bonnette. Le grain finit par une grosse pluie ; mais le vent resta au S. O. Notre route fut S. E. ; dans la vue de découvrir la côte étendue que marque M. Dalrymple dans sa Carte, & où l'on place le Golfe de Saint-Sébastien. Je projetois d'attaquer la pointe occidentale de ce Golfe, afin d'avoir toutes les autres parties devant moi. Doutant un peu de l'existence de cette côte, cette route me parut la meilleure pour éclaircir cette matiere & reconnoître la partie australe de cet Océan.

5. Le 5, les vents furent frais & le tems humide & nébuleux. A midi, nous observâmes 57ᵈ 9′ de latitude, & la lon-

gitude, depuis le Cap Saint-Jean, fut de 5ᵈ 2ʹ Eſt. A ſix
heures après-midi, par 57ᵈ 21ʹ de latitude & 57ᵈ 45ʹ de
longitude Oueſt, la déclinaiſon de l'aimant fut de 21ᵈ
28ʹ Eſt.

ANN. 1775.
Janvier.

A HUIT HEURES du ſoir du 6, par 58ᵈ 9ʹ de latitude Sud
& 53ᵈ 14ʹ de longitude Oueſt, nous prîmes tous les ris des
huniers, & nous marchâmes au Nord avec un vent très-fort
de l'Oueſt, accompagné de brume épaiſſe & de pluie neigeuſe. Le parage dont je viens de parler, eſt à-peu-près celui
que M. Dalrymple aſſigne à la pointe S. O. du Golfe Saint-
Sébaſtien. Mais, comme nous n'apperçûmes point de Terre,
& que rien n'annonçoit qu'il y en eût dans les environs, nos
doutes ſur ſon exiſtence s'augmenterent. « Le Capitaine
» Furneaux, l'année auparavant, traverſa auſſi ces parages
» par 60ᵈ & enſuite par 58ᵈ S. du 60.ᵉ au 40.ᵉ degré de long.
» Oueſt, ſans voir terre. » Je craignis, en tenant la partie du
Sud, de manquer la côte qu'on diſoit avoir été découverte
par Laroche en 1675, & par le vaiſſeau le Lion en 1756 (a),
que M. Dalrymple place à 54ᵈ 30ʹ de latitude & 45ᵈ de
longitude; mais, en regardant la Carte de Danville, je
trouvai qu'il la marque neuf ou dix degrés plus à l'Oueſt:
cette différence de poſition étant pour moi un ſigne de l'in-
certitude des deux Cartes, je réſolus d'atteindre ce parallele

6.

(a) « Ce Vaiſſeau étoit Eſpagnol, & commandé par M. Duclos Guyot
» qui fit voile de Callao au Pérou, en Février 1756, & paſſa le Cap
» Horn au milieu de l'hiver. Un Extrait du Journal de M. Guyot a été
» publié par M. Dalrymple, dans ſa Collection des Voyages dans l'Océan
» Atlantique Méridional. »

le plutôt qu'il me feroit poſſible, & c'eſt pour cela que

je cinglai au Nord.

7.　　LE MATIN du 7, le vent diminua, le ciel s'éclarcit, & le vent tourna au O. S. O., où il ſe tint juſqu'à minuit ; il paſſa enſuite au N. O. : étant alors par 56ᵈ 4′ de latitude S. & 53ᵈ 36′ de longitude Oueſt, les ſondes ne rapporterent point de fond avec une ligne de cent trente braſſes. Je tins toujours le vent à bas-bord : nous avions une petite briſe & un tems agréable. Le 8, à midi, une couche de goëſmon

8.　　paſſa près du vaiſſeau. L'après-midi, par 55ᵈ 4′ de latitude & 51ᵈ 45′ de longitude Oueſt, la déclinaiſon de l'aimant fut de 25ᵈ 4′ Eſt.

9.　　LE 9, le vent ſouffla du N. E., accompagné d'une brume épaiſſe : nous vîmes un veau marin & du goëſmon. A midi, la latitude fut de 55ᵈ 12′ Sud & la longitude 50ᵈ 15′ Oueſt : le vent & le tems furent toujours de même juſqu'après minuit, que le ciel s'éclaircit & que le vent paſſa à l'Oueſt & ſouffla petit frais. Nous continuâmes à marcher au plus près

10.　　juſqu'à neuf heures du lendemain au matin : je cinglai alors à l'E. N. E. A midi, la latitude obſervée fut de 54ᵈ 35′ Sud & la longitude 47ᵈ 56′ Oueſt : il y avoit beaucoup d'albatroſſes & de péterels bleus autour du vaiſſeau. Je

21.　　gouvernai à l'Eſt ; &, le lendemain, par 54ᵈ 38′ de latitude & 45ᵈ 10′ de longitude Oueſt, la déclinaiſon de l'aimant fut de 19ᵈ 25′ Eſt. L'après-midi, nous vîmes pluſieurs penguins & des morceaux de goëſmon.

22.　　AYANT PASSÉ la nuit en panne, le 22, à la pointe du

jour, nous gouvernâmes Eſt un peu du côté du Nord, avec
une jolie briſe fraîche du O. S. O. A midi, notre latitude
obſervée fut de 54ᵈ 28′ Sud & la longitude 42ᵈ 8′ Oueſt,
c'eſt-à-dire à près de 3ᵈ Eſt de la poſition que donne
M. Dalrymple à la pointe N. E. du Golfe de Saint-Sébaſtien;
mais rien n'annonçoit terre, à moins qu'un veau marin &
quelques penguins n'en fuſſent un indice. Au contraire, une
houle venoit de l'E. S. E., qui n'auroit pas ſubſiſté, s'il y
avoit eu une Terre un peu conſidérable dans cette direction. Le ſoir, le vent diminua, & à minuit, il y eut calme.

Ann. 1775.
Janvier.

Le calme, accompagné d'une brume épaiſſe, dura
juſqu'à ſix heures du lendemain au matin, que nous atteignîmes un vent de l'Eſt; mais la brume prévalut toujours.
Nous portâmes au Sud juſqu'à midi: étant alors par 55ᵈ 71′
de latitude, je revirai & forçai de voiles au Nord, avec une
briſe fraîche de l'E. ¼ S. E. & l'E. S. E., & un tems nébuleux. Nous apperçûmes pluſieurs penguins & un péterel de
neige, que nous prîmes pour des avant-coureurs de la glace.
L'air étoit auſſi beaucoup plus froid qu'il ne l'avoit été depuis notre départ de la Nouvelle-Zélande. L'après-midi, le
vent tourna au S. E., & la nuit au S. S. E., & ſouffla frais:
nous en profitâmes pour marcher au N. E.

23.

Le lendemain, à neuf heures du matin, nous crûmes
voir une Iſle de glace; mais, à midi, nous doutâmes ſi ce
n'étoit point une terre: elle nous reſtoit à l'E. ¼ S. à treize
lieues: notre latitude étoit de 53ᵈ 56′ ½ & notre longitude
39ᵈ 24′ Oueſt: des penguins, de petits plongeons, un péterel
de neige & un grand nombre de péterels bleus voltigeoient

14.

autour du vaiſſeau. Nous n'eûmes que peu de vent toute la
matinée, & à deux heures P. M. il y eut calme. Il nous parut
ſûr que nous voyions une terre, & non pas une Iſle de
glace: elle étoit cependant couverte de neige preſqu'en
entier. Nous en fûmes encore mieux aſſurés en trouvant des
ſondes à cent ſoixante-quinze braſſes, fond de vaſe.

« EN CONSULTANT le Journal de M. Guyot, il paroît
» que cette terre eſt la même dont il vit l'extrémité Sud,
» en Juin 1756, & qu'il nomma *Iſle de Saint-Pierre*. »

LA TERRE nous reſtoit à ce tems, à l'E. $\frac{1}{4}$ S. E. à environ
douze lieues. A ſix heures, le calme fut ſuivi d'une briſe
du N. E. avec laquelle nous marchâmes au S. E.; d'abord
elle ſouffla petit frais, mais elle s'accrut enſuite de maniere
à nous obliger de prendre deux ris à nos huniers, & elle
fut accompagnée de neige & de pluie neigeuſe.

JE CONTINUAI à porter au S. E., juſqu'à ſept heures du
matin du 15, que le vent tournant au S. E., nous revirâmes
de bord, pour mettre le Cap au Nord. Un peu avant de
revirer, nous apperçûmes la terre à l'E. $\frac{1}{4}$ N. E.; à midi,
le mercure dans le thermometre étoit à $35^{d}\frac{1}{4}$; le vent ſouffla
par raffales accompagnées de neige & de pluie neigeuſe,
& nous avions une groſſe mer à combattre. Dans une des
embardées du vaiſſeau, M. Wales obſerva qu'il couchoit de
42^{d}. A quatre heures & demie, on ferla les huniers, on
abattit les vergues de perroquet, on revira, & je marchai
au S. O. ſous deux baſſes voiles. A minuit, la tempête diminua, & on rehiſſa les huniers deux ris pris.

A QUATRE

Pl. 6.

CARTE DES DÉCOUVERTES
Faites dans
L'Océan Atlantique du Sud.
Sur le Vaisseau du Roi la Resolution
Commandé par le
Capitaine Cook.
en 1775.

Note. Les grands Chiffres sur la route du Vaisseau
annoncent la profondeur de l'eau en brasses, et
les petits, les Jours du mois.

Thule

Pic de Freeseland (Terre Glacée)
Cap Bristol.

C. Montagu

Grandes Isles de Glace

Ile Saunders

Isles de la Chandeleur

Plusieurs Isles de Glaces
et Glaces flottantes.

TERRE DE SANDWICH

Route du Vaisseau

Rochers de Clerke
Isles Tanderson
C. Disappointment
I. Green
I. Pickersgill

ISLE DE LA GEORGIE

B. Royale

Longitude Ouest de Greenwich

A QUATRE HEURES DU MATIN du 16, on revira de
nouveau pour porter à l'Eſt avec le vent du S. S. E., jolie briſe & modérée. A huit heures, nous apperçûmes la terre qui s'étendoit de l'E. ¼ N. E., au N. E. ¼ N. on largua les ris des huniers, on replaça les vergues de perroquet & on fit de la voile. A midi, nous obſervâmes 54ᵈ 25' ½ de latitude; & notre longitude fut de 38ᵈ 18' Oueſt. Dans cette poſition, nous avions cent dix braſſes, & la terre couroit du N. ½ O. à l'Eſt à la diſtance de huit lieues. La pointe, que nous découvrîmes d'abord, en forme l'extrémité ſeptentrionale : nous reconnûmes enſuite que c'étoit une Iſle, je l'appelai *Willis*, du nom de celui qui la vit le premier.

UNE GROSSE HOULE venoit du S., indice qu'il n'y avoit point de terre proche de nous dans cette direction : cependant la grande quantité de neige, qui étoit ſur celle que nous voyions, nous porta à la croire étendue, & je me décidai à commencer par reconnoître la côte ſeptentrionale; dans cette vue, j'arrivai ſur l'Iſle de Willis à toutes voiles, avec un bon vent du S. S. O.; en avançant au Nord, nous découvrîmes une autre Iſle à l'Eſt de l'Iſle de Willis, entre celle-ci & la grande terre : remarquant qu'il y avoit un paſſage net entre les deux Iſles, je gouvernai pour y entrer, & à cinq heures je me trouvai au milieu, & j'obſervai qu'il étoit large d'environ deux milles,

L'ISLE DE WILLIS eſt un rocher élevé, peu étendu, près duquel il y a des Iſlots de roches; elle gît par 54ᵈ de latitude S. & 38ᵈ 23' de longitude O. L'autre Iſle, que je nommai l'Iſle *Bird* (de l'Oiſeau), à cauſe du grand nombre d'oiſeaux

Ann. 1775.
Janvier.

dont elle étoit remplie, n'eſt pas ſi élevée, mais elle eſt beaucoup plus étendue, & elle eſt tout près de la pointe N. E. de
la grande terre que j'appelai le *Cap Nord*.

La Côte S. E. de cette terre, autant que nous l'apperçûmes, gît dans la direction du S. 50^d Eſt; elle paroît former
pluſieurs Baies ou goulets, & nous obſervâmes des maſſes
énormes de neige ou de glace dans le fond, & ſur-tout
dans une Baie qui gît à dix milles au S. S. E. de l'Iſle de
l'Oiſeau.

Après avoir traverſé le paſſage, nous reconnûmes que
a côte couroit E. $\frac{1}{4}$ N. E., l'eſpace d'environ neuf milles,
& enſuite à l'Oueſt & à l'Eſt un peu Sud, juſqu'au Cap
Buller, qui eſt onze milles plus loin. Nous rangeâmes la
terre à une lieue de diſtance, juſqu'à près de dix heures;
alors on mit en panne pour la nuit, &, en ſondant, on trouva
cinquante braſſes fond de vaſe.

17.　　A deux heures du matin du 17, on fit voile du côté
de la terre, avec une jolie briſe du S. O.; à quatre heures,
l'Iſle Willis nous reſtoit à l'O. $\frac{1}{4}$ S. O. à trente-deux milles.
Nous avions au S. O. $\frac{1}{4}$ O. le Cap Buller, en travers duquel
giſſent quelques Iſlots de roches: la pointe de terre la plus
avancée vers l'Eſt, nous demeuroit au S. 63^d Eſt. Je gouvernai le long de la côte, à la diſtance de quatre ou cinq
milles, juſqu'à ſept heures: voyant alors l'apparence d'un
goulet, nous marchâmes deſſus. Dès que nous approchâmes
de la côte, on mit en mer une chaloupe, ſur laquelle je
montai avec MM. Forſter & le Docteur Sparrman, afin de

Pl. 64

BAYE DE LA POSESSION DANS L'ISLE DE LA GÉORGIE AUSTRALE.

reconnoître la Baie, avant d'y conduire le vaiſſeau: quand je quittai la Réſolution, nous étions à environ quatre milles de la côte, la ſonde rapportoit quarante braſſes. Je continuai à ſonder ſur la route, mais je ne trouvai point de fond par trente-quatre braſſes, longueur de la ligne que j'avois dans la chaloupe : cette ligne fut auſſi trop courte pour ſonder la Baie, dans tous les endroits où je la remontai. J'obſervai qu'elle court S. O. $\frac{1}{4}$ S. l'eſpace de cinq lieues, qu'elle eſt large d'environ deux milles, & qu'elle eſt bien à l'abri de tous les vents; & je jugeai qu'il peut y avoir un bon mouillage devant des greves ſablonneuſes, qui ſont de chaque côté, & auſſi près d'une Iſle baſſe & plate, vers le fond de la Baie. Comme j'étois réſolu de ne pas y mener le vaiſſeau, je ne crus pas devoir employer mon tems à examiner ces places, car il ne me paroiſſoit pas probable qu'aucun Navigateur dût profiter de mes découvertes. Je débarquai en trois différens endroits, je déployai notre pavillon, & je pris poſſeſſion du pays, au nom du Roi d'Angleterre en faiſant une décharge de mouſqueterie.

ANN. 1775. Janvier.

IL ME SEMBLA que la marée s'éleve d'environ quatre ou cinq pieds, & qu'elle eſt haute, dans les pléines & les nouvelles Lunes, à environ onze heures.

LE FOND de la Baie, & deux endroits de chaque côté, ſe terminoient par des rochers de glace perpendiculaires, d'une hauteur conſidérable. Il s'en détachoit continuellement des morceaux : pendant que nous étions dans la Baie,

L 2

une maſſe énorme tomba, & fit un bruit pareil à celui du canon.

« Ces masses ſont abſolument les mêmes que celles qu'on
» trouve dans les Havres du Spitsberg *(a)* : la glace reſſem-
» bloit beaucoup à ces Iſles détachées, que nous avions vu
» flotter en grande quantité, dans les hautes latitudes mé-
» ridionales. »

L'intérieur du pays n'étoit ni moins ſauvage, ni moins affreux. Les rochers perdoient leurs hautes cimes dans les nues, & les vallées étoient couvertes d'une neige éternelle. On ne voyoit pas un arbre, & il n'y avoit pas le plus petit arbriſſeau; les ſeuls végétaux que nous y remarquâmes, furent une ſorte de gramen groſſier, dont le tuyau étoit fort & qui croiſſoit en touffes, « c'eſt le même qui eſt ſi abondant
» aux Iſles du Nouvel-An, *(Dactylis Glomerata.)* » la pim-
prenelle des bois, *(Sangui ſorba)* & une plante, pareille à la mouſſe, qui ſortoit des rochers.

« Les rochers ſont d'une ardoiſe, d'un gris bleuâtre;
» en couches horizontales : pluſieurs fragmens de cette
» ardoiſe, couvroient par-tout la greve. Autant que nous
» pûmes les examiner, ils ne contenoient pas de minéraux. »

Les veaux marins, ou les ours de mer, étoient aſſez nombreux, mais plus petits que ceux de la terre des Etats:

(a) *Voyez* le Voyage au Pole Boréal du Capitaine Phipps.

peut-être que nous ne vîmes gueres que des femelles, car
les côtes fourmilloient de leurs petits; nous n'en apperçûmes
aucun de cette espèce, que nous appelons lions; mais il y
en avoit quelques-uns de ceux que le Rédacteur du Voyage
du Lord Anson décrit sous ce nom.

« L'un de ceux-ci que nous tuâmes, étoit par-tout le
» corps d'un gris foncé, & d'une légere teinte olive, à-peu-
» près comme les veaux marins de l'hémisphere septen-
» trional: il ressembloit aussi à ces animaux, par la forme
» de ses pieds de devant, & il n'avoit pas non plus d'oreilles
» qui se montraffent au-dehors. Son nez se projetoit fort
» au-delà de sa bouche: sa peau étoit ridée & à flot; peut-
» être qu'elle est très-mobile, quand le phoque est en colere,
» & qu'elle forme alors une espèce de crète, telle que la
» repréfente la figure qui est dans le Voyage du Lord
» Anson (a). Celui que nous examinâmes, étoit long d'en-
» viron treize pieds, mais à proportion plus mince que le
» lion de mer à criniere de la terre des Etats.

» Tous les veaux marins y étoient plus farou-
» ches que ceux des Isles du Nouvel-An, & ils ne s'en-
» fuyoient pas pour nous faire place. Les petits aboyoient
» après nous; ils nous pourfuivoient quand nous paffions
» près d'eux, & ils effayoient de nous mordre les jambes. »

On a déja dit qu'on les nomme très-improprement

_____

(a) Ce Lyon de mer du Lord Anson (*phoca leonina.*) Linn. femble
être le même que les Anglois ont appellé aux Isles Falkland *Clap-match*
feal. Voyez les Tranfactions Philofophiques; *Vol. LXVI, Part. I.*

ANN. 1775. Janvier.

lions; car ils n'ont aucune reſſemblance avec le quadrupède qui porte ce nom.

DIVERSES TROUPES de penguins, les plus gros que j'aie jamais vus, voltigeoient ſur cette terre; nous en rapportâmes à bord quelques-uns qui peſoient de vingt-neuf à trente-huit livres.

« ILS AVOIENT trente-neuf pouces de long. Leur ventre
» étoit d'une groſſeur énorme, & couvert d'une grande
» quantité de graiſſe: ils portent, de chaquecôté de la tête,
» une tache ovale, d'un jaune brillant, ou de couleur
» d'orange bordée de noir : tout le dos eſt d'un gris noirâtre;
» le ventre, le deſſous des nageoires, & l'avant du corps ſont
» blancs; ils étoient ſi ſtupides qu'ils ne nous fuyoient point,
» & nous les tuâmes à coups de bâton. M. Pennant (a) les
» diſtingue ſous le nom de penguins du Pétagon, & les
» Anglois les ont nommés, je crois, penguins jaunes ou
» penguins Rois aux Iſles Falkland. »

ON VOIT, par la deſcription que fait M. de Bougainville des animaux des Iſles Falkland, que ces penguins s'y trouvent, & je crois qu'il eſt très-exact, lorſqu'il les déſigne ſous le nom de la premiere claſſe des penguins. Il y avoit auſſi des albatroſſes, des mouëtes communes, & cette eſpèce que j'appelle poules du Port Egmont, des hirondelles, des ni-gauds, des plongeons, le nouvel oiſeau blanc, & le petit oiſeau pareil à ceux qu'au Cap de Bonne-Eſpérance on

(a) Voyez les Tranſactions Philoſophiques; Vol. LXVI.

appelle oifeaux jaunes : nous en tuâmes deux qui étoient
d'un excellent goût.

NOUS N'APPERÇUMES pas d'autres oifeaux de terre que de
petites alouettes : nous n'y rencontrâmes aucun quadrupède.
M. Forfter, à la vérité, obferva de la fiente qu'il jugea être
celle d'un renard, ou de quelque autre femblable animal.
Les terres, ou plutôt les rochers qui bordent la côte de la
mer, n'étoient pas couvertes de neige, comme l'intérieur
de la contrée. Après avoir fait ces obfervations, je me rem-
barquai pour le vaiffeau, où j'arrivai un peu après midi, avec
une affez grande quantité de veaux marins & de penguins,
que je diftribuai à l'équipage.

IL NE FAUT PAS CROIRE que nous manquaffions de provifions : nous en avions affez de chaque efpèce ; &, depuis
que nous étions fur cette côte, je fis ajouter à la ration ordinaire du bled bouilli pour le déjeûner de chaque matin ;
mais la plus grande partie de notre monde préféroit la plus
mauvaife viande fraîche à la viande falée. Pour moi, j'étois
alors très-dégoûté des nourritures falées ; &, quoique la chair
de penguin foit plus mauvaife que le foie de bœuf, je la
mangeois cependant avec plaifir. Je donnai le nom de *Baie
de Poffeffion* à la Baie où nous allâmes : elle gît par 54ᵈ 5′
de latitude Sud, & 37ᵈ 18′ de longitude Oueft, & à onze
lieues à l'Eft du Cap Nord : quelques milles à l'Oueft de la
Baie de *Poffeffion*, entre cette Baie & le Cap *Buller*, fe
trouve la *Baie des Ifles*, que j'ai ainfi appelée, à caufe de
plufieurs petites Ifles qui giffent par fon travers & dans fon
intérieur.

DÈS que la chaloupe fut remontée, nous fîmes voile le long de la côte à l'Eft, avec une jolie brife du O. S. O. : du Cap Buller, la côte court S. 70ᵈ 30′ Eft, l'efpace de onze ou douze lieues, jufqu'à une pointe avancée, qui a obtenu le nom de Cap *Saunders*. Au-delà de ce Cap, il y a une Baie affez large, que j'ai nommée *Baie Cumberland*. En plu-fieurs endroits du fond de cettte Baie, ainfi que dans quelques autres Baies de moindre étendue qui giffent entre le Cap Saunders, & la Baie de Poffeffion, il y avoit de grandes traînées de neige glacée, ou de glace folide. A huit heures, étant précifément au-delà de la Baie Cumberland, il y eut un petit vent, & nous écartâmes la côte dont nous étions déjà éloignés d'environ quatre milles : la fonde rapporta cent dix braffes.

Nous EUMES de légers foufles de vent variables, & des calmes, jufqu'à fix heures du lendemain, au matin, que le vent fe fixa au Nord, & fouffla en petite brife; mais il ne dura que jufqu'à dix heures; tems où nous eûmes prefque calme. A midi, la latitude obfervée fut de 54ᵈ 30′ S.; nous étions alors à environ deux ou trois lieues de la côte, qui s'étendoit du N. 59ᵈ O. au S. 13ᵈ O. La terre, dans cette direction, étoit une Ifle, qui paroiffoit former l'extrémité de la côte à l'Eft. La terre la plus proche de nous, une pointe en faillie, qui fe terminoit par un mondrain rond, fut nommé *Cap Charlotte*. Au côté Oueft du Cap Charlotte, il y a une Baie qui obtint le nom de *Baie Royale*, & fa pointe occi-dentale fut nommé le *Cap George* : c'eft la pointe Eft de la Baie de Cumberland; le Cap George & le Cap Char-lotte giffent dans la direction du S. 37ᵈ E., & du Nord 37ᵈ
Oueft,

Oueft, à fix lieues de diftance l'un de l'autre. L'Ifle dont j'ai parlé plus haut, qui fut appelée Ifle *Cooper*, d'après mon premier Lieutenant, gît dans la direction du S. $\frac{1}{4}$ S. E., éloignée de huit lieues du Cap Charlotte. La côte, dans l'intervalle, forme une grande Baie, à laquelle je donnai le nom de *Sandwich.*

ANN. 1775. Janvier.

« L'ASPECT de la terre eft à-peu-près le même par-tout : les montagnes extrêmement élevées au Sud, fe partagent en une quantité innombrable de pointes ou de flèches, pareilles aux flammes d'un grand feu. M. Hodges a fait un excellent Deffin de cette partie de la côte : ce morceau eft dans ce grand ftyle qui lui eft particulier, & qui diftingue toutes fes vues des pays fauvages. On en trouve ici la Gravure. »

LE VENT ayant été variable tout l'après-midi, nous avançâmes peu ; le foir, il fe fixa au S. & au S. S. O., & il fouffla petit frais, accompagné d'ondées de neige.

LA JOURNÉE du 19 fe paffa entièrement à aller au plus près ; le vent continuant à fouffler du S. & du S. S. O., avec un tems clair & agréable, mais froid. Au lever du Soleil, nous découvrîmes une nouvelle terre reftante au S. E. $\frac{1}{2}$ E. : elle fe montra d'abord en une feule colline, pareille à un pain de fucre ; quelque tems après, d'autres cantons détachés parurent au-deffus de l'horizon, près de la colline. A midi, la latitude obfervée fut de $54^d 42' 30''$ S. : nous avions le Cap Charlotte au N. 38^d O. à quatre lieues, & l'Ifle Cooper au S. 31^d O. Dans cette pofition, un rocher caché,

Tome IV.

19.

qui gît en travers de la Baie Sandwich, à cinq milles de la terre, nous reſtoit à l'O. ½ N. A un mille, & près de ce rocher, il y avoit pluſieurs briſans. L'après-midi, nous vîmes une chaîne de montagnes derriere la Baie Sandwich ; leurs ſommets glacés s'élevoient au-deſſus des nuages. Le vent continua à ſouffler du S. S. O. juſqu'à ſix heures, qu'il y eut calme. Le Cap Charlotte nous reſtoit alors au N. 31ᵈ. O., & l'Iſle Cooper à l'O. S. O. La déclinaiſon meſurée par les Azimuths, fut de 11ᵈ 39′, & par l'amplitude de 11ᵈ 12′. Eſt. A dix heures, une petite briſe s'élevant du N., nous gouvernâmes au Sud juſqu'à minuit, & enſuite nous mîmes en panne juſqu'au jour.

20.

A DEUX HEURES du matin du 20, nous fîmes de la voile au S. O., autour de l'Iſle de Cooper. C'eſt un rocher d'une hauteur conſidérable, d'environ cinq milles de tour, & ſitué à un mille de la grande terre. A cette Iſle, la côte de la grande terre prend une direction S. O., l'eſpace de quatre ou cinq lieues juſqu'à une pointe, que j'appelai Cap Diſappointment : en travers de ce Cap, il y a trois petites Iſles, dont la plus méridionale eſt verte, baſſe & plate, & gît à une lieue de la côte.

COMME nous avancions au S. O., la côte s'ouvrit en travers de cette pointe, dans la direction du N. 60ᵈ O., & à neuf lieues au-delà : c'étoit une Iſle entièrement détachée de la grande terre, & elle fut appelée Iſle *Pickerſgill*, du nom de mon troiſieme Lieutenant : bientôt une pointe de la grande terre, au-delà de cette Iſle, ſe montra dans la direction du N. 55ᵈ O., qui portoit le bord de la côte exacte-

ment au point où nous l'avions vu, & où nous en avions
pris le relevement, le premier jour que nous l'apperçûmes,
Il nous fut démontré par-là que cette terre, que nous avions
jugé comme faisant partie d'un grand continent, n'est qu'une
Isle de soixante-dix lieues de tour.

Qui auroit jamais pensé qu'une Isle aussi peu étendue
que celle-ci, située entre le 54ᵉ. & le 55ᵉ parallèles, fût, au
milieu de l'été, couverte, presque en entier, à plusieurs brasses
de profondeur, d'une neige glacée, & sur-tout dans sa partie
du S. O. ? les flancs eux-mêmes & les sommets escarpés des
hautes montagnes, étoient enfermés par la neige & la glace;
mais la quantité qui se trouva dans les vallées est incroyable;
&, au fond des Baies, la côte aboutissoit à une muraille de
glace, d'une élévation considérable. Sans doute il se forme
ici, pendant l'hiver, beaucoup de glaces, qui, au printems,
se détachent & se dispersent sur la mer; mais cette Isle ne
peut pas produire la dix millieme partie de celle que nous
vîmes : de sorte qu'il doit y avoir d'autres terres, où la glace
se forme en pleine mer. Ces réflexions m'ont conduit à
penser que la terre, vue la veille, appartenoit peut-être à une
côte étendue, & ainsi j'espérois toujours découvrir un continent. Je dois avouer que je ne fus pas beaucoup affligé, en
reconnoissant que je me trompois.

Je donnai à cette terre le nom d'Isle de *Géorgie*, en
honneur de S. M. Georges III : elle gît entre 53ᵈ 57′ & 54ᵈ
57′ de latitude S., & entre 38ᵈ 13′ & 35ᵈ 34′ de longitude
O. : elle s'étend S. E.¼E. & N. O.¼O.; elle a trente-&-
une lieues de long dans cette direction, & sa plus grande

M 2

largeur eſt d'environ dix. Elle paroît remplie de Baies & de
Havres, ſur-tout au côté du N. E. ; mais la prodigieuſe quantité des glaces doit la rendre inacceſſible, la plus grande partie
de l'année, ou du moins il doit être dangereux d'y mouiller,
à cauſe de la diſſolution des rochers de glace. Il faut remarquer que, ſur toute la côte, nous ne vîmes pas une
riviere, ou un courant d'eau douce. Il eſt très-probable que
les ſources y tariſſent quelquefois, & que l'intérieur étant
fort élevé, ne jouit jamais d'aſſez de chaleur pour fondre
toute la neige qui ſeroit néceſſaire à la formation d'une
riviere ou d'un courant d'eau. La côte ſeule reçoit une chaleur ſuffiſante pour fondre la neige, & cela arrive ſeulement
ſur la partie N. E. ; car l'autre ſe trouvant expoſée aux vents
froids du Sud, eſt un peu privée des rayons du Soleil, par
la hauteur extraordinaire des montagnes. J'avois ſuppoſé que
Bouvet ne découvrit que de grandes Iſles de glace, dans la
perſuaſion que la côte d'une terre, ſituée par 54ᵈ de latitude, ne pouvoit pas, au milieu de l'été, être entièrement
couverte de neige ; mais, après avoir vu celle-ci, je n'eus
plus de doute ſur l'exiſtence du Cap de la Circonciſion, &
je crus que je rencontrerois plus de terres que je ne pour-
rois en reconnoître : c'eſt avec ces idées que je quittai la
côte, & je dirigeai ma route à l'E. S. E., vers celle que nous
avions vue la veille.

LE VENT fut très-variable juſqu'à midi, qu'il ſe fixa au
N. N. E., & ſouffla petit frais ; mais il augmenta tellement,
qu'avant trois heures, nous fûmes réduits à nos deux baſſes
voiles, & obligés d'abattre les vergues de perroquet. Heureuſement nous étions hors de la terre, avant que le coup

de vent nous surprît : il est difficile de dire quel accident
nous seroit arrivé, si le grain étoit survenu, tandis que nous
étions sur la côte septentrionale : la tempête fut de courte
durée ; car, à huit heures, elle commença à se calmer ; & ,
à minuit, il y eut peu de vent. Nous profitâmes alors de
l'occasion pour sonder ; mais une ligne de cent quatre-vingt
brasses ne rapporta point de fond.

Ann. 1775.
Janvier.,

Le lendemain, la tempête fut suivie d'une brume épaisse,
accompagnée de pluie ; le vent tourna au N. O. ; & , à cinq
heures du matin, il y eut un calme qui dura jusqu'à huit
heures ; & ensuite nous atteignîmes une brise du Sud, avec
laquelle nous portâmes à l'Est, jusqu'à trois heures de l'après-
midi ; le tems s'éclaircissant alors, nous fîmes de la voile, & je
gouvernai au Nord, pour chercher la terre ; mais, à six heures
& demie, un brouillard épais nous enveloppa de nouveau ;
ce qui nous obligea de serrer le vent, & de passer la nuit
à courir de petits bords.

21.

Nous eumes de légers souffles de vent variables qui approchoient d'un calme, & un tems épais & brumeux jusqu'à
sept heures & demie du soir du 22 : nous atteignîmes alors
une jolie brise du Nord, & le tems fut si clair, que nous
voyions à deux ou trois lieues autour de nous. Nous profitâmes de l'occasion pour gouverner à l'Ouest, jugeant que
nous étions à l'Est de la terre. Après avoir couru dix milles
à l'Ouest, le tems devint brumeux de nouveau, je serrai le
vent, & la nuit se passa sous les huniers.

22.

Le lendemain, au matin, à six heures, la brume se dissipa,

23.

de maniere que notre horizon s'étendoit à trois ou quatre milles; je mis le Cap à l'Oueft, avec une petite brife de l'Eft; mais, deux heures après, une nouvelle brume nous obligea encore à ferrer le vent au Sud. A onze heures, un court intervalle de tems clair nous montra trois ou quatre Iflots de roches, qui s'étendoient du S. E. à l'E. N. E., à deux ou trois milles de diftance; mais nous n'apperçûmes pas le pic en pain de fucre, dont j'ai parlé plus haut; nous ne voyions pas à plus de deux ou trois milles.

Nous fumes bientôt affurés que c'étoit la terre que nous avions déjà vue, & dont nous venions de faire le tour: ces Iflots ne pouvoient donc être que des roches détachées, qui fervoient de réceptacles aux oifeaux: nous en apperçûmes en effet de grandes quantités, & fur-tout des nigauds, qui nous indiquerent à l'avance le voifinage de la terre. Ces rochers giffent par 55ᵈ de latitude S., & au S. 75ᵈ E., à douze lieues de l'Ifle Cooper.

Le tems clair fut de courte durée; bientôt la brume fut auffi épaiffe que jamais, accompagnée de pluie: fur quoi on revira par foixante braffes, afin de porter au Nord. Nous paffâmes ainfi notre tems, enveloppé dans un épais brouillard continuel, & entourés de rochers dangereux. Les nigauds & les fondes furent nos meilleurs pilotes; car, après avoir fait quelques milles au Nord, il n'y eut plus de fondes, & nous ne vîmes plus de nigauds. La journée & la nuit nous courûmes de petits bords, &, à huit heures du 24, quelques nigauds, qui erroient autour de nous, nous faifant juger que nous n'étions pas loin des rochers, on jeta

24.

la fonde, qui rapporta foixante braffes, fond de pierres &
de coquilles brifées. Bientôt après, nous apperçûmes les
rochers au S. S. O. ½ O., à quatre milles de diftance; mais
nous ne vîmes pas le pic. Sans doute il étoit au-delà de notre
horizon, qui fe bornoit à une petite diftance, & avant que
les autres rochers fe perdiffent dans la brume, nous ne les
vîmes qu'à la dérobée.

ANN. 1775.
Janvier.

AVEC un léger fouffle de vent du Nord, & une groffe
houlle du N. E., nous vînmes à bout de fortir des rochers de
l'Oueft; &, à quatre heures du foir, jugeant que nous en
étions à trois lieues à l'Eft & à l'Oueft, je mis le Cap au Sud,
très-fatigué de croifer dans une brume épaiffe; ce n'étoit
pas la peine d'employer plus de tems à attendre un ciel
clair, uniquement pour voir à plein un petit nombre de
rochers épars. A fept heures, nous eûmes par intervalles un
firmament clair à l'Oueft; ce qui nous montra les montagnes
de l'Ifle de la Géorgie, qui nous reftoient au O. N. O., à environ huit lieues. A huit heures, je gouvernai S E. ¼ S., &
à dix heures, S. E. ¼ E., avec une brife fraîche du Nord,
accompagnée d'une brume très-épaiffe; mais nous connoif-
fions déjà un peu la mer fur laquelle nous marchions. Les
rochers, mentionnés ci-deffus, furent appelés rochers de
Clerke, du nom d'un de nos Lieutenans, qui les découvrit
le premier.

« ON A SUPPOSÉ que toutes les parties de ce globe,
» même celles qui font les plus affreufes & les plus ftériles,
» font propres à être habitées par des hommes. Avant
» d'aborder fur cette Ifle de la Géorgie, nous n'étions pas
» éloignés d'adopter cette opinion, puifque les roches

» fauvages de la terre de Feu font peuplées ; mais le climat
» de la terre de Feu eft doux, en comparaifon de celui de
» la Géorgie ; car le thermomètre étoit ici d'au moins dix
» degrés plus bas : l'extrémité Sud de l'Amérique a d'ailleurs
» l'avantage de produire affez d'arbriffeaux & de bois, pour
» fournir aux befoins des Naturels, qui peuvent fe garantir
» de la rigueur du froid, & rendre, par la cuiffon, leurs
» alimens plus fains. Comme il n'y a aucun bois à la Nou-
» velle-Géorgie, ni rien de combuftible qui puiffe en tenir
» lieu, je crois qu'il feroit impoffible à une race d'hommes
» de s'y perpétuer, lors même qu'à la place de la ftupidité
» des *Pefferais*, ils auroient toute l'induftrie des Européens.
» Les étés de cette nouvelle Ifle font très-froids : le ther-
» momètre n'a jamais monté à plus de dix degrés au-deffus
» du point de congélation, pendant notre féjour fur la
» côte ; &, quoique nous ayions lieu de croire que les hivers
» n'y font pas auffi froids, en proportion que dans notre
» hémifphère, il eft probable qu'il y a au moins, entre les
» deux faifons, une différence de vingt ou trente degrés : je
» penfe que cela fuffiroit pour tuer tout homme qui auroit
» furvécu aux rigueurs de l'été, fur-tout s'il n'avoit pas,
» contre la dureté des élémens, d'autres préfervatifs que
» ceux que fournit le pays; mais, outre que la Géorgie auftrale
» eft inhabitable, elle ne paroît pas contenir de productions
» qui puiffent y attirer de tems-en-tems les vaiffeaux Euro-
» péens. Les veaux & les lions marins, dont la graiffe eft
» un objet de commerce, font beaucoup plus nombreux
» fur les côtes défertes de l'Amérique Méridionale, des Ifles
» Falkland & du Nouvel-An, & on les y prend avec bien
» moins de danger. Si nos pêches annuelles dépeuplent
　　　　　　　　　　　　　　　　　　　» entièrement

ANN. 1775
Janvier.

» entièrement l'Océan feptentrional de baleines, peut-être
» qu'on recourra à l'autre hémifphère, où il y en a beau-
» coup; mais il femble qu'il feroit peu néceffaire, pour cela,
» de s'avancer au Sud, jufqu'à la Nouvelle-Géorgie, puifque
» les Portugais & les Habitans de l'Amérique Nord en
» ont dernièrement tué une grande quantité fur la côte
» d'Amérique, fans dépaffer les Ifles Falkland. Il eft donc
» probable que fi jamais la Géorgie Auftrale devient im-
» portante dans l'Hiftoire du monde, cette époque fort
» éloignée, n'arrivera peut-être que lorfque la côte des Pa-
» tagons & la terre de Feu feront civilifées, comme l'Ecoffe
» & la Suède. »

Tome IV.   N

CHAPITRE VI.

Navigation après notre départ de la Géorgie.
Découverte de la Terre de Sandwich. Raiſons
qui ſemblent prouver qu'il y a une Terre aux
environs du Pole Auſtral.

LE 25, nous gouvernâmes E. S. E. avec un vent de N. N.
E., accompagné d'un tems brumeux juſqu'au ſoir, que le
Ciel s'éclaircit : par 56ᵈ 16′ de latitude S., & 32ᵈ 9′ de lon-
gitude Oueſt, la déclinaiſon de l'aimant fut de 9ᵈ 26′ Eſt.

26.

JE MARCHAI E. S. E. avec un bon vent du N. N. O. juſqu'au
lendemain-matin, mais voyant une terre à l'Eſt, j'ordonnai
de gouverner ſud : nous étions par 56ᵈ 33′ de latitude S. ;
& 31ᵈ 10′ de longitude Oueſt. Le Ciel qui fut clair, nous
donna occaſion d'obſerver pluſieurs diſtances du Soleil &
de la Lune, pour corriger notre longitude, qui, à midi,
étoit de 31ᵈ 4′ O., & la latitude obſervée de 57ᵈ 38′ S.

27.

Nous continuâmes à porter le Cap au Sud juſqu'au 27, à
midi, tems où nous étions par 59ᵈ 46′ de latitude S. : nous
avions une brume ſi épaiſſe, que nous ne voyions pas
la longueur du vaiſſeau. Il n'étoit plus ſûr d'aller devant le
vent, parce que nous comptions rencontrer bientôt la glace ;
je cinglai donc à l'Eſt, avec une petite briſe du N. N. E. La
brume ſe diſſipant bientot après, nous reprîmes notre route

au Sud , jufqu'à quatre heures du matin que le Ciel fe rembruma autant que jamais , & il fallut ferrer le vent.

ANN. 1775.
Janvier.

Nous ÉTIONS alors, fuivant l'eftime, par 60.^d S., & je ne
me propofois pas d'aller plus loin , à moins que je ne remar-
quaffe des indices fûrs de trouver bientôt terre ; car il n'auroit
pas été fage de perdre mon tems à pénétrer fort loin vers
le Sud , puifqu'il étoit du moins auffi probable que je rencontrerois une grande étendue de terre , près du Cap de la
Circoncifion ; d'ailleurs j'étois fatigué de ces hautes latitudes
méridionales où l'on n'apperçoit que de la glace & des
brumes épaiffes. Nous avions alors une longue houlle creufe
de l'Oueft , marque qu'il n'y avoit point de terre dans cette
direction ; de forte que je crois pouvoir affirmer , que la
côte étendue , marquée dans la Carte de l'Océan de M. Dal-
rymphe , entre l'Afrique & l'Amérique & le Golphe Saint-
Sébaftien , n'exifte pas.

A SEPT HEURES DU SOIR , la brume s'éloignant un peu
de nous, nous laiffa voir une Ifle de glace , plufieurs penguins , & des péterels de neige : nous fondâmes fans trouver
de fond , avec une ligne de cent quarante braffes. La brume
revenant bientôt , nous paffâmes la nuit à faire de petits
bords , fur l'efpace que nous avions reconnue , en quelque
forte , pendant le jour.

A HUIT HEURES DU MATIN du 28 nous mîmes le Cap   28.
à l'Eft , avec un petit vent du Nord. Le Ciel commença à
s'éclaircir : la mer étoit jonchée de groffes & de petites maffes
de glaces : différens penguins , des péterels de neige ; d'autres

N 2

oifeaux & quelques baleines, frapperent nos regards. Bientôt après le Soleil brilla, mais , en général, l'air fut froid :
le mercure, dans le thermomètre, fe tenoit à 35, mais à
midi, il fut à 37 : la latitude obfervée fut de 60ᵈ 4′ S., & la
longitude 29ᵈ 23′ Oueft.

JE CONTINUAI à cingler à l'Eft, jufqu'à deux heures &
demie P. M. : nous rencontrâmes tout d'un coup un nombre
confidérable de grandes Ifles de glace, & une mer jonchée de
glaces flottantes. Le tems étoit auffi devenu épais & brumeux,
accompagné de petite pluie & de pluie neigeufe, ce qui
rendoit encore plus dangereufe notre navigation parmi
les glaces : je revirai donc de bord, & je portai en arriere à l'Oueft, avec un vent du Nord. Les Ifles de glace,
qui nous entouroient alors, avoient toutes à-peu-près la
même hauteur, & elles préfentoient une furface plate &
unie, mais elles étoient de différente étendue ; quelques-
unes avoient deux ou trois milles de tour : les glaces flottantes étoient des morceaux détachés de ces Ifles.

« LES DANGERS CONTINUELS que nous courions depuis
» quelque tems, occafionnoient beaucoup de veilles & de
» travaux, & tout l'équipage étoit épuifé. Nous n'avions
» pénétré qu'à quelques minutes au-delà 'de 60ᵈ S. lorf-
» qu'on revira. La plupart des Matelots étoient attaqués de
» rhumatifmes & de rhumes ; & quelques-uns avoient de
» tems en tems des maux de cœur, qui les faifoient fubi-
» tement tomber en défaillance. Le thermomètre fe tint
» à 35ᵈ dans ces hautes latitudes, & ce degré de froid, ainfi
» que les pluies de neige & les brumes humides, retardoient

» infiniment la convalefcence des malades. Dès qu'on eut
» mis le Cap au Nord, chacun efpéra que rien ne laf-
» feroit plus notre patience. Nous nous trompions, comme
» on le verra tout-à-l'heure. »

LE 29, au matin, le vent tombant & paffant au S. O.,
nous gouvernâmes N. E., mais de nombreufes Ifles de glace
nous arrêterent bientôt ; &, comme nous avions très-peu de
vent, nous fûmes obligés de fuivre les routes qui nous dé-
barraffoient le plutôt du milieu de ces Ifles ; de forte que ce
jour, nous n'avançâmes d'aucun côté. Des baleines & des
penguins ne cefferent pas de nous entourer ; & le tems fut
bon, mais fombre.

29.

A MINUIT, le vent commença à fraîchir du N. N. E.:
je portai au N. O., jufqu'à fix heures du matin, du 30, que
le vent tournant au N. N. O. je revirai, & mis le Cap au
N. E.: bientôt après, je fis voile à travers beaucoup de glaces
flottantes, & je dépaffai deux grandes Ifles. Excepté un
court intervalle de beau tems, qu'il y eut aux environs de
neuf heures, le ciel fut continuellement brumeux, & accompagné de pluie neigeufe ou de neige. A midi, nous étions
fuivant notre eftime, par 59ᵈ 30′ de latitude S., & 29ᵈ 24′
de longitude Oueft.

30.

CONTINUANT à cingler au N. E. avec une brife fraîche
du N. N. O., à deux heures, nous dépaffâmes une des plus
grandes Ifles de glace, que nous euffions vu péndant le
Voyage, & quelque tems après nous en laiffâmes dans
l'arriere deux autres beaucoup plus petites. Le tems étoit

toujours brumeux, accompagné de pluie neigeuse, & le vent se tint au N. ¼ N. O. avec lequel je mis le Cap au N. E. sur une mer jonchée de glaces.

31.

A SIX HEURES du lendemain au matin ; comme nous marchions N. N. E avec un vent de l'Ouest, la brume s'éclaircit heureusement un peu, & nous découvrîmes terre à trois ou quatre milles à l'avant. Sur cela, je serrai le vent au Nord ; mais, trouvant que nous ne pouvions pas la doubler sur ce bord, je revirai bientôt par cent soixante-quinze brasses à trois milles de la côte, & à environ une demi-lieue de quelques brisans. Le Ciel s'éclaircit encore davantage, & nous vîmes assez bien la terre. Nous reconnûmes que c'étoient trois Islots de roche, d'une hauteur considérable « noirs, » caverneux, & perpendiculaires, habités par des troupes » de nigauds, & battus par des houlles terribles : des brouil- » lards épais voiloient la partie supérieure des montagnes. » Le plus extérieur des Islots, se terminoit en un pic élevé, pareil à un pain de sucre, & il fut appellé Pic de *Freeze- Land*, du nom de celui qui la découvrit le premier. « Tout, » le monde crut que la hauteur perpendiculaire de ce » Pic, n'étoit guères moins de deux milles. » Notre lati- tude étoit de 59ᵈ S., & notre longitude de 27ᵈ O. Derriere & à l'Est de ce Pic, se montroit une côte élevée, dont les sommets couverts de neige, se voyoient au-dessus des nuages ; elle s'étendoit du N. ¼ N. E. à l'E. S. E., & je la nommai Cap *Bristol*, en l'honneur de la noble famille d'Hervey. Nous appercevions dans le même tems au S. O. ¼ S., une autre côte élevée, & à midi, celle-ci se prolongeoit du S. E. au S. S. O, de quatre à huit lieues de distance : la latitude obfervée fût de 59ᵈ 13′ 30″ S., & la longitude 27ᵈ 45′ O. J'appelai cette terre *Thulé-Auftrale*, parce que c'eft la terre la plus méridionale, qu'on ait encore découverte : elle préfente une furface très-haute, & elle eft par-tout couverte de neige. Quelques perfonnes de l'équipage crurent voir terre, dans l'efpace qui eft entre Thulé & le Cap Briftols : il eft plus que probable que ces deux terres font liées, & que cet intervalle eft une Baie profonde, que j'ai appelée Baie *Forfter*.

A UNE HEURE, comme nous ne pouvions pas doubler Thulé, nous revirâmes pour porter au Nord, &, à quatre heures, le pic de Freeze-Land nous reftoit à l'Eft à trois ou quatre lieues. Bientôt après, il n'y eut que peu de vent, & nous fûmes abandonnés à la merci d'une groffe houlle de l'Oueft, qui portoit directement fur la côte.

« LE SOMMET des hautes montagnes étant enveloppé » de brouillards, & les flancs d'une neige, qui fe prolongeoit » jufqu'au bord de l'eau, il auroit été difficile de pro- » noncer fi nous voyions une Terre ou une Ifle de glace, » fi des rochers creux n'avoient montré, en quelques en- » droits, leurs cavernes noires. »

Nous SONDAMES, mais une ligne de deux cens braffes ne rapporta point de fond. A huit heures, le tems, qui avoit été très-brumeux, s'éclairciffant, nous vimes le Cap Briftol qui nous reftoit E. S. E, & qui fe terminoit en une pointe au Nord, au-delà de laquelle nous ne pouvions pas appercevoir de Terre. Cette découverte nous délivra de la crainte d'être porté, par la houlle, sur la plus affreuse côte du monde, & nous continuâmes à marcher au Nord, toute la nuit, avec une brise légere de l'Oueft.

LE PREMIER DE FÉVRIER, à quatre heures du matin, nous découvrîmes une nouvelle côte, qui, à fix heures, nous reftoit au Nord 60ᵈ Eft : nous reconnûmes enfuite que c'étoit un Promontoire, que je nommai Cap *Montagu* : il gît par 58ᵈ 27′ de latitude Sud & 26ᵈ 44′ de longitude Oueft, & à fept ou huit lieues au Nord du Cap Briftol. La Terre fe montroit, d'efpace en efpace, entre ces deux Caps ; ce qui me fit conclure que toutes ces côtes font liées. Je fus fâché de ne pouvoir pas déterminer ce point avec plus de certitude ; mais la prudence ne me permettoit pas de me hafarder près d'une côte fujette à des brumes épaiffes, où il n'y avoit pas de mouillage, où chaque Port étoit bloqué & rempli de glace, & tout le pays, depuis le fommet des montagnes, jufqu'au bord des rochers qui terminent la côte, couvert à plufieurs braffes de profondeur, d'une neige éternelle. Les rochers indiquoient feuls qu'il y avoit de la terre au-deffous.

PLUSIEURS grandes Ifles de glace paroiffoient fur la côte ; l'une d'elles attira mon attention : fa hauteur & fon contour étoient d'une étendue confidérable : elle avoit une furface plate & des côtés perpendiculaires, fur lefquelles les vagues de la mer n'avoient fait aucune impreffion, par où je jugeai qu'elle n'étoit pas détachée depuis long-tems de terre, & qu'elle étoit peut-être fortie tard de quelque Baie fur la côte où elle s'étoit formée.

[A MIDI]

ANN. 1775.
Février.

A MIDI, nous étions Eſt & Oueſt de la partie ſeptentrionale du Cap Montagu, éloigné d'environ cinq lieues, & le pic Freeze - Land nous reſtoit au Sud 16ᵈ Eſt à douze lieues : la latitude obſervée fut de 58ᵈ 25′ Sud. Le matin, la déclinaiſon de l'aimant étoit de 10ᵈ 11′ Eſt. A deux heures de l'après-midi, comme nous portions au Nord avec une briſe légere du S. O., nous vîmes une Terre au Nord 25′ Eſt, à quatorze lieues de diſtance. Nous avions alors le Cap Montagu au Sud 66ᵈ Eſt ; à huit heures, nous l'eûmes au Sud 40ᵈ Eſt ; le Cap Briſtol au S. ¼ S. E. La nouvelle Terre s'étendoit du N. 40ᵈ à 52ᵈ Eſt ; & nous crûmes en voir une autre plus à l'Eſt, & derriere celle-ci.

APRÈS avoir gouverné au Nord toute la nuit, à ſix heures du lendemain, au matin, nous apperçûmes une nouvelle Terre qui nous reſtoit au Nord 12ᵈ Eſt, à environ dix lieues : elle ſe montroit en deux mondrains, qui ne faiſoient que ſortir au-deſſus de l'horizon ; mais nous la perdîmes bientôt de vue ; &, ayant gagné une briſe fraîche du N. N. E., je marchai ſur la Terre la plus ſeptentrionale qui avoit frappé nos regards la veille, & qui nous reſtoit alors à l'E. S. E.: nous l'amenâmes à environ dix heures ; mais nous ne pûmes pas la doubler, & nous fûmes obligés de revirer à trois milles de la côte, qui s'étendoit de l'E. ¼ S. E. au S. E., & qui reſſembloit beaucoup à une Iſle d'environ huit ou dix lieues de tour. Elle préſente une ſurface d'une hauteur conſidérable, dont le ſommet ſe perdoit dans les nuages.

« NOUS EN APPROCHAMES pluſieurs fois, & nous obſer« vâmes une pente ou greve plate, qui ſe prolongeoit au

2.

» Nord, & qui étoit remplie de rochers empilés dans tout
» le désordre du cahos. Cette côte sembloit privée, même
» des animaux amphibies qui habitent la Géorgie australe :
» nous ne pûmes pas nous empêcher de lui appliquer cette
» expression remarquable de Pline :

» Pars mundi damnata à rerum naturâ, & densâ mersa caligine. »
Hist. Nat. Lib. 15, *cap.* 36.

COMME toutes les Terres voisines, elle étoit couverte
d'une nappe de neige ou de glace, excepté sur une pointe
avancée au côté septentrional, & sur deux collines qu'on
appercevoit au-delà de cette pointe, & qui étoient probablement deux Isles : ces cantons paroissoient revêtus d'un
verd gazon. Quelques grandes Isles de glace, gissoient au
N. E. & d'autres au Sud.

AYANT PORTÉ au large jusqu'à midi, je revirai sur la
Terre, afin de reconnoître si c'étoit une Isle. Le ciel, devenu très-nébuleux, se chargea enfin d'une brume épaisse qui
arrêta cette découverte : il étoit dangereux de porter sur la
côte; de sorte qu'après avoir couru vers le rivage, le même
espace que nous avions couru au large, je revirai de bord, &
je mis le Cap au N. O. sur la Terre que nous avions vue le
matin, & qui étoit encore à une distance considérable. Ainsi,
nous fûmes obligés d'abandonner l'autre, supposant que
c'étoit une Isle que j'ai appelée Isle *Saunders*, du nom de
mon respectable ami Sir Charles Saunders. Elle gît par 57ᵈ
49′ de latitude Sud & 26ᵈ 44′ de longitude Ouest, &, au
Nord, à treize lieues du Cap Montagu.

A SIX HEURES du soir, le vent sautant à l'Ouest, nous

revirâmes pour mettre le Cap au Nord; &, à huit heures, la brume s'éclaircissant, nous eûmes vue de l'Isle Saunders, qui s'étendoit du S. E. $\frac{1}{4}$ S. à l'E. S. E. Nous ignorions toujours si c'est une Isle; car on voyoit alors dans l'E. $\frac{1}{4}$ S. E. une Terre qui peut être liée avec celle-ci, ou qui en est séparée; c'étoit peut-être aussi la même que nous avions vue le soir de la veille. Quoi qu'il en soit, il étoit nécessaire d'examiner la Terre au Nord, avant d'avancer plus loin à l'Est. Je portai donc au Nord, avec une brise légere du O. $\frac{1}{4}$ S. O., qui, à deux heures du matin du 3, fut suivie d'un calme : le calme dura jusqu'à huit heures, & nous atteignîmes un vent de l'E. $\frac{1}{4}$ S. E., accompagné d'un tems brumeux. Nous apperçûmes alors la Terre que nous cherchions, & que nous reconnûmes ensuite pour être deux Isles. Je les appelai Isles de la *Chandeleur*, à cause du jour où on les a découvertes : elles gisent par 57^d 11' de latitude Sud & 27^d 6' de longitude Ouest : elles ne sont pas d'une grande étendue, mais d'une élévation considérable, & une neige en couvroit par-tout la surface. Nous apperçûmes un petit rocher entr'elles, & peut-être qu'il y en a plusieurs autres; car le tems étoit si brumeux, que nous perdîmes bientôt les Isles de vue, & nous ne les revîmes pas jusqu'à midi : elles nous restoient alors à l'Ouest à la distance de trois ou quatre lieues.

COMME le vent tournoit au Sud, nous fûmes obligés de cingler au N. E. : pendant cette route, nous rencontrâmes plusieurs grandes Isles de glace, des glaces flottantes, & beaucoup de penguins. A minuit, nous atteignîmes tout-à-coup des vagues d'une eau extraordinairement blanche, qui alarmerent tellement l'Officier de quart, qu'il revira de bord

3.

O 2

sur-le-champ. Quelques personnes crurent que c'étoit un radeau de glace; d'autres que c'étoit un bas-fond : mais on reconnut enfuite que c'étoit un banc de poiſſons.

4.

NOUS PORTAMES au Sud jufqu'à deux heures du lendemain au matin, que nous reprîmes notre route à l'Eſt avec une briſe foible du S. S. E., qui, ayant fini par un calme à fix heures, me fournit l'occaſion de mettre une chaloupe en mer, pour voir s'il n'y avoit pas de courant: on reconnut qu'il n'y en avoit point. Quelques baleines jouoient autour de nous, & une grande quantité de penguins nous environnoient: nous tuâmes quelques-uns de ces oiſeaux: ils étoient de la même eſpèce que nous avions vue auparavant au milieu des glaces, & différens de ceux de la Terre des Etats & de l'Iſle de la Géorgie. Il eſt à remarquer que nous n'avions pas vu un veau marin depuis notre départ de cette côte. A midi, nous étions par 56ᵈ 44′ de latitude Sud & 25ᵈ 33′ de longitude Oueſt. Nous atteignîmes alors une briſe de l'Eſt, avec laquelle nous marchâmes au Sud dans la vue de gagner la côte que nous avions quittée ; mais, à huit heures, le vent ſauta au Sud, & il fallut revirer de bord & porter à l'Eſt: pendant cette route, nous rencontrâmes des Iſles de glace & des glaces flottantes : le tems étoit toujours brumeux, accompagné de neige & de pluie.

5.

AUCUN PENGUIN ne frappa nos regards le 5, ce qui me fit conjecturer que nous laiſſions la Terre derriere nous, & que nous avions déjà vu ſon extrémité ſeptentrionale. A midi, nous étions par 57ᵈ 8′ de latitude Sud & 23ᵈ 34′ de longitude Oueſt, à 3ᵈ de longitude à l'Eſt de l'Iſle Saunders.

L'après-midi, le vent sauta à l'Ouest ; ce qui nous mit en état de forcer de voiles au|Sud, & d'atteindre le parallele de la Terre, si elle couroit à l'Est : je voulois l'attaquer de nouveau.

ANN. 1775.
Février.

NOUS FÎMES route au S. & au S. E. jusqu'au lendemain, à midi : étant alors par 58ᵈ 15′ de latitude Sud, & 21ᵈ 34′ de longitude O., &, ne voyant ni terre, ni rien qui en annonçât, je conclus que celle que nous avions apperçue, & que j'ai nommée *Terre de Sandwich* (*a*), est un grouppe d'Isles, ou une pointe de continent ; car je crois fermement qu'il y a près du Pole une étendue de terre, où se forment la plupart des glaces répandues sur ce vaste Océan Méridional (*b*) ; il me paroît probable aussi qu'elles se prolongent plus loin, au Nord, vis-à-vis l'Océan Atlantique austral, & vis-à-vis la Mer de l'Inde, parce que nous y en avons toujours trouvé plus au Nord que par-tout ailleurs ; & je crois que cela ne seroit pas, s'il n'y avoit point de terre au Sud ; je veux dire, s'il n'y avoit pas de terre d'une étendue considérable : car, en supposant qu'il n'existe point

6.

(*a*) « Je suis porté à croire que cette Terre a été découverte par ces » premiers Navigateurs, qui ont mis dans les Cartes le Golfe de Saint-» Sébastien & l'Isle de Cressaline. »

(*b*) M. Forster est d'un avis différent de celui de M. Cook. Il fait à cette occasion une remarque fort Raisonnable. « On a prouvé » que l'eau de la mer se gele, & que la glace ainsi formée, ne con-» tient aucune particule de sel, excepté aux endroits où elle touche l'eau » de la mer, qui alors s'introduit dans ses pores & ses interstices. *Voyez* » les Expériences de M. Nairne, dans le 66ᵉ *Vol. des Transactions Phil.* *Part. I.* »

de pareilles terres, & que la glace peut se former sans elles, il s'ensuivra que le froid doit être par-tout à-peu-près égal autour du Pole, jusqu'au 70 ou 60ᵉ parallele, ou assez loin pour être au-delà de l'influence d'aucun des continens connus ; par conséquent nous devions voir de la glace par-tout sous le même parallele, ou aux environs ; &, cependant nous avons trouvé le contraire. Très-peu de vaisseaux ont rencontré de la glace en doublant le Cap de Horn ; &, nous en avons vu très-peu au-dessous du 60ᵉ degré de latitude, dans l'Océan Pacifique - Austral ; au lieu que dans cet Océan, entre le Méridien du 40ᵉ Ouest, & le 50 ou 60ᵈ Est, nous en avons rencontré au Nord jusqu'au 51ᵈ. Bouvet en a rencontré par 48ᵈ, & d'autres en ont vu dans une latitude beaucoup plus basse ; j'avoue cependant que la plus grande partie de ce Continent austral (en supposant qu'il y en a un), doit être en-dedans du Cércle Polaire, où la mer est si remplie de glaces, que la mer est inabordable. Le danger qu'on court à reconnoître une côte, dans ces mers inconnues & glacées, est si grand, que j'ose dire que personne ne se hasarda à aller plus loin que moi, & que les terres qui peuvent être au Sud, ne seront jamais reconnues : il faut affronter les brumes épaisses, les ondées de neige, le froid aigu, & tout ce qui peut rendre la Navigation dangereuse : l'aspect des côtes plus horribles qu'on ne peut l'imaginer, accroît encore ces difficultés. Ce Pays est condamné par la Nature, à ne jamais sentir la chaleur des rayons du Soleil ; mais à rester enseveli dans des neiges & des glaces éternelles. Les Ports qu'il peut y avoir, sont sûrement remplis de neiges glacées d'une grande profondeur ; mais si quelqu'un étoit assez ouvert pour y admettre un vaiffeau, le bâtiment courreroit rifque d'y refter attaché pour jamais, ou d'en fortir au milieu d'une Ifle de glace : les Ifles & les radeaux qui font fur la côte, les gros morceaux de glace qui tombent dans le Port, ou de lourdes & pefantes ondées de neige, accompagnées d'une gelée vive, feroient également funeftes.

ANN. 1775.
Février.

APRÈS une explication pareille à celle-ci, le Lecteur ne doit pas s'attendre à me trouver déformais dans une latitude plus avancée au Sud : j'avois cependant grande envie d'approcher davantage du Pole ; mais il auroit été imprudent de rifquer de faire perdre au Public toutes les découvertes de cette expédition, en découvrant & reconnoiffant une côte, dont les relevemens ne feroient d'aucune utilité, ni à la Navigation, ni à la Géographie, ni à aucune autre Science. Il nous reftoit encore à vérifier la découverte qu'on difoit avoir été faite par Bouvet : d'ailleurs nous n'étions pas en état d'entreprendre de longues campagnes, & quand le vaiffeau auroit été bien équipé & bien pourvu, nous manquions de tems.

CES RAISONS me porterent à changer de route, & à mettre le Cap à l'Eft avec un vent très-fort du Nord, accompagné de neige, qui tomboit en gros floccons. La quantité qui rempliffoit nos voiles étoit fi grande, que nous étions fouvent obligés de jeter le vaiffeau dans le milieu du vent, pour les en débarraffer : fans cette précaution, la voilure, ni le bâtiment n'auroient pas pu en fupporter le poids. Le foir, il ceffa de neiger ; le ciel s'éclaircit : le vent retourna à l'Oueft, & nous pafsâmes la nuit à faire deux courtes bordées, fous les huniers, tous les ris pris & fous la mifaine.

7.

LE 7, à la pointe du jour, nous reprîmes nôtre route à l'Eft, avec un vent très-frais du S. O. ¼ O. accompagné d'une haute mer du même rumb. L'après-midi, par 5 8ᵈ 24′ de latitude Sud, & 16ᵈ 19′ de longitude Oueft, la déclinaifon de l'aimant fut de 1ᵈ 52′ Eft. Nous ne vîmes ce jour que trois Ifles de glace. A huit heures, nous diminuâmes de voiles, & nous ferrâmes le vent au S. E. pendant la nuit. Durant ce tems, nous eûmes plufieurs ondées de neige & de pluie neigeufe.

8.

LE 8, à la pointe du jour, nous reprîmes notre route à l'Eft avec une petite brife & un beau tems. Après le lever du Soleil, par 5 8ᵈ 30′ de latitude Sud, & 15ᵈ 14′ de longitude O., la déclinaifon, fuivant les réfultats moyens des deux compas, fut de 2ᵈ 43′ Eft. On peut plus compter fur ces obfervations que fur celles de la nuit précédente, parce que la mer étoit moins groffe quand on fit les dernieres. L'après-midi, nous dépafsâmes trois Ifles de glaces. La nuit fut comme celle du 7 au 8.

9.

LE LENDEMAIN, à fix heures du matin, par 5 8ᵈ 27′ de latitude Sud, & 15ᵈ 4′ de longitude Oueft, la déclinaifon de l'aimant fut de 26ᵈ Eft; & l'après-midi, par la même latitude, & environ un quart de degré plus à l'Eft, elle fut de deux degrés à l'Oueft. Ce dernier point doit donc être dans la ligne, ou près de la ligne, où le compas n'a point de déclinaifon. Les vents furent en calme la plus grande partie du jour, le
ciel

ciel beau & clair, excepté qu'il tomboit par intervalles des
ondées de neige. Le mercure, dans le thermomètre, s'éleva à
midi, à 40ᵈ, au lieu que plusieurs jours auparavant, il n'avoit
pas été à plus de 36 ou 38. Diverses Isles de glaces étoient en
vue; mais rien ne nous engageoit à penser qu'il y eût une
terre dans le voisinage. A huit heures du soir, une brise s'é-
leva du Sud-Est, avec laquelle nous portâmes au Nord-Est.

LA NUIT le vent fraîchit & tourna au Sud, ce qui nous
mit en état de marcher à l'Est. Des ondées de pluie neigeuse
& de neige accompagnerent le vent jusqu'à la pointe du jour
que le ciel devint beau; mais le froid fut si perçant, que
l'eau placée sur le pont se gela, & à midi, le mercure dans
le thermomètre n'étoit qu'à 34. A six heures du matin, par
58ᵈ 15′ de latitude Sud, & 11ᵈ 41′ de longitude Ouest, la
déclinaison de l'aimant fut de 23ᵈ Ouest; & à six heures du
soir par la même latitude, & 9ᵈ 24′ de longitude Ouest, elle
fut de 1ᵈ 51′ Ouest. Le soir, le vent diminua, & la nuit, il
varia entre le Sud & l'Ouest. Nous eûmes continuellement
des Isles de glace en vue.

10.

« LES SOIXANTE grands tonneaux de *sourkrout* qu'on
» avoit mis à bord de la Résolution, étoient alors consom-
» més, & tout le monde ressentoit cette privation depuis
» le Capitaine jusqu'au dernier des Matelots. »

LE VENT souffla de l'Ouest le 11: il y eut, le matin, de
lourdes ondées de neige; mais, à mesure que le Soleil monta
sur l'horison, le tems devint bon, clair & serein. Je continuai
toujours de gouverner à l'Est; à midi, la latitude observée fut

11.

Tome IV.   P

de 58^d 11′ & la longitude fut en même-tems de 7^d 55′ O. le thermomètre à 34^d $\frac{2}{3}$. L'après-midi, nous eûmes deux heures de calme, ensuite de petites brises s'élevèrent entre le N. E. & le S. E.

12.　　A SIX HEURES DU MATIN du 12, par 58^d 23′ de latit. S. & 6^d 54′ de longit. O. la déclinaison de l'aimant fut de 3^d 23′ O.; nous eûmes toute la journée de légers souffles de vent variables, qui approchoient d'un calme; le tems fut bon & clair jusques vers le soir qu'il devint brumeux, accompagné d'ondées de neige, & d'un air très-froid. Nous avions, sans cesse, des Isles de glace en vue: la plupart étoient petites & se brisoient en morceaux.

13.　　L'APRÈS-MIDI du 13 le vent s'accrut, le ciel se rembruma, & bientôt il tomba beaucoup de neige, jusqu'à huit ou neuf heures du soir: alors le vent diminuant & tournant au S. E. le ciel s'éclaircit, & nous eûmes une belle nuit, accompagnée d'une gelée si forte, que l'eau de toutes les futailles du pont fut, le lendemain, couverte d'une couche de glace. Le mercure du thermomètre étoit aussi bas que 29^d, c'est-à-dire, 3^d ou plutôt 4 au-dessous du point de congélation; car nous avons trouvé, en général, que l'eau se geloit au 33^d du mercure.

14.　　VERS MIDI du 14 le vent tourna au Sud, & devint très-fort: il souffla par raffales pesantes, accompagnées de neige. Dans les intervalles, entre les raffales, le ciel fut beau & clair, mais extrêmement froid. Je continuai à gouverner à l'Est inclinant un peu au Nord, &, l'après-midi, nous traversâmes

le premier Méridien de Greenwich par 57ᵈ 50′ de latitude
Sud. A huit heures du foir, on prit tous les ris des huniers,
on ferla la grande voile, & on mit le Cap à l'Eft, avec un vent
très-fort du S. S. O. & une groffe mer du même rumb.

ANN. 1775.
Février.

LE 15, à la pointe du jour, on hiffa la grande voile; on
largua un ris de chaque hunier, & avec un vent très-fort
du S. O. & un beau tems, on gouverna E. N. E. jufqu'à
midi. Par 56ᵈ 37′ de latitude Sud, & 4ᵈ 11′ de longitude
Eft, je cinglai au N. E. afin de gagner le parallele du Cap
de la Circoncifion. Nous avions en vue de grandes Ifles de
glace, & l'air étoit, à-peu-près, auffi froid que la veille. A
huit heures du foir, nous diminuâmes de voiles, & à onze
nous ferrâmes le vent au N. O. n'ofant pas marcher fans
précaution pendant la nuit qui fut brumeufe, avec des ondées
de neige, & une gelée très-vive.

15.

LE 16, à la pointe du jour, je mis le Cap au N. avec une
brife légere de l'Oueft, qui, à midi, fut fuivie d'un calme &
d'un beau tems; notre latitude étoit alors de 55ᵈ 26′ Sud, &
notre longitude de 5ᵈ 52′ Eft; dans cette pofition, nous
avions une groffe houle du S.; mais nous ne voyions point
de glace. A une heure après-midi, une brife s'élevant de
l'E. N. E. je portai au S. E. jufqu'à fix heures; je revirai d'abord
& je mis le Cap au Nord fous les huniers, deux ris pris & les
baffes voiles: nous avions un vent frais, accompagné de neige
& de pluie neigeufe, qui en tombant, s'attachoit aux mâts &
aux agrets, & les couvroit entièrement de glace.

16.

LE 17, le vent continua à tourner peu-à-peu au Sud,
jufqu'à minuit, qu'il fe fixa au S. O.: alors, par 54ᵈ 20′ de

17.

latitude S., & 6ᵈ 33′ de longitude Eſt, je gouvernai à l'Eſt; ayant une mer prodigieuſement haute du Sud, qui nous aſſuroit qu'il n'y a point de terre proche dans cette direction.

18. LE MATIN DU 18 il ceſſa de neiger, le tems devint clair & beau, & la déclinaiſon de l'aimant fut de 13ᵈ 44′ Oueſt. A midi, nous trouvant par 54ᵈ 25′ de latitude, & 8ᵈ 46′ de longitude Eſt, je crus que c'étoit une bonne latitude à tenir pour chercher le Cap de la Circonciſion; parce que, quelque peu d'étendue qu'eût la Terre au Nord & au Sud, nous ne pouvions manquer de la voir, puiſqu'on dit que la pointe Nord gît par 54ᵈ: une groſſe houle venoit du Sud, de ſorte que j'étois bien ſûr que ce n'étoit qu'une Iſle, & il étoit indifférent de l'attaquer de l'un ou de l'autre côté. Le ſoir, M. Wales obſerva là Lune & les Etoiles Regulus & Spica; les réſultats moyens, à quatre heures, tems où l'on fit les Obſervations, afin de trouver le tems ſuivant la montre, donnerent 9ᵈ 15′ 20″ de longitude Eſt. La Montre marine indiquoit en même-tems 9ᵈ 36′ 45″. Bientôt après, on reconnut que la déclinaiſon de l'aimant étoit de 13ᵈ 10′ Oueſt: c'eſt à-peu-près dans ce parage que M. Bouvet la trouva de 1ᵈ à l'Eſt. Je ne puis pas ſuppoſer une variation auſſi conſidérable depuis cette époque; mais je crois plutôt qu'il y a eu de l'erreur dans ſes Obſervations. Il eſt ſûr que les nôtres ont été exactes, puiſqu'elles ſont d'accord avec celles des jours précédens : d'ailleurs nous eûmes 12ᵈ 8′ Oueſt de déclinaiſon, à-peu-près, ſous ce Méridien, au mois de Janvier 1773. La nuit, le vent tourna par le N. O. au N. N. E. & ſouffla grand frais.

ANN. 1775.
19 Février.

À HUIT HEURES DU MATIN du 19 nous vîmes une apparence de terre dans l'Eſt ¼ S. E. ou dans la direction de notre route : mais ce n'étoit que de la brume, qui ſe diſſipa bientôt après. Nous continuâmes à gouverner Eſt ¼ Sud-Eſt, & Sud-Eſt juſqu'à ſept heures du ſoir : étant alors par 54ᵈ 42′ de latitude S., & 13ᵈ 3′ de longitude Eſt, & le vent ayant tourné au N. E., je revirai & je portai au N. O. ſous les huniers, tous les ris pris & les baſſes voiles : nous avions un vent très-fort, accompagné d'ondées de neige.

LE LENDEMAIN, au matin, à quatre heures, par 54ᵈ 30′ de latitude Sud, & 12ᵈ 33′ de longitude Eſt, nous revirâmes pour forcer de voiles au N. E. à l'aide d'un vent frais du S. O. accompagné d'ondées de neige & de pluie neigeuſe. A midi, par 54ᵈ 8′ de latitude Sud, & 12ᵈ 59′ de longitude Eſt, ayant un vent frais du O. ¼ N. O. & un tems aſſez clair, je portai le Cap à l'Eſt juſqu'à dix heures du ſoir, que nous mîmes en panne, de peur de dépaſſer la nuit quelques terres : rien cependant ne nous en annonçoit.

20.

LE 21, à la pointe du jour, ayant fait de la voile, nous cinglâmes à l'Eſt, & à midi, la latitude obſervée fut de 54ᵈ 16′ de latitude S., & la longitude de 16ᵈ 13′ Eſt ; c'eſt-à-dire, 5ᵈ à l'Eſt de la longitude, où on dit que gît le Cap de la Circonciſion ; de ſorte que nous commençâmes à croire qu'il n'exiſte point. Je continuai cependant à gouverner à l'Eſt, inclinant un peu au Sud juſqu'à quatre heures de l'après-midi, du lendemain, tems où nous étions par 54ᵈ 24′ de latitude Sud, & 19ᵈ 18′ de longitude Eſt.

21.

NOUS AVIONS FAIT alors treize degrés de longitude, dans

ANN. 1775,
Février.

le parallèle où l'on place la terre de Bouvet (a) : j'étois donc
bien affuré que ce qu'il avoit vu, ne pouvoit être qu'une Isle
de glace; car s'il avoit vu une terre, quelque petite qu'elle
fût, il feroit difficile que nous l'euffions manquée. D'ailleurs,
depuis notre départ des Terres auftrales, nous n'avions pas
apperçu le moindre figne d'aucune autre: en fuppofant
que quelque chofe nous eût annoncé Terre, ce ne feroit
pas une preuve de l'exiftence du Cap de la Circoncifion.
Sûrement ni les veaux marins, ni les penguins, ni aucun des oifeaux océaniques, ne font des fignes indubi-
tables du voifinage de Terre. Je conviendrai qu'on en trouve
fur les côtes de toutes ces terres Auftrales, mais n'en trouve-
t-on pas auffi dans toutes les parties de la mer du Sud ? il y
a cependant quelques oifeaux de mer ou aquatiques, qui
indiquent la proximité de terre; les nigauds, en particulier, la perdent rarement de vue, &, pour l'ordinaire, les
mouettes, les boobies, & les frégates; je crois, ne vont
pas fort loin en mer.

COMME nous n'étions pas à plus de deux degrés de longitude de la route que nous fîmes au Sud, en quittant le
Cap de Bonne-Efpérance, j'aurois inutilement avancé plus
loin à l'Eft fous ce paralelle, puifque je favois qu'il ne peut
pas y avoir de terre. Mais il s'offroit une occafion d'éclaircir
quelques doutes, fur la terre réelle, ou prétendue, que nous

(a) « Le Capitaine Furneaux, après avoir auffi reconnu l'efpace où les
» Cartes placent le Golfe Saint-Sébaftien, & paffé entre les deux terres de
» la Géorgie & de Sandwich, que nous avons découvertes, traverfa le
» Méridien du Cap de la Circoncifion, fans rencontrer de terre. »

croyions avoir vu plus loin au Sud, & je gouvernai S. E. afin d'atteindre le parage où nous la fuppofions.

ANN. 1775.
Février.

23.

Nous continuames cette route jufqu'à quatre heures du lendemain au matin, & notre route fut enfuite S. E. $\frac{1}{4}$ E., & E. S. E. jufqu'à huit heures du foir : nous étions alors par 55^d 25' de latitude S., & 23^d 22' de longitude Eft, déduites l'une & l'autre des obfervations du même jour ; car le matin le firmament, qui fut clair par intervalles, nous donna une occafion d'obferver plufieurs diftances du Soleil & de la Lune, ce que nous n'avions pas pu faire depuis quelque tems, parce que le ciel avoit été conftamment mauvais.

Ayant alors traverfé le parage, où nous fuppofions une terre, fans en appercevoir le moindre figne, on ne pouvoit plus douter que les Ifles de glace ne nous euffent trompé, ainfi que M. Bouvet. Le vent ayant tourné au N. & s'étant accru jufqu'à devenir une véritable tempête, accompagnée, comme à l'ordinaire, de neige & de pluie neigeufe, nous ferlâmes les huniers, & nous cinglâmes à l'E. N. E. fous les baffes voiles. La nuit, le vent diminua & tourna au N. O., ce qui nous mit en état de marcher plus au Nord : je ne penfai plus à faire des découvertes au Sud.

CHAPITRE VII.

Récapitulation de ce qui a été fait pendant ce Voyage. Conjectures sur la formation des Isles de Glace. Suite de notre Navigation jusqu'à notre arrivée au Cap de Bonne-Espérance.

J'AI FAIT le tour de l'hémisphere austral, dans une haute latitude, & je l'ai traversé de maniere à prouver, sans répliquer, qu'il n'y a point de continent, à moins qu'il ne soit près du Pole & hors de la portée des Navigateurs. En parcourant deux fois la mer du Tropique, j'ai déterminé la position de quelques terres anciennement découvertes, & j'en ai découvert un grand nombre de nouvelles : je crois que j'ai laissé peu de choses à faire en ce genre, dans cette partie du globe : je me flatte aussi que l'objet de l'expédition, a été, à tous égards, parfaitement rempli ; l'hémisphere austral assez reconnu, & qu'après cette relation on ne parlera plus du continent austral, qui a occupé l'attention de quelques-unes des Puissances maritimes, dans un intervalle de près de deux siécles, & exercé les spéculations des Géographes de tous les âges,

SANS DOUTE il peut y avoir un continent, ou une grande étendue de terre près du Pole ; je pense même qu'il y en a véritablement un, & il est probable que nous en avons vu une partie, une partie. Le froid exceffif, le grand nombre d'Ifles, & Ann. 1775. Février. les vaftes radeaux de glace, tout tend à prouver qu'il y a une terre au Sud ; je fuis perfuadé auffi que cette Terre auftrale doit être fituée, ou s'étendre plus loin au Nord, vis-à-vis la mer Atlantique auftrale, & vis-à-vis la mer de l'Inde : j'en ai déjà donné quelques raifons : j'ajouterai que le degré de froid, que nous avons éprouvé, plus confidé-rable dans ces mers que dans la mer Pacifique du Sud fous les mêmes paralelles, en eft une nouvelle.

Dans cette derniere Mer, le mercure du thermomètre tomba rarement au point de congelation, jufqu'à ce que nous fûmes à 60^d & plus, vers le Pole, au lieu que, dans les autres, il fe tint à ce point par 54^d de latitude : cette différence provenoit fûrement de ce qu'il y a plus de glaces, & de ce qu'elles s'étendent plus loin au Nord, dans ces deux Mers, que dans celle du Sud : & fi la glace a été d'abord formée à terre, ou près de la terre, ce dont je ne doute point, la terre par conféquent s'étend auffi plus loin au Nord.

La formation, ou la coagulation des Ifles de glace, n'a pas, fuivant moi, été affez développée : quelques Auteurs fuppofent que l'eau fe gele à l'embouchure des grandes rivieres ou des grandes cataractes, & que la glace s'y accu-mule, jufqu'à ce que fon propre poids l'en détache. Les obfervations que j'ai faites, ne me permettent pas d'adopter cette opinion, parce qu'aucune des glaces que nous avons recueillies, n'étoit incorporée à de la terre, ou à aucune de fes productions, & il me femble que cela auroit dû être ;

ANN. 1775.
Février.

fi elle s'étoit congelé dans des creux de terre. Je ne fais s'il
y a quelques rivieres dans ces pays; il eſt ſûr que nous n'en
avons point vues, non plus que des courans d'eau douce,
ſur toute la côte de la Géorgie, ni ſur aucune des Iſles
auſtrales. Nous n'avons jamais apperçu un courant d'eau
ſortir d'une des Iſles de glace. Comment eſt-il donc poſſible
de ſuppoſer qu'il y a de grandes rivieres? Les vallées ſont
couvertes, à pluſieurs braſſes de profondeur, d'une neige
éternelle, &, en mer, elles ſe terminent par des rochers de
glace d'une vaſte hauteur. C'eſt là où ſe forment les Iſles
de glace, non de courans d'eau, mais de neige & de pluie
neigeuſe, qui ſe conſolide en tombant & en ſe ſéparant des
montagnes, ſur-tout pendant l'hiver; car alors le froid doit être
vif. Durant cette ſaiſon, les rochers de glace s'accumulent
tellement, qu'ils rempliſſent toutes les Baies, quelques vaſtes
qu'elles ſoient. C'eſt un fait indubitable, puiſque nous en
avons été témoin, même pendant l'été. Ces rochers s'accumulent par la neige qui tombe continuellement, & par
celle qui ſe détache des montagnes, juſqu'à ce qu'elles ne
ſoient plus capables de ſupporter leur propre poids, & alors
il ſe briſe de gros morceaux que nous appelons Iſles de
glace. Celles qui ont une ſurface unie & plate, doivent être
compoſées d'une glace, formée dans les Baies, & devant les
vallées plates; les autres, qui ont une ſurface inégale & allant
en pointe, doivent ſe former ſur une côte, ou au-deſſous d'une
côte, remplie de rochers pointus & de précipices, ou de quelques autres pareilles ſurfaces inégales; car il eſt difficile que la
neige, telle qu'elle tombe, produiſe, ſur une ſurface plaine,
ſemblable à la mer, une auſſi grande diverſité de pics élevés
& de collines, que nous en avons remarqué ſur la plupart

des Isles de glace. Il est certainement plus raisonnable de
croire qu'elles se font sur une côte, dont la surface est
semblable à la leur. J'ai observé que toutes les Isles de glace,
de quelque étendue qu'elles soient, avant qu'elles commencent à se briser en morceaux, se terminent par des
rochers perpendiculaires de glace nette, ou de neige glacée,
sur un ou plusieurs côtés, mais plus communément tout
autour. La plupart, & sur-tout les plus grosses qui avoient
une surface montueuse & spirale, offroient un rocher perpendiculaire, ou côté, depuis le sommet du pic le plus élevé,
jusqu'à sa base; c'est pour moi une preuve convaincante
que celles-ci, ainsi que les Isles plates, doivent s'être détachées d'un corps conformé de cette maniere, c'est-à-dire,
de quelque grande étendue de glace.

QUAND je considere la quantité prodigieuse des glaces
que nous vîmes, la proximité où sont du pole les parages,
où elles se forment, & où les degrés de longitude sont très-
petits, je suis porté à croire que ces rochers de glace,
s'étendent bien avant dans la mer, en quelques endroits,
sur-tout en ceux qui sont à l'abri de la violence des vents;
on peut même douter que le vent soit jamais violent dans
les très-hautes latitudes. Ce qui se passe sur l'hémisphere
septentrional, prouve que la mer se glace, ainsi que la neige
qui tombe dessus : la Baltique, le Golphe Saint-Laurent,
le Détroit de Belle-Isle, & plusieurs autres mers également
vastes, gelent souvent l'hiver. Cela n'est pas du tout extraordinaire, car nous avons trouvé que le froid à la surface de la
mer, même en été, est de deux degrés au-dessous du point
de congelation; par conséquent rien n'empêche les flots de

se geler, si ce n'est les sels qu'ils contiennent, & l'agitation de leur surface. Quand cette agitation cesse pendant l'hiver, lorsque la gelée est commencée, la neige, qui
survient, se gele en tombant à la surface, & dans peu de
jours, ou peut-être dans une nuit, elle forme une nappe de
glace qui ne se brise pas aisément. Ainsi, la chûte des neiges
peut accumuler la glace à toutes sortes d'épaisseur, sans qu'il
soit nécessaire que l'eau de la mer se gele. C'est peut-être
de cette maniere que se forment ces grands radeaux de
basses glaces, que nous trouvions au Printems, & que les
courans emportent au Nord après qu'elles sont brisées; car,
d'après toutes les Observations que j'ai eu occasion de faire,
les courans dans les hautes latitudes vont par-tout au
Nord, ou au Nord-Est, ou au Nord-Ouest; mais nous en
avons rarement rencontrés de considérables. Si cette théorie imparfaite de la formation de ces Isles extraordinaires
de glaces flottantes, qui est écrite uniquement d'après mes
propres remarques, ne donne pas quelques idées utiles
à une plume plus habile, elle servira du moins à faire
connoître un peu les terres où elles sont formées. La Nature
condamne ces contrées à un froid perpétuel; elles ne sentent
jamais la chaleur des rayons du Soleil, & je ne connois point,
dans notre langue, de termes qui puissent exprimer combien
leur aspect est horrible & sauvage. Si telles sont les terres
que nous avons découvertes, que peut-on attendre de celles
qui gissent encore plus loin au Sud? car il y a apparence que
nous avons vu les plus belles, puisqu'elles sont situées plus
au Nord. Si quelque Navigateur avoit assez de constance
& d'intrépidité pour éclaircir ce point, en s'avançant au Sud
plus loin que moi, je ne lui envierois pas l'honneur de ces

découvertes ; mais j'ofe dire que le Public n'en retirera aucun avantage.

J'AVOIS encore quelque defir de reconnoître de nouveau le parage, où l'on dit que fe trouve la terre découverte par les François ; mais je réfléchis enfuite que s'ils ne s'étoient point trompés en prenant une Ifle de glace pour une terre, cette terre ne peut être que peu étendue ; &, à juger du degré de froid qu'on y éprouveroit par celui de cette latitude, elle ne feroit pas fertile : d'ailleurs, cette recherche m'auroit tenu deux mois de plus en mer, fur des parages orageux que nous n'étions pas en état d'affronter. Nos voiles & nos agrets étoient fi ufés, qu'à toutes les heures, il fe brifoit quelque chofe, & nous n'avions plus rien de rechange, pour raccommoder les vieilles manœuvres, ou en fubftituer de nouvelles. Nos provifions tomboient en pourriture, & depuis long-tems nous étions privés de rafraîchiffemens. A la vérité, l'Equipage jouiffoit d'une affez bonne fanté, & il feroit allé gaiement par-tout où j'aurois voulus le conduire ; mais je craignis que le fcorbut ne nous furprît, au moment où il ne nous refteroit plus de remedes pour le guerir. Je dois ajouter qu'il y auroit eu de la cruauté de prolonger les fatigues & les peines de mes Compagnons plus que cela n'étoit abfolument néceffaire. Leur conduite, pendant tout le Voyage, méritoit les foulagemens qu'il étoit en mon pouvoir de leur accorder. Animés par la conftance des Officiers, les Matelots & les Soldats de Marine, fe font toujours montrés difpofés à fupporter toutes les difficultés & tous les dangers ; & depuis la féparation de l'Aventure, ils ne fe font jamais crus, pour cela, plus en péril.

TOUTES CES CONSIDÉRATIONS me déterminerent à ne pas rechercher davantage les découvertes des François, & à gouverner fur le Cap de Bonne-Efpérance, je voulois cependant retrouver les Ifles de Denia & de Marfeveen, marquées dans la Carte de Variation du Docteur Halley, par 41^d $\frac{1}{2}$ de latitude S. & environ 4^d de longitude à l'Eft du Méridien du Cap de Bonne-Efpérance. Je gouvernai donc

26.

N. E. avec un vent fort du N. O. & un tems épais, & le 26, à midi, nous vîmes la derniere Ifle de glace, par 52^d 52′ de latitude Sud, & 26^d 31′ de longitude Eft.

1 Mars.

LE VENT diminuant & tournant au Sud le premier Mars, nous mîmes le Cap à l'Oueft, afin de nous écarter davantage de la route de M. Bouvet, qui ne fe trouvoit qu'à quelques degrés à l'Eft de la ligne où nous étions : notre latitude étoit de 46^d 44′ S. & notre longitude 33^d 20′ Eft, & la déclinaifon de l'aimant de 23^d 36′ Oueft. Il eft à remarquer que tout le tems que nous eûmes les vents du Nord qui foufflerent régulierement & conftamment pendant plufieurs jours, le tems fut toujours épais & nébuleux; mais, dès qu'ils pafferent au Sud de l'Oueft, le ciel s'éclaircit, & devint beau & agréable. Le baromètre commença à monter plufieurs jours avant que ce changement arrivât; mais je ne puis pas dire fi cette élévation fut caufée par le tems qui devoit furvenir, ou par notre route au Nord.

LE VENT ne refta pas long-tems au Sud; il tourna bientôt par le N. E. au N. O. foufflant frais, & par raffales accompagnées, comme auparavant, de pluie, & d'un ciel épais & nébuleux.

« TOUT L'ÉQUIPAGE examinoit alors les nuages, avec une
» attention extraordinaire, afin d'y trouver quelque pronof- ANN. 1775.
Mars.
» tic d'un bon vent; & lorfqu'il en venoit un de défavorable,
» il eft difficile de décrire l'inquiétude & l'affliction générale.
» Il y avoit vingt-fept mois que nous étions partis du Cap
» de Bonne-Efpérance : depuis ce tems, nous n'avions
» touché à aucun Port Européen, & nous avions eu des
» provifions falées pour principale nourriture. En raffem-
» blant tous les jours que nous avions paffé à terre, à des
» intervalles très-éloignés les uns des autres, il n'y en avoit
» pas plus de cent quatre-vingt, & même les petites relâches
» que nous fîmes pendant la derniere campagne, ne nous
» procurerent point de rafraîchiffemens. La traverfée de
» la Nouvelle-Zélande, au point où nous nous trouvions,
» avoit été très-longue & très-défagréable, car l'équipage
» confomma, en quatre ou cinq repas, ce que nous em-
» barquâmes au Canal de Noël, & aux Ifles du Nouvel-An.

» D'AUTRES RÉFLEXIONS accroiffoient notre chagrin; à
» mefure que nous avancions vers une place, qui entre-
» tenoit un commerce avec l'Europe, chacun de nous crai-
» gnoit d'avoir perdu des parens ou des amis, pendant fon
» abfence. »

NOUS EUMES quelques intervalles de beau tems, l'après
midi du 3, quand nous trouvâmes la déclinaifon de l'aimant
de 22ᵈ 26′ Oueft : la latitude étoit alors de 45ᵈ 8′ S., &
la longitude 30ᵈ 50′ Eft. La nuit fuivante fut très-orageufe;
le vent fouffla du S. O., en raffales extrêmement pefantes:
dans de petits intervalles, entre les grains, le vent s'étei-

Ann. 1775.
Mars.

4.

gnoit presque par un calme, & ensuite il recommençoit avec une telle fureur, que nos voiles ni nos agrets ne pouvoient le supporter : plusieurs des voiles furent déchirées, & une voile d'étay du milieu entièrement perdue. Le lendemain au matin, le vent diminua, & nous réparâmes, le mieux que nous pûmes, les avaries que nous avions souffertes.

8.

Le 8, par 41^d 30' de latitude S., & 26^d 51' de longitude E., le mercure dans le thermometre s'éleva à 61, & nous fûmes obligés de prendre des habits plus légers. Comme le vent restoit invariablement fixé entre le N. O. & l'Ouest, nous profitâmes de chaque occasion pour gagner l'Ouest : nous revirions dès qu'il paroissoit souffler un peu en notre faveur ; mais comme nous avions une grosse houlle contre nous, nos bordées furent un peu désavantageuses. Nous voyions chaque jour des albatrosses, des péterels, & d'autres oiseaux de mer ; mais rien n'annonçoit terre. ⸺

11.

Le 11, par 40^d 40' de latitude S., & 23^d 47' de longitude E., la déclinaison de l'aimant fût de 20^d 48' O. Vers midi, du même jour, le vent sautant tout-à-coup du N. O. au S. O., fit tomber subitement le mercure du thermomètre de 62^d à 52^d ; telle fut la différence que causerent dans l'atmosphere, un vent du Nord & un vent du Sud. Le

12.

lendemain, comme il y eut plusieurs heures de calme, nous mîmes une chaloupe en mer, & on tua des albatrosses & des péterels, que nous fûmes alors bien-aise de manger. Nous étions à-peu-près dans le parage où l'on place les Isles que nous cherchions, mais nous n'apperçûmes rien qui nous donnât la moindre espérance de les trouver.

Le CALME

ANN. 1775.
11 Mars.

LE CALME continua jufqu'à cinq heures du lendemain matin, qu'il fut remplacé par une brife du O. $\frac{1}{4}$ S. O., avec laquelle nous portâmes au N. N. O. A midi, la latitude obfervée fut de 38ᵈ 51′ S.; nous étions à plus de trente milles au Nord que ne l'indiquoit le Lok, & la Montre annonçoit que nous avions auffi dérivé à l'Eft; je ne puis pas expliquer ces différences, fi elles ne furent pas occafionnées par un courant confidérable. On en trouve de très-forts fur la côte d'Afrique, entre Madagafcar & le Cap de Bonne-Efpérance; mais je n'ai jamais ouï dire qu'ils s'étendent fi loin de terre, & en effet cela n'eft pas probable: je fuppofe plutôt que nous tombâmes dans quelques-uns, qui n'avoient point de liaifon avec celui qui eft fur la côte, & qui n'étoient ni durables, ni réguliers; mais ces objets exigeroient des recherches fort longues, & par conféquent je dois les abandonner aux Navigateurs à venir.

Nous ÉTIONS alors à deux degrés au Nord du parallele, où l'on dit que giffent les Ifles de Dénia & de Marféveen, & nous n'avions encore rien trouvé, qui encourageât la recherche de ces Terres; j'aurois perdu du tems à les retrouver, ou à prouver qu'elles n'exiftent pas: chacun étoit impatient d'aborder à un Port; nous ne mangions, depuis plufieurs femaines, que de très-vieilles provifions falées, qui infpiroient à tout le monde un extrême dégoût: ces raifons m'engagerent à céder au vœu général de l'équipage, & à gouverner fur le Cap de Bonne-Efpérance; nous étions par 38ᵈ 38′ de latitude S., & 23ᵈ 37′ de longitude Eft.

LE LENDEMAIN, la latitude obfervée, à midi, fut feule-

12.

ment de dix-sept milles au Nord de celle qu'indiquoit le Lok, de sorte que nous étions sortis du parage où le courant exerçoit son action; où il avoit cessé.

15.

LE 15, la latitude observée, à midi, ainsi que celle qu'indiquoit la Montre marine, montrerent que nous avions un fort courant, portant au S. O., direction contraire à celle que nous avions éprouvée quelques-uns des jours précédens, comme on l'a dit.

16.

LE 16, à la pointe du jour, nous vîmes dans le N. O. deux vaisseaux marchant à l'Ouest, & l'un deux portoit pavillon Hollandois: à dix heures, nous revirâmes & nous mîmes aussi le Cap à l'Ouest par 35^d 9' de latitude S., & 22^d 38' de longitude Est.

ALORS, suivant mes instructions, je demandai aux Officiers & aux Bas-Officiers (a), les livres de Lok, & leurs journeaux; ils me les remirent en conséquence, & je les cachetai pour les communiquer à l'Amirauté. Je leur enjoignis, comme à tout l'équipage, de ne pas dire où nous avions été, avant que les Lords de l'Amirauté l'eussent permis.

(a) « M. Wales, M. Hodges, mon Pere & moi, n'étant point sur la
» Liste Militaire, on ne nous demanda ni nos Journaux ni nos Papiers;
» mais on nous recommanda de ne pas divulguer nos Découvertes, avant
» la permission de l'Amirauté. L'intérêt que prend le Gouvernement
» d'Angleterre au progrès des Sciences, ne lui a pas permis de tenir
» dans l'obscurité le Résultat des Expéditions qu'il a ordonnées. Il
» est à désirer qu'un exemple si généreux soit suivi des autres Puissances
» Maritimes, qui navigent furtivement dans les Mers du Sud, & qui
» semblent en rougir. »

L'après-midi, le vent tourna à l'Ouest, & devint grand frais, mais sa force dura peu ; car, le lendemain, il tomba, & à midi, il passa au S. E.; nous étions par 34ᵈ 49′ de latitude S. , & 22ᵈ de longitude Est : en sondant on trouva cinquante-six brasses d'eau. Le soir, nous vîmes terre dans l'E. N. E., à environ six lieues de distance, & au commencement de la nuit, nous y apperçûmes un grand feu, ou de la lumiere.

LE 18, à la pointe du jour, nous vîmes de nouveau la terre, qui nous restoit au N. N. O., à six ou sept lieues : la sonde rapporta quarante-huit brasses. A cinq heures, comme il n'y avoit presque point de vent, je fis mettre une chaloupe en mer, & j'envoyai à bord d'un des vaisseaux dont on a parlé, qui étoit à environ deux lieues ; mais nous desirions trop avidement des nouvelles d'Europe, pour faire attention à cette distance. Bientôt après, une brise s'éleva de l'Ouest, avec laquelle nous cinglâmes au Sud : trois nouvelles voiles se montrerent au-dessus du vent ; & l'une d'elles arboroit pavillon Anglois.

A UNE HEURE après midi, la chaloupe revint de dessus le bord du *Bownkerke Polder*, Capitaine Cornélius Bosch, vaisseau de l'Inde Hollandois, qui arrivoit de Bengale. M. Bosch eut la bonté de nous offrir du sucre, de l'arrack, & tout ce qu'il avoit d'épargne : des Matelots Anglois, qui se trouvoient à bord de ce bâtiment, dirent à nos gens que l'Avanture étoit arrivée au Cap de Bonne-Espérance, une année auparavant, & que l'Equipage d'une de ses chaloupes avoit été massacré & mangé par les Habitans de la Nouvelle-Zélande ; de sorte que l'Histoire dont on

R 2

nous avoit parlé dans le Canal de la Reine - Charlotte, fut confirmée.

19.

NOUS EUMES de légers souffles de vents qui approchoient d'un calme, jusqu'à dix heures du lendemain matin, qu'une brise s'éleva de l'Ouest, & le vaisseau Anglois, qui se trouvoit au-dessous du vent, amena vers nous. C'étoit le *True Briton*, Capitaine Broadly, venant de Chine; comme il ne se proposoit pas de toucher au Cap, je mis une lettre à son bord pour le Secrétaire de l'Amirauté.

CE VAISSEAU nous répéta ce qu'on nous avoit dit des Matelots de l'Avanture: il nous procura aussi quelques vieilles Gazettes Angloises, qui étoient nouvelles pour nous & qui nous amuserent. Le Capitaine Broadly nous donna bien d'autres marques de bonté; avec une générosité particuliere aux Commandans des Vaisseaux de la Compagnie des Indes, il nous envoya des provisions fraîches, du thé, un cochon, & je lui en témoigne publiquement ici ma reconnoissance. L'après-midi, nous nous séparâmes. Le *True Briton* porta en mer, & nous sur la terre: il survint un vent frais de l'O. qui déchira le petit hunier, de maniere que nous fûmes obligés d'en enverguer un autre. A six heures, nous revirâmes à quatre ou cinq milles de la côte, & suivant ce que j'en jugeai, à cinq ou six lieues à l'Est du Cap Aguilas. Je marchai au large jusqu'à minuit que le vent ayant passé au Sud, nous revirâmes, pour cingler le long de la côte à l'Ouest. Le vent tourna, de plus en plus, à notre avantage, & enfin il se fixa à l'E. S. E., & il y eut, pendant quelques heures, un véritable ouragan.

DÈs que la tempête commença à se calmer, nous fîmes
de la voile, & nous mîmes le Cap sur la terre. Le lendemain,
à midi, la Montagne de la Table au-dessus de la Ville du
Cap, nous restoit au N. E. $\frac{1}{2}$ E. à neuf ou dix lieues. En faisant usage de ce relevement, & de cette distance pour
rapporter à la Ville du Cap la longitude qu'indiquoit la Montre marine, on trouva que l'erreur étoit seulement de 18' en
longitude trop loin à l'Est. La différence entre cette Montre
& l'observation de Lune, depuis notre départ de la Nouvelle-Zélande, avoit excédé rarement un demi-degré, &
toujours du même côté.

LE LENDEMAIN au matin, qui étoit pour nous le mercredi
22 ; mais, pour les Habitans du Cap, le Mardi 21, nous
jetâmes l'ancre dans la Baie de la Table où mouilloient
plusieurs vaisseaux Hollandois, quelques François, & la
Cerès, Capitaine Newte, bâtiment Anglois de la Compagnie des Indes, venant de Chine, & allant directement en
Angleterre, j'envoyai par le Capitaine, à l'Amirauté, une
copie de mon Journal, des Cartes & des Dessins.

TANDIS qu'on arrangeoit l'ancre, je dépêchai un Officier
au Gouverneur, pour l'informer de notre arrivée, & lui
demander les munitions & les rafraîchissemens dont nous
avions besoin : il les accorda avec empressement. Dès que
l'Officier fut de retour, nous saluâmes la garnison de
treize coups de canons, & à l'instant on nous rendit ce salut
par un égal nombre de coups.

J'APPRIS alors que l'Avanture avoit relâché au Cap, en

retournant en Angleterre, & j'y trouvai une Lettre du Capitaine Furneaux, qui m'avertiſſoit de la perte de ſa chaloupe, & de dix de ſes meilleurs hommes, dans le Canal
de la Reine - Charlotte; il m'a communiqué enſuite, à mon
arrivée en Angleterre, une narration complète de ſa marche & de ſon Voyage, depuis le moment de notre ſépara-
tion. Voici ſon Récit.

CHAPITRE VIII.

Route du Capitaine Furneaux fur l'Avanture ;
Incidens qui lui furvinrent depuis fa fépara-
tion de la Réfolution, jufqu'à fon arrivée en
Angleterre. Relation du Lieutenant Burney ;
concernant l'Equipage de la Chaloupe qui fut
affaffiné par les Zélandois du Canal de la Reine
Charlotte.

Nous découvrîmes la côte de la Nouvelle-Zélande, près
du Cap de la Table, quatorze jours après notre départ de
l'Ifle d'Amfterdam ; je la prolongeai jufques par le travers du Ann. 1773.
Octobre.
Cap Turnagain. Le vent commença alors à fouffler avec force
de l'Oueft, accompagné de pluie & des raffales pefantes,
qui déchirerent plufieurs de nos voiles, & nous écarterent
de la côte pendant trois jours ; cette tempête nous fépara
de la Réfolution, & nous ne l'avons pas revue depuis.

Le 4 de Novembre, nous regagnâmes la côte, près du   4.
Cap Pallifer, & les Naturels nous apporterent, dans leurs
pirogues, un grand nombre d'écreviffes, que nous achetâmes
pour des clous & des étoffes de Taïti. Le lendemain ; le   5.
vent fouffla avec force du O. N. O., ce qui nous éloigna
encore de la côte, & nous obligea de mettre à la Cape

pendant deux jours : durant cet intervalle, il y eut des grains
continuels, & il tomba beaucoup de pluie neigeuse. Les
ponts avoient alors plusieurs voies d'eau : nos lits étoient
mouillés, & plusieurs des personnes de l'Equipage se plai-
gnoient de rhumes, de sorte que nous commençâmes à
désespérer de jamais atteindre le Canal de la Reine-Charlotte ou de rejoindre la Résolution.

6.　　Le 6, étant au Nord du Cap, & le vent soufflant avec
violence du S. O., je cherchai une Baie afin d'y faire de
l'eau & du bois, dont nous avions grand besoin : depuis
quelque tems, je ne donnois aux Matelots qu'une quarte
par ration, & même je n'en avois plus que pour six ou
9.　sept jours. Nous mouillâmes dans la Baie de Tolaga, le 9,
par 38ᵈ 21′ de latitude S., & 178ᵈ 37′ de longitude Est,
l'ancrage y est bon par un vent d'Ouest ; & les fondes font
régulieres de onze à cinq brasses, fond de vase épaisse à
travers la Baie, l'espace d'environ deux milles : elle est
ouverte du N. N. E., à l'E. S. E. ; il faut observer que les
vents d'Est soufflent rarement avec force sur cette côte ;
mais, quand ils soufflent, ils élevent une grosse mer ; de sorte
que s'il n'y avoit pas une anse, & une large riviere qui se
vuide au fond de la Baie, un vaisseau ne pourroit point y
mouiller. Il est aisé d'y faire du bois & de l'eau, excepté
lorsque le vent d'Est est fort. Les Naturels y sont de la
même race que ceux du Canal de la Reine-Charlotte,
mais plus nombreux ; ils paroissent fixés à certains cantons ;
ils ont des plantations régulieres de patates douces, & d'autres
racines très-bonnes, des écrevisses en abondance & du
poisson, qu'ils nous vendirent à bon marché pour des clous,

des grains

des grains de rassade & d'autres bagatelles. Nous observâmes sur une de leurs pirogues, une tête de femme, exposée
comme en parade, & ornée de plumes & de divers colifichets.
Elle sembloit animée, mais, en l'examinant, nous la trouvâmes séche ; tous les traits étoient parfaitement conservés,
& on la gardoit comme une relique de quelque parent mort.

APRÈS avoir fait environ dix pièces d'eau & du bois, je
marchai vers le Canal de la Reine-Charlotte, le 12. Dès   12.
que nous fûmes hors de la Baie, le vent commença à souffler
fortement, de sorte que nous ne pûmes pas écarter la terre
sur l'un ou l'autre bord ; ce qui nous obligea de rallier la
Baie, où je mouillai le lendemain au matin ; il y avoit tou-   13.
jours de l'E. $\frac{1}{4}$ S. E. des grains violens, qui élevoient une
grosse mer ; je commençai alors à craindre de ne pas rejoindre la Résolution, j'avois lieu de croire qu'elle étoit
dans le Canal de la Reine-Charlotte, & prête alors à remettre en mer. Nous reconnûmes bientôt qu'il étoit très-
difficile de remplir les futailles à cause d'une houlle très-
forte : à la fin cependant, nous vînmes à bout d'atterrir, &
nous prîmes du bois & de l'eau.

TANDIS que nous étions mouillés, on raccommoda les
agrets, endommagés par des coups de vent perpétuels, depuis que nous voyions la côte. On abattit les boutehors,
&, ayant resserré la surface du vaisseau le plus qu'il nous fut
possible, on appareilla de nouveau le 16 : nous essuyâmes   16.
ensuite plusieurs coups de vent en travers de l'embouchure
du Détroit, & nous fûmes ballotés en avant & en arriere ;
jusqu'au 30, que nous eûmes le bonheur d'atteindre un vent   30.

favorable, avec lequel nous entrâmes enfin sains & saufs,
dans le Port que je desirois. Nous ne vîmes aucune trace
de la Résolution : je craignois qu'elle n'eût fait naufrage,
mais, en allant à terre, nous apperçûmes l'emplacement où
elle avoit dressé ses tentes, & sur un vieil tronc d'arbre,
nous vîmes ces mots gravés, *regardez au-dessous* : dans la
terre qu'on fouilla, il y avoit une bouteille cachetée : elle
contenoit une lettre du Capitaine Cook, qui m'informoit
de son arrivée ici, le 3 du mois, & de son départ, le 24 :
il ajoutoit qu'il se proposoit de nous chercher quelques jours
à l'entrée du Détroit.

JE ME DISPOSAI, tout de suite, à mettre le vaisseau en
état de reprendre la mer le plutôt possible : on dressa les
tentes ; le Tonnelier alla réparer les futailles à terre ; on exa-
mina le biscuit, on en trouva une grande quantité entièrement gâtée ; le reste étoit si mauvais, qu'il fallut établir
sur la côte le four de cuivre, & le recuire de nouveau.
Durant ces opérations, les Zélandois se rendirent à bord
comme auparavant ; ils nous vendirent du poisson, des armes
& des outils de leur fabrique, pour des clous, &c. : ils paroissoient très-bien disposés en notre faveur : cependant ils
se rendirent deux fois à nos tentes, au milieu de la nuit,
dans l'intention de nous voler ; mais on les découvrit avant
qu'ils se fussent emparés de rien.

LE 17 de Décembre, après avoir achevé l'eau & le bois
dont nous avions besoin, & tout disposé pour l'appareillage,
le grand canot alla cueillir des plantes comestibles : je chargeai M. Rowe, Officier de Poupe, de commander ce petit
équipage, & je lui ordonnai de revenir le soir, parce que je

voulois mettre à la voile le lendemain, mais le bateau ne
revenant pas le même soir, ni le lendemain au matin, je commençai à avoir beaucoup d'inquiétude ; j'envoyai après M. Rowe & ses camarades, la chaloupe, sous le second Lieutenant, M. Burney, avec des Matelots, & dix Soldats de Marine. Je chargeai M. Burney de bien examiner d'abord la Baie orientale, & ensuite de se rendre à l'anse de l'herbe, lieu où M. Rowe avoit dû aller, & s'il ne trouvoit aucun vestige du grand canot, de remonter le Canal, & de s'en revenir le long de la côte Ouest. Comme M. Rowe étoit parti du vaisseau fort empressé, & une heure avant le tems fixé, j'étois persuadé que sa curiosité l'avoit conduit dans la Baie orientale, où personne de l'équipage n'avoit jamais été, ou bien que quelque accident étoit arrivé au canot, qu'il avoit été emporté à la dérive par la négligence de celui qui le gouvernoit, ou qu'il s'étoit brisé au milieu des rochers : voilà ce que pensoient avec moi, les Officiers & les Matelots ; &, d'après cette supposition, l'aide du charpentier s'embarqua sur la longue chaloupe, & prit quelques feuilles de fer blanc. Je ne soupçonnois pas même que nos gens pussent avoir été attaqués par les Naturels, car nos chaloupes avoient souvent été beaucoup plus haut, avec moins de monde. Je reconnus bientôt combien je me trompois ; M. Burney de retour, à onze heures le même soir, nous raconta la scène horrible qui s'étoit passée ; je ne puis pas la mieux détailler que dans ses propres termes, que voici.

« LE 18, nous partîmes du vaisseau, &, ayant une brise 18.
» légere qui souffloit en notre faveur, nous eûmes bientôt

S 2

» doublé l'Isle longue, en-dedans de la pointe longue : j'exa-
» minai chaque anse à bas-bord sur ma route, & je regardai
» soigneusement tout autour, avec une lunette que j'avois
» prise pour cela; à une heure & demie, nous nous arrêtâmes
» à une greve sur le côté gauche, qui se prolongeoit vers le
» haut de la Baie orientale, pour y cuire quelques alimens;
» car nous n'avions emporté que de la viande crue. Du-
» rant cette opération, je vis sur la côte opposée un Indien
» qui couroit le long du rivage, au fond de la Baie : notre
» viande étant apprêtée, nous nous rembarquâmes sur la
» chaloupe, & bientôt nous arrivâmes au fond, où nous
» apperçûmes une bourgade Zélandoise.

» Comme nous nous approchions, quelques-uns des
» Indiens descendirent sur les rochers, & ils nous aver-
» tirent, par signes, de nous en retourner; mais, voyant
» que nous ne faisions aucune attention à eux, ils changèrent
» de ton. Nous y trouvâmes six grandes pirogues, tirées
» sur la greve, la plupart doubles & beaucoup de Naturels,
» quoiqu'il n'y en eût pas autant qu'on auroit pu l'attendre
» du nombre des maisons, & de la grosseur des pirogues;
» laissant les Matelots pour garder la chaloupe, je descendis
» à terre, avec le Caporal, & cinq Soldats de Marine.
» J'examinai la plupart des habitations; mais je n'y vis
» rien qui pût me donner du soupçon. Trois ou quatre
» sentiers bien battus conduisoient par les Bois à plu-
» sieurs autres Maisons; mais, les Insulaires continuant
» à montrer, à notre égard, des dispositions amicales,
» je crus inutile de pousser plus loin nos recherches.
» En retournant à la greve, un des Indiens apporta,

» près de nous, un paquet d'*hepatoos*, (de longues
» piques); mais, obfervant que je les examinois avec empreſ-
» fement, il les mit de côté, & il ſe promena ſans paroître
» prendre beaucoup d'intérêt à ſes armes. Quelques-uns de
» ſes Compatriotes ſemblerent effrayés, & je donnai un
» miroir à un, & un grand clou à un ſecond. De cet endroit
» la Baie couroit, autant que j'ai pu le conjecturer, au
» N. N. O. l'eſpace d'un bon mille, & elle ſe terminoit en
» une longue greve ſablonneuſe. A l'aide de ma lunette,
» j'examinai tous les environs; mais je ne vis, ni chaloupe,
» ni pirogue, ni rien qui annonçât des Habitans. Je me
» contentai de tirer des coups de fuſil comme j'avois fait
» dans toutes les anſes que je dépaſſai dans ma route.

» JE RANGEAI alors de près la côte orientale, & j'arrivai
» à un autre établiſſement où les Indiens nous inviterent
» à terre: je leur demandai des nouvelles de la chaloupe ;
» mais ils répondirent qu'ils n'en ſavoient point. Ils ſem-
» bloient tous bien intentionnés, & ils nous vendirent du
» poiſſon. Une heure après notre départ de cette Place,
» je remarquai ſur une petite greve, jointe à l'anſe de
» l'Herbe, une grande double pirogue, qu'on venoit d'y
» échouer, & deux hommes & un chien. Dès que les
» Naturels nous apperçurent, ils ſortirent de leurs pirogues
» & s'enfuirent dans les Bois; j'eſpérois qu'on me donneroit
» ici des nouvelles du Canot de M. Rowe. Nous allâmes à
» terre, & nous trouvâmes des débris du canot, & des
» ſouliers, dont l'un fut reconnu pour appartenir à
» M. Wood-Houſe, un de nos Officiers de Poupe. L'un
» des Matelots m'apporta en même-tems un morceau

» de viande, croyant que c'étoit de la viande salée,
» qu'avoit emporté l'Equipage du Canot; mais, en l'exa-
» minant & la sentant, je trouvai qu'elle étoit fraîche.
» M. Fannin, (le Maître d'Equipage) qui m'accompagnoit,
» supposa que c'étoit de la chair de chien, & j'adoptai
» son opinion; car j'ignorois encore que cette Peuplade fût
» cannibale; mais la preuve la plus horrible & la plus incon-
» testable, nous en convainquit bientôt.

» NOUS OUVRÎMES environ vingt paniers placés sur la grève,
» & fermés avec des cordages: les uns étoient remplis de chair
» rôtie, & d'autres de racines de fougere, qui servent aux
» Naturels de pain. En continuant nos recherches, nous
» trouvâmes un plus grand nombre de souliers, & une main
» que nous reconnûmes, sur-le-champ, pour celle de Tho-
» mas Hill, parce qu'elle représentoit les lettres *T. H.*
» Tatougées, à la maniere des Taïtiens. Nous remontâmes
» aussi les bois un peu loin; mais nous n'apperçûmes rien
» autre chose. En descendant nous découvrîmes un espace
» rond, couvert nouvellement de terre, d'environ quatre
» pieds de diamètre, où quelque chose avoit été enterré.
» Comme nous n'avions point de bêche, nous nous mîmes
» à creuser avec un coutelas, & sur ces entrefaites, je lançai
» en mer la pirogue des Zélandois, dans le dessein de la dé-
» truire; mais, voyant beaucoup de fumée qui s'élevoit par-
» dessus la colline la plus proche, je fis rentrer tout le monde
» à bord de la chaloupe, & je me hâtai de profiter du tems
» qui me restoit avant le coucher du Soleil.

» A L'OUVERTURE de la Baie voisine de celle de l'Herbe,

» nous vîmes quatre pirogues, une simple & trois doubles,
» & sur le rivage, un grand nombre d'Indiens, qui, à notre
» approche, se retirerent sur une petite colline, tout près
» du bord de l'eau, & d'où ils nous parlerent: il y avoit
» un grand feu au sommet de la haute Terre, derriere
» les bois, & de-là jusqu'au bas de la colline, tout le terrain
» étoit rempli de Zélandois, comme si c'eût été une foire :
» dès que nous approchâmes je fis tirer un coup de Mous-
» queton sur une des pirogues ; car je les soupçonnois pleines
» d'hommes cachés au fond : elles étoient toutes à flot,
» & cependant on ne voyoit personne dedans. Les Sau-
» vages sur la petite colline, pousserent toujours des cris
» vers nous, & nous inviterent par signes à débarquer. Dès
» que nous fûmes près de terre, nous déchargeâmes tous nos
» fusils. La premiere volée ne parut pas les affecter beau-
» coup ; mais à la seconde, ils grimperent au-haut le plus vîte
» qu'ils purent : quelques-uns d'eux hurlerent. Nous conti-
» nuâmes à tirer des coups de fusil, tant que nous apper-
» çûmes quelques-uns des Naturels à travers les buissons.
» Parmi les Indiens, il y en eut deux très-robustes, qui ne
» penserent à s'en aller que lorsqu'ils furent abandonnés par
» tous leurs Compatriotes : ils se retirerent ensuite, avec
» beaucoup de sens froid : leur fierté ne leur permettoit pas
» de courir. L'un deux cependant tomba, &, après avoir
» resté étendu pendant quelque tems, il se traîna à quatre :
» l'autre échappa sans paroître blessé. Je débarquai ensuite
» avec les Soldats de Marine, & M. Fannin sortit par derriere
» pour garder la chaloupe.

» SUR LA GREVE, il y avoit deux paquets de céleri,

ANN. 1773.
Décembre.

» qu'avoit cueilli M. Rowe, pour en charger fon ca-
» not. Une rame brifée étoit fichée en terre, & les Na-
» turels y avoient attaché leurs pirogues, preuve que l'attaque
» s'étoit paffée ici. Je fis alors des recherches foigneufes par-
» derriere la greve, pour voir fi notre canot y étoit; &
» bientôt une fcene affreufe de carnage s'offrit à nos yeux,
» les têtes, les cœurs, & les poumons de plufieurs de nos
» Gens, étoient répandus fur le fable, & à peu de diftance
» delà, les chiens en rongeoient les entrailles.

» TANDIS que nous contemplions ces déplorables reftes
» fans pouvoir nous en féparer, M. Fannin nous héla, pour
» nous avertir qu'il voyoit les Sauvages fe raffembler dans
» les bois; nous retournâmes fur-le-champ à la chaloupe,
» & traînant avec nous les pirogues des Indiens, nous en
» détruisîmes trois. Sur ces entrefaites, le feu du fommet
» de la colline difparut : nous entendions les Indiens
» parlant fort haut dans les bois; je crois qu'ils fe difpu-
» toient pour favoir s'ils nous attaqueroient, & s'ils effaye-
» roient de reprendre leurs pirogues. Comme il fe faifoit
» tard, je defcendis de nouveau à terre, & je regardai
» encore une fois derriere la greve, afin de voir fi le canot
» du malheureux M. Rowe, avoit été traîné dans les
» buiffons; mais, comme je ne l'apperçus point, je me mis
» en route pour le vaiffeau : toutes nos forces auroient à
» peine fuffi pour monter la colline, & c'eût été une témérité
» folle, de nous hafarder dans l'intérieur du pays, avec la
» moitié du monde que j'avois, (car il falloit en laiffer une
» moitié pour garder la chaloupe.)

EN DÉBARQUANT

ANN. 1773.
Décembre.

» EN DÉBOUQUANT la partie supérieure du Canal, nous
» découvrîmes un très-grand feu, environ trois ou quatre
» milles plus haut ; il formoit un oval complet : il s'éten-
» doit du sommet de la colline, presqu'au bord de l'eau,
» & il entouroit d'une espèce de haie enflammée, l'es-
» pace du milieu. Je consultai M. Fannin, & nous fûmes
» tous les deux d'avis que nous ne pouvions espérer
» que la triste satisfaction de tuer quelques Sauvages de plus.
» En laissant l'anse de l'herbe, nous avions tous tiré vers
» l'endroit où parloient les Indiens ; mais, comme nos armes
» étoient humides, les fusils ne partirent pas. Ce qu'il y
» a de pis, la pluie commença à tomber, & nos munitions
» étoient plus qu'à moitié consommées, & nous laissions
» six grandes pirogues derriere nous à un endroit. Avec
» tant de désavantages, je ne crus pas devoir m'avancer plus
» loin, uniquement pour goûter le plaisir de la vengeance.

» PASSANT entre deux Isles rondes, situées au Sud de
» la Baie orientale, nous crûmes entendre quelqu'un qui
» nous appeloit : on cessa de ramer, & nous écoutâmes ;
» mais aucun bruit ne frappa nos oreilles. Il est probable
» que M. Rowe, & tous ses camarades, furent tués sur-le-
» champ. »

AFIN d'achever le récit de ce funeste événement, j'ajou-
terai que les malheureux, qui furent ainsi massacrés, étoient
M. Rowe, M. Wood-house, François Murphy, Quartier-
Maître ; Guillaume Facey, Thomas Hill, Michel Bell &
Edouard Jones, Jean Cavenaugh, Thomas Milton & Jacques
Sevilley, Valet du Capitaine. La plupart étoient au nombre

Tome IV.   T

de nos meilleurs Matelots, très-robuftes & d'une bonne fanté.
M. Burney rapporta à bord deux mains, l'une de M. Rowe,
qu'on reconnut par une cicatrice, l'autre de Thomas Hill,
comme on l'a déjà dit ; & la tête de Jacques Sevilley. On les
enveloppa dans un hamak, & on les jeta à la mer avec affez
de left & de boulets de canon, pour les faire tomber au
fond. M. Burney ne retrouva point d'armes, & feulement
des lambeaux d'une paire de culottes, un habit & fix fouliers.

JE NE CROIS PAS que cette boucherie ait été l'effet d'un
deffein prémédité de la part des Sauvages ; car le matin où
M. Rowe partit du vaiffeau, il rencontra deux pirogues qui
defcendirent près de nous, & refterent toute la matinée dans
l'anfe du vaiffeau. Le carnage fut probablement amené par
quelque querelle qui fe décida fur-le-champ ; peut-être
auffi que nos gens n'ayant pris aucune précaution pour leur
fûreté, l'occafion favorable tenta les Indiens : ce qui encou-
ragea les Zélandois dès qu'ils eurent vu la premiere explofion, c'eft qu'ils fentirent qu'un fufil n'étoit pas une arme
infaillible, qu'il manquoit quelquefois de partir, & qu'après
le premier coup, il falloit le charger de nouveau, avant de
pouvoir s'en fervir : il eft vraifemblable qu'ils furent profiter
de ces momens d'intervalles. Je crois qu'après leur victoire,
il y eut une affemblée générale fur le côté Eft du Canal. Les
Indiens de l'Anfe des Nigauds (a), y affifterent, car ils avoient

_____

(a) On donne ici le nom d'*Anfe des Nigauds* à une Anfe appelée
Anfe Shagg, ou *des Cormorans*, dans la Traduction du premier Voyage ;
on a reconnu depuis que l'efpèce d'oifeau que les Anglois appelent *Shagg*,
eft le nigaud.

avec eux une fimple pirogue, & un coq, que quelques perfonnes de mon équipage virent quatre jours auparavant
dans l'Anfe des Nigauds, quand elles y accompagnerent
M. Rowe.

LÉS VENTS contraires nous retinrent dans le Canal quatre
jours après ce malheur ; &, durant cet intervalle, nous n'apperçûmes aucun des Habitans. Ce qui eſt très-remarquable,
j'avois remonté pluſieurs fois la même Anfe avec le Capitaine
Cook, fans jamais trouver le moindre veſtige d'Habitans, ſi
ce n'eſt des bourgades, qui ſembloient défertes depuis pluſieurs années ; & cependant, lorfque M. Burney fut entré dans
l'Anfe, il jugea qu'il n'y avoit pas moins de 1500 ou de 2000
Naturels, qui fans doute l'auroient attaqué, s'ils avoient été
inſtruits de ſon arrivée. D'après toutes ces confidérations, je
crus qu'il feroit imprudent d'y renvoyer une feconde châ-
loupe ; car il n'y avoit pas la moindre apparence que M. Rowe
ni aucun de ſes Camarades fuſſent en vie.

LE 23, on leva l'ancre, & nous fîmes voile hors du
Canal, & nous portâmes à l'E. afin de fortir du Détroit. Je le
débouquai en effet le même foir ; mais le défaut de vent me
retint deux ou trois jours fur la côte. Je mis enfuite le Cap
au Sud Sud-Eſt juſques par les 56ᵈ de latitude, fans qu'il arrivât rien de remarquable : nous avions une groſſe houlle du
Sud ; les vents commencerent alors à fouffler avec force du S.
O., & le tems fut très-froid ; &, comme notre vaiſſeau étoit
bas & très-chargé, la mer nous couvroit fans ceſſe de ſes
ondes, & nous étions toujours dans l'humidité. Les Matelots
fe mouilloient fur les ponts ou dans leurs poſtes ; quelques

23

T 2

oiseaux nous accompagnoient : de tems en tems nous voyions une baleine, ou un marsouin, un ou deux veaux marins, & un petit nombre de penguins. Par 58ᵈ de latitude Sud, & 213ᵈ de longitude Est, nous rencontrâmes des glaces, & chaque jour nous en apperçûmes plus ou moins en portant à l'Est. Un courant très-fort avoit sa direction à l'Est ; car quand nous fûmes en travers du Cap de Horn par 61ᵈ de latitude S., le vaisseau étoit de 8ᵈ en avant de notre estime. Nous ne restâmes gueres plus d'un mois à passer du Cap Palliser à la Nouvelle-Zélande, au Cap de Horn ; c'est-à-dire, à faire 121ᵈ de longitude, & nous eûmes continuellement des vents du S. O. au N. O., & une grosse mer.

En ouvrant des tonneaux de pois & de fleur de farine, qu'on avoit placés sur notre charbon, on les trouva si endommagés, qu'ils n'étoient plus bons à rien. Je crus que la prudence m'ordonnoit de me rendre promptement au Cap de Bonne-Espérance, par la latitude & la longitude du Cap de la Circoncision. Dès que nous fûmes à l'Est du Cap de Horn, les vents ne soufflerent pas de l'Est aussi fort qu'à l'ordinaire, ils venoient davantage du Nord, ce qui nous procura un tems épais & brumeux ; de sorte que, durant plusieurs jours, nous ne pûmes pas faire une observation ni jouir de la moindre lueur du Soleil. Ce tems dura plus d'un mois ; &, durant cet intervalle, nous marchâmes au milieu d'un grand nombre d'Isles de glace, qui nous tinrent constamment sur nos gardes de peur d'échouer. L'équipage commençoit à se plaindre de rhumes & de douleurs dans les membres, ce qui m'obligea à porter le Cap au Nord jusqu'à 51ᵈ de latitude Sud. Depuis nous eûmes toujours le même tems; mais plus d'occasions d'observer la latitude.

APRÈS avoir atteint le parallele où l'on place la Terre de Bouvet, je gouvernai à l'Est, afin de la retrouver s'il étoit possible: en avançant à l'Est, les Isles de glace devinrent plus multipliées & plus dangereuses: elles étoient beaucoup plus petites que de coutume, & les nuits commençoient à être sombres.

LE 3 de Mars, par 54ᵈ 4′ de latitude Sud, & 13ᵈ de longitude Est, c'est-à-dire, par le parallele, & ½ degré à l'Est du parage qu'on assigne à la Terre de Bouvet, nous n'appercevions pas le moindre indice de terre. Comme nous n'en avions remarqué d'ailleurs aucune trace depuis notre arrivée sur ce parallele, je cessai de le chercher, & je mis le Cap au Nord. Notre derniere route au Sud ayant été à peu de degrés de cette prétendue Terre au milieu de la latitude qu'on lui donne & à environ trois ou quatre degrés au Sud; s'il y a une côte dans les environs, elle doit être fort peu considérable. Mais je crois que le Navigateur François ne vit que de la glace; car, dans notre premiere campagne, nous crûmes aussi voir terre plusieurs fois; & nous reconnûmes ensuite que c'étoient de hautes Isles de glace, derriere les grandes masses, & puisque le ciel étoit épais & brumeux, lorsque M. Bouvet la rencontra, il lui fut aisé de se méprendre.

LE 7, par 48ᵈ 30′ de latitude Sud, & 14ᵈ 26′ de longitude Est, nous apperçûmes deux grandes Isles de glaces.

3.

7.

LE 17, nous découvrîmes la Terre du Cap de Bonne-Espérance, & le 19 je mouillai dans la Baie de la Table où nous trouvâmes le Commodore Sir Edouard Hughes, avec les vaisseaux de Sa Majesté le Salisbury & le Cheval-de-Mer. Je saluai le Commodore de treize coups, & ensuite la Garnison par un égal nombre : Sir Edouard rendit le salut avec deux coups de moins, comme à l'ordinaire ; & la Garnison nous rendit treize coups.

24.

16 Avril.

Le 24, Sir Edouard Hughes appareilla, avec le Salisbury & le Cheval-de-Mer, pour les Indes Orientales ; mais je relâchai au Cap jusqu'au 16 Avril, pour m'y radouber & m'y rafraîchir ; alors je fis voile pour l'Angleterre, & le 14 Juillet je mouillai à Spithéad.

CHAPITRE IX.

*Derniere Reláche au Cap de Bonne-Espérance ;
Récit de quelques Découvertes faites par les
François, & arrivée du Vaiffeau à Sainte-
Hélene.*

JE REPRENDS le fil de mon Journal, que la Relation intéreffante du Capitaine Furneaux m'a obligé de fufpendre.

ANN. 1775.
21 Mars.

22.

LE LENDEMAIN de mon arrivée au Cap, j'allai à terre, &
je fis mes vifites au Gouverneur le Baron de Plettenberg,
& aux principaux Officiers qui nous accueillirent, & nous
traiterent avec la plus grande politeffe ; comme en général
il y a peu de peuples plus obligeans envers les étrangers,
que les Hollandois de cette place, & qu'on ne trouve nulle
part autant de rafraîchiffemens, nous y jouîmes de quelques
plaifirs, après les fatigues d'un long Voyage.

LE BON TRAITEMENT qu'éprouvent les étrangers au Cap,
& la néceffité de refpirer l'air de terre, a introduit une coutume, qui n'eft en ufage dans aucune autre reláche, (du
moins je ne l'ai vu jamais fi bien obfervée:) tous les Officiers
qui ne font pas abfolument néceffaires pour le fervice des vaiffeau, réfident à terre: nous fuivîmes cet ufage; les deux
MM. Forfter, M. Sparrman & moi, nous logeâmes chez

M. Brandt, qui eſt très-connu des Anglois, par l'empreſſe-
ment qu'il met à leur rendre ſervice.

« LE TEMS étoit ſi chaud, que nous ne nous reſſouvenions
» pas d'en avoir éprouvé un pareil dans le cours de l'ex-
» pédition. Nous dînâmes cependant à une heure, ſuivant
» la coutume Hollandoiſe, durant le tems de la plus grande
» chaleur : comme il auroit été dangereux de nous trop livrer
» à notre appétit, nous eûmes ſoin de ne pas manger beau-
» coup ; cette précaution nous fut ſalutaire ; mais les Offi-
» ciers, ayant mangé d'abord avec voracité, furent bientôt
» raſſaſiés ; & les ſuites de cet excès les incommoderent
» pendant toute la relâche.

» NOUS EUMES un plaiſir inexprimable de recevoir des
» nouvelles de nos Amis d'Angleterre : nous nous ſentions
» renaître en converſant avec des Européens.

» NOUS FUMES INSTRUITS tout-à-coup de ce qui étoit
» arrivé pendant notre abſence ; la révolution du Gouver-
» nement de Suède, opérée par un jeune Prince, l'émule
» de Guſtave Vaſa ; une Héroïne qui achevoit de créer &
» de policer l'Empire de Ruſſie, & qui triomphoit du ſuperbe
» Ottoman : le partage de la Pologne, par trois grandes
» Puiſſances, & beaucoup d'autres évènemens moins con-
» ſidérables s'offrirent tout-à-coup à notre imagination.

» L'ÉTABLISSEMENT du Cap eſt fréquenté en été & en
» automne, par les vaiſſeaux de toutes les Nations, mais il
» paroiſſoit

« paroiſſoit beaucoup plus floriſſant que lors de notre pre-
» miere relâche, en 1772. »

MON PREMIER SOIN fut de me procurer du biſcuit cuit
nouvellement, de la viande fraîche, des légumes & du vin pour
ceux qui reſterent à bord ; &, comme on donna à chacun des
proviſions fraîches, tout le monde eut bientôt recouvré des
forces. Nous n'avions que trois malades qu'il fallut envoyer
à terre : je leur trouvai une penſion à trente ſtyvers, ou
trois livres par jour, & pour cette ſomme ils furent logés
& nourris.

ON TRAVAILLA enſuite aux réparations dont le vaiſſeau
avoit beſoin : avec la permiſſion du Gouverneur, on dreſſa
à terre une tente, où on conduiſit les futailles & les voiles
qui demandoient à être réparées. On abattit les vergues
& les mâts de hune, afin de raccommoder les agrets : ils
étoient en ſi mauvais état, qu'il fallut en renouveller la
plus grande partie : je les achetai à un prix exorbitant. Les
Hollandois de cette place, ainſi que ceux de Batavia, font un
profit ſcandaleux ſur les munitions navales qu'ils vendent aux
Etrangers.

ON NE S'ÉTONNERA PAS que nos voiles & nos agrets
fuſſent uſées, ſi l'on conſidere que dans le tour du Globe
que nous venions d'achever, c'eſt-à-dire, depuis notre départ
du Cap juſqu'à notre retour, nous n'avions pas fait moins
de vingt mille lieues, eſpace à-peu-près égal à trois fois la
circonférence du Globe priſe à l'équateur ; je crois qu'aucun vaiſſeau n'a encore parcouru autant de chemin dans

le même tems. Cependant durant cette longue expédition dans toutes les latitudes, entre le 9ᵉ & 71ᵉ parallele, aucun des mâts inférieurs ni des mâts de hune n'éclata; aucune des vergues ni aucun des haut-bans ne se briserent; effet de l'adresse & des soins des Officiers, & de la bonne qualité de notre vaisseau.

PARMI les bâtimens François qui mouilloient dans la Baie, il y avoit l'Ajax, vaisseau de l'Inde, chargé pour Pondichéry, & commandé par M. Crozet; ce Capitaine avoit été Lieutenant du Capitaine Marion, qui partit du Cap avec deux vaisseaux, en Mars 1772, comme on l'a déjà dit; on a raconté plus haut (a), le massacre du Capitaine Marion, & d'une trentaine de ses Compagnons de voyage, dans la Baie des Isles; M. Crozet qui lui succéda dans le Commandement, revint par les Isles Philippines, avec les deux vaisseaux, à l'Isle Maurice: c'est un homme de talent, qui paroît plein du véritable esprit propre aux découvertes. Il a eu la bonté de me communiquer une carte, où sont tracées les siennes & celles de M. Kerguelen; elles y sont marquées exactement, dans la position où nous les avons cherchées, & je ne conçois pas comment l'Avanture & la Résolution ne les ont pas retrouvées.

OUTRE CETTE TERRE, que M. Crozet nous dit être une Isle longue, mais très-étroite qui s'étend à l'Est & à l'Ouest, M. Marion en a découvert d'autres par les 48ᵈ de latitude

_____

(a) Voyez le Tome III, pag. 353.

Sud *(a)*, dont on a parlé ailleurs. Ces Iſles jointes à quelques-unes qui giſſent entre la ligne & le tropique méridional de la mer du Sud, ſont les principales découvertes
faites dans ce Voyage : j'ignore quand on en imprimera la
Relation.

ANN. 1775.
Mars.

ON VOIT, par la carte de M. Crozet, que M. de Surville,
Capitaine François, a fait un Voyage dans la mer Pacifique du Sud, en 1769 : le Commandant reçut la permiſſion
d'aller commercer ſur la côte du Pérou, à condition qu'il
entreprendroit des découvertes ; il prit ſa cargaiſon, dans
quelque partie des Indes orientales ; il paſſa par les Philippines, & près de la Nouvelle-Bretagne, & il découvrit des Terres par 10ᵈ de latitude Sud, & 158ᵈ de
longitude Eſt, auxquelles il donna ſon nom ; delà il gouverna au Sud, paſſa à peu de degrés à l'Oueſt de la Nouvelle-Calédonie, rencontra l'extrémité ſeptentrionale de la
Nouvelle-Zélande, & relâcha dans la Baie Douteuſe, où il
paroît qu'il mouilloit, lorſque j'en prolongeai le travers dans
mon premier Voyage ſur l'Endéavour : de la Nouvelle-Zélande, M. de Surville mit le Cap à l'Eſt, entre 35ᵈ & 41ᵈ
de latitude, juſques ſur la côte d'Amérique, & il ſe noya au
Port Callao, en voulant débarquer.

CES VOYAGES des François, quoique entrepris par des
Navigateurs particuliers, ont procuré quelques lumieres ſur
la mer du Sud. Celui de M. de Surville détruit une erreur
que j'avois commiſe, en imaginant que les bas-fonds qui ſont

(a) *Voyez Tom. I, pag.* 129.

Ann. 1775.
Mars.

en travers de l'extrémité occidentale de la Nouvelle-Calédonie, s'étendent à l'Oueſt juſqu'à la Nouvelle-Hollande.
Il prouve qu'il y a une mer ouverte dans cet intervalle, &
que nous vîmes l'extrémité Nord-Oueſt de la Nouvelle-
Calédonie.

M. Crozet nous apprit encore, que le vaiſſeau arriyé
à Taïti, avant notre premiere relâche ſur cette Iſle, étoit
parti de la Nouvelle-Eſpagne, & qu'à ſon retour il décœuvrit
quelques Iſles par 32^d de latitude S., & ſous le méridien
de 130^d O.: cette carte indique d'autres Iſles qu'on dit avoir
été découvertes par les Eſpagnols, mais M. Crozet ſembloit
croire qu'on les y a inſérées ſans une autorité ſur laquelle
on puiſſe compter.

On nous donna auſſi les détails d'une expédition entre-
priſe depuis, par M. de Kerguelen, qui l'a terminée d'une
maniere peu honorable pour lui.

« Durant notre ſéjour au Cap, nous fîmes une excur-
» ſion à Falſebay : la chaleur de l'été avoit, preſque par-
» tout, deſſéché la verdure de cette immenſe quantité de
» petits arbriſſeaux & de plantes, qui y croiſſent. Nous
» en trouvâmes cependant un grand nombre en fleur,
» & nous eûmes ſoin d'en cueillir des échantillons : les che-
» mins ſont très-mauvais : vous marchez ſur du ſable, dans
» la plupart des endroits, & ſur des tas de groſſes pierres
» aux environsde Falſebay. Pendant la route, nous apper-
» çûmes beaucoup de couvées, d'une eſpèce de perdrix, que
» les Hollandois appellent improprement faiſans. Elles ne

ANN. 1775.
Mars.

» font pas très-fauvages, & on peut aifément les prendre
» en vie & les apprivoifer. Comme il y a autour du Cap
» plufieurs cantons où les perdrix ne font pas leurs nids; les
» Hollandois ont trouvé moyen d'y répandre ces oifeaux.
» Ils prennent différens couples de ces perdrix apprivoifés;
» &, après les avoir plongé dans l'eau & couvert de cendres,
» ils les dépofent au milieu des buiffons, en leur repliant
» la tête fous les aîles. Des Lecteurs révoqueront peut-
» être en doute l'efficacité de cette Méthode; je puis affurer
» que des perfonnes dignes de foi, m'ont dit qu'on l'em-
» ploie avec fuccès.

» LES ENVIRONS de *Falfebay* font plus fauvages que
» ceux de la Baie de la Table; le pays eft prefque entiè-
» rement défert, fi on en excepte la maifon du Comman-
» dant; deux ou trois autres appartenant à des parti-
» culiers; des magafins & des atteliers qui font à la com-
» pagnie Hollandoife. L'afpect des montagnes cependant
» eft moins fombre, & il y a une quantité furprenante de
» différentes plantes, & de différens oifeaux. Il y a auffi
» des troupes nombreufes d'antilopes ou de gazelles; les
» unes habitent des rochers inacceffibles, & d'autres fe
» tiennent dans de petites broffailles, fur les cantons plus unis.
» Après avoir employé une matinée entiere à gravir ces col-
» lines, la chaleur exceffive du jour nous arrêta. Nous apper-
» çûmes au haut des collines, des roches pendantes au-deffus
» de nos têtes, & formant de petites cavernes, où les
» Hollandois paffent fouvent la nuit, quand ils vont à la
» chaffe des gazelles.

» LA BAIE de Simmon, eft la partie de *Falfebay* où les

» vaiſſeaux ſont le mieux à l'abri de la violence des vents
» du N. O., qui regnent pendant les mois d'hiver. Près
» de la maiſon du Commandant, on a conſtruit une jetée
» dans la mer, où les chaloupes peuvent embarquer de
» l'eau, & toutes ſortes de proviſions, avec la même facilité
» qu'à la Baie de la Table. On y prend de très-bons poiſſons:
» on tire aiſément, toutes ſortes de rafraîchiſſemens, des
» plantations de l'iſthme ou de la Ville du Cap, qui n'en eſt
» éloignée que de douze milles. L'arrivée des vaiſſeaux attire
» delà à Falſebay pluſieurs Habitans, qui ſe contentent
» de très-mauvais logemens, pour jouir de la compagnie des
» étrangers.

» APRÈS avoir reſté trois jours dans ce canton, nous
» retournâmes à la Ville du Cap: nous examinâmes les
» animaux du jardin de la Compagnie, & nous viſi-
» tâmes toutes les boutiques de pelletiers, pour y ache-
» ter un aſſortiment de peaux de gazelles: nous y avons
» vu un *Ourang - Outang* en vie: il venoit de Java,
» il n'avoit que deux pieds ſix pouces de haut, & il ſe traî-
» noit toujours à quatre, quoiqu'il pût ſe tenir aſſis, &
» marcher ſur les jambes de derriere. Ses doigts des mains
» & des pieds étoient d'une longueur remarquable, & les
» pouces très-courts, ſon ventre proéminent, & ſa face
» hideuſe: ſon nez reſſembloit plus au nez d'un homme
» qu'à celui des autres ſinges. On m'a dit que cet animal
» a depuis été apporté à la ménagerie du Prince d'Orange,
» à la Haye *(a)* »

_____

(*a*) « Il y eſt mort en Janvier 1777; maîs par l'ignorance & la malice

TANDIS que nous mouillïons dans la Baie de la Table, plufieurs vaiffeaux étrangers de l'Inde, en fortirent ou y arriverent. J'en vis d'Anglois, de François, de Suédois, de Danois, trois frégates Efpagnoles, dont deux alloient à Manille, & l'autre en venoit: c'eft feulement depuis peu que les vaiffeaux Efpagnols relâchent ici, & ces bâtimens furent les premiers qui profiterent des privilèges accordés aux autres Nations Européennes, amies de Provinces-Unies.

EN EXAMINANT notre gouvernail, on trouva les éguillots très-relâchés, & nous fûmes obligés de le porter à terre pour le raccommoder. Comme il falloit abfolument calfater le vaiffeau avant de remettre en mer, le manque de calfats nous retint plus long-tems. Enfin j'obtins deux ouvriers d'un des vaiffeaux Hollándois, & M. Rice, Capitaine du Dutton, vaiffeau de l'Inde Anglois, qui arrivoit du Bengale, eut la bonté de m'en donner deux autres, de forte que le 26 Avril, ce travail fut achevé, & ayant embarqué toutes les munitions nécefïaires, nous prîmes congé du Gouverneur & des principaux Officiers, & le lendemain, nous retournâmes à bord.

26.

27.

« ON NOUS AVOIT PRÉSENTÉ aux Officiers des vaiffeaux » Efpagnols, qui relâchoient au Cap ; plufieurs faifoient

---

» de celui qui en avoit foin, les Anatomiftes de Hollande n'ont pas pu le » difféquer. Il lui coupa la tête pour les empêcher d'examiner les organes » de la parole; & les pieds & les mains, afin de leur ôter les moyens de » comparer les phalanges avec les doigts de notre main, & avec d'autres » Squelettes. »

» honneur à leur Corps, par leurs talens & leurs con-
» noiffances. Ils rendirent une vifite à notre Aftronome,
» M. Wales ; ils furent très-charmés des garde-tems, ou
» des montres nouvellement inventées qu'il leur fit voir,
» & ils fe plaignirent en même tems de l'inexactitude des
» inftrumens d'Aftronomie qu'ils recevoient de leurs corref-
» pondans de Londres. M. Wales leur céda avec plaifir,
» un de fes Sextans, dont il n'avoit plus befoin ; mais
» M. Cook refufa toute efpèce de communication avec
» eux, & il fuit leur compagnie en toute occafion.

» Nos OFFICIERS jugerent que leurs frégates étoient de
» très-bons vaiffeaux. Nous laiffâmes au Cap le Docteur
» Sparrman, qui avoit partagé les périls & les fatigues de
» notre Voyage, & qui, par fon caractere, avoit gagné
» l'eftime & l'attachement de tous ceux qui eurent occa-
» fion de connoître le fond de fon cœur (a). »

LE VENT devenant bon, nous appareillâmes, ainfi que
la frégate Efpagnole, la Junon, qui venoit de Manille,
un vaiffeau de l'Inde, Danois, & le Dutton.

DÈS que nous fûmes fous voile, je faluai la garnifon

(a) « Le Docteur Sparrman eft arrivé en Suède au mois de Juillet
» 1776, après avoir fait une expédition d'une année, très-dangereufe, &
» très-fatigante dans l'intérieur de l'Afrique ; il a pénétré plus loin que
» le Docteur Thunberg, & les autres Naturaliftes avant lui ; & il a plu-
» fieurs découvertes importantes qu'il fe propofe de communiquer au
» Public. »

de treize

de treize coups de canons, &, à l'instant, on me répondit
par un égal nombre. La frégate Espagnole, & le vaisseau de
l'Inde, Danois, nous saluerent en passant, & je leur rendis
le salut par un égal nombre de coups. Quand nous fûmes
hors de la Baie, le bâtiment Danois gouverna pour les
Indes orientales, la frégate Espagnole pour l'Europe, & la
Résolution & le Dutton pour Sainte-Hélène.

« Nous traversames la partie septentrionale de la
» Baie, entre l'Isle Robben *(a)* & la côte d'Afrique. Cette
» Isle est un coin de terre sablonneux & stérile, où la Compa-
» gnie Hollandoise relégue des assassins & des criminels. Il y
» a cependant, parmi ces coupables, des victimes innocentes
» de l'ambition des Hollandois; je citerai le Roi de Maduré,
» qui, dépouillé de ses Etats, & réduit à une misere affreuse,
» acheve sa carriere infortunée dans un cachot *(b)*. »

Comptant sur la bonté de la Montre de M. Kendall,
je résolus d'essayer de trouver Sainte-Hélène, en faisant une
traversée directe. Les six premiers jours, c'est-à-dire, jusqu'à
notre arrivée par 27ᵈ de latitude S., & 11ᵈ ½ de longitude
Ouest du Cap, les vents soufflerent du Sud & du S. E.;
nous eûmes ensuite de légers souffles de vent, variables pen-

---

(a) Elle est appelée *Isle des Pinguins* dans les Cartes Angloises.

(b) « Il est inutile de rappeler l'Histoire de ce malheureux Prince,
» & les vexations de ses Bourreaux; on les trouve racontées avec intérêt
» dans un Livre peu connu, intitulé: *Voyage fait aux Indes Orientales,*
» *en 1747 & 1748*, contenant une Description de Sainte-Hélène, de Java,
» Batavia, du Gouvernement Hollandois dans les Indes, & de la Chine;
» en Anglois, à Londres, in-8°, 1762.

Tome IV.   X

ANN. 1775.
Mars.

dant deux jours ; ils furent remplacés par un vent du Sud - Eſt. qui ne finit que par le travers de l'Iſle, excepté une partie du jour, qu'il ſouffla du N. E.; en général, il fut très-foible toute la traverſée, ce qui la rendit plus longue qu'à l'ordinaire.

1 Mai.

« LE PREMIER MAI, on trouva un homme caché dans
» la calle : l'un des Quartiers-Maîtres l'y avoit mis, quelques
» jours auparavant ; &, quoiqu'il l'eût nourri ſur ſa ration,
» ſa bienfaiſance fut punie de douze coups de fouet, & on
» en appliqua auſſi douze à l'étranger. Ce pauvre miſérable
» étoit Hanovrien, &, ayant été enlevé de force, pour le ſer-
» vice de la Compagnie Hollandoiſe, il pria le Capitaine
» Cook de le prendre ſous ſa protection ; ſes prières n'ayant
» pas été écoutées, il fut réduit à ſe gliſſer furtivement ſur
» notre bord, afin d'échapper à un ſervice auquel on l'avoit
» condamné malgré lui. Il donna bientôt de grandes
» preuves de zèle & d'activité, & tout l'équipage eut une
» bonne opinion des Hanovriens. »

15.

16.

LE 15, à la pointe du jour, nous découvrîmes Sainte-Hélène, à la diſtance de quatorze lieues, & à minuit nous moüillâmes dans la rade devant la Ville, au côté N. O. de l'Iſle. Le lendemain, au lever du Soleil, le Château & le Dutton nous ſaluerent chacun de treize coups. Lorſque je débarquai, bientôt après, le Château me ſalua de nou-veau, & la Réſolution rendit ces deux ſaluts.

LE GOUVERNEUR SKETTOWE & les principaux Habitans de l'Iſle, me reçurent & me traiterent avec la plus

grande politesse, & ils nous rendirent tous les services qui
dépendoient d'eux.

« LA VILLE est enfermée de chaque côté, par une
» montagne escarpée, qui paroît d'abord plus brûlée & plus
» sauvage que l'Isle de Pâque. Cependant au fond de la
» vallée, nous apperçûmes d'autres collines revêtues de
» verdure.

» ON A CONSTRUIT sur le bord de la mer des escaliers
» par où on débarque ; ils étoient nécessaires, car la houlle
» brise avec beaucoup de violence, sur toutes le parties de
» la côte. Il y a plusieurs portes à pont-levis, & une batterie
» considérable, qui fait face à l'esplanade ornée d'une
» belle promenade de bananiers. (*Ficus religiosa.*)

» LA MAISON du Gouverneur contient plusieurs appar-
» temens spacieux & commodes, que leur élévation sur-
» tout rend agréables dans ce climat chaud. Derriere cette
» maison, il y a un petit jardin avec quelques promenades
» couvertes, & des arbres curieux des Indes orientales ; nous
» y avons remarqué le *Barringtonia*. Les baraques de
» la garnison qu'y entretient la Compagnie, sont situées
» plus loin dans la vallée. Il y a beaucoup d'autres édifices
» dans la même vallée, où, malgré la brise de mer, nous
» ressentîmes une chaleur excessive.

» LA PLUPART des principaux Habitans ouvrent leurs
» maisons aux étrangers qui descendent à terre ; le prix
» est à-peu-près le même qu'au Cap.

X 2

» LE LENDEMAIN de notre arrivée, M. Stuart *(a)* qui
» étoit à bord du Dutton, M. Cook & moi, nous allâmes
» nous promener fur les collines: nous gravîmes celle qui
» eſt à l'Oueſt, & qu'on nomme Colline de l'échelle.
» Le chemin qu'on y a pratiqué depuis peu, monte en
» ſerpentant le long de ſes bords eſcarpés; ſa largeur eſt
» de neuf pieds, & il eſt enfermé par une muraille de trois
» pieds de haut, de la pierre dont eſt compoſée la mon-
» tagne: ce n'eſt qu'un amas de lave, qui ſe briſe & ſe
» convertit en terre brune, en quelques endroits; mais
» ailleurs elle forme des maſſes énormes de matiere noire
» caverneuſe, qui paroît quelquefois un peu vitrée. Pluſieurs
» rochers de cette eſpèce, pendent ſur le chemin, & les
» chèvres qui vont y brouter les arbriſſeaux, détachent de
» tems en tems ces rochers, dont la chûte alarme les
» les Habitans: mais les Soldats de la garniſon ont reçu
» ordre de tirer ces animaux, dès qu'ils les apperçoivent
» ſur ces éminences, & ils n'y manquent gueres, parce
» qu'on leur permet ordinairement de manger la chèvre
» qu'ils ont tuée. Nous fîmes environ un demi-mille dans le
» pays, le long du ſommet de cette colline, & nous jouîmes
» tout-à-coup d'un très-joli point de vue. Nous apperçûmes
» pluſieurs mondrains en pointe, couverts d'une riche ver-
» dure, & entre-mêlés de vallées fertiles, qui contenoient
» des jardins, des vergers, & différentes plantations, des
» pâturages enclos de pierres, & remplis de bétail & de
» moutons d'Angleterre: chaque vallée étoit arroſée par
» un petit ruiſſeau, dont la plupart prennent probablement

_____

(a) Fils de Milord Bute.

» leur source près de deux hautes montagnes du milieu de
» l'Isle, qui sont souvent enveloppées de nuages. Après
» avoir traversé différentes collines, nous examinâmes
» la Baie Sablonneuse, petite anse qui gît à la partie
» opposée de l'Isle, & qui est défendue par une batterie.
» Le coup-d'œil y étoit très-pittoresque; des bois épais
» & sauvages, couvroient les montagnes jusqu'au sommet;
» le Pic de Diane prend en s'élevant les formes les plus
» élégantes. Les rochers & les pierres, dans cette partie
» la plus élevée de l'Isle, different absolument de ceux
» que nous avions laissés dans la vallée; au-dessous ils
» offroient des traces manifestes d'un ancien volcan, mais
» ici ils étoient composés d'une pierre argilleuse, d'un gris-
» foncé, disposée en couches ou en quelques endroits de
» pierre à chaux, & ailleurs d'une pierre molle, onctueuse,
» semblable à la pierre de savon (a). Le dessus de ces
» couches est souvent un riche terreau, de six à dix pouces
» de profondeur, qui produit beaucoup de plantes diverses.
» Je trouvai dans cette excursion des arbrisseaux, que je
» n'avois vu en aucune autre partie du monde; de ce
» nombre sont ceux que les Habitans nomment arbres à
» choux, arbres à gomme, & bois rouge : les premiers

(a) « Ceci est un peu différent de ce que dit M. Hawkesworth, dans
» la rédaction du premier Voyage de M. Cook : mais, comme je décris
» ce que j'ai vu, c'est aux Lecteurs à juger lequel des deux mérite la
» préférence. Ce qu'avance M. Hawkesworth sur cette matiere, n'est point
» du tout exact. Si on veut connoître le vrai état des Volcans, on peut
» recourir aux *Lettres de Ferber*, au *Baron Born*, & aux Ouvrages inti-
» tulés : *Raspe Specimen Globi Terraquei*, Description de quelques Volcans
» d'Allemagne par *Raspe*.

ANN. 1775.
Mai.

» viennent fur les terrains très-humides, mais le dernier
» est toujours fur la chaîne des montagnes, où le fol est
» fec. L'arbre à chou est une des efpèces indigènes, & il
» a des feuilles larges. Après bien des queftions, j'ai reconnu
» qu'on n'en fait d'autre ufage que de le brûler, & l'on
» ne fait pas pourquoi on lui a donné ce nom. Il ne faut
» point le confondre avec l'arbre à chou d'Amérique, de
» l'Inde & des Mers du Sud. Celui-ci est une efpèce de
» Palmier.

» DES ONDÉES de pluie nous furprirent en route &
» nous mouillèrent beaucoup ; mais, en peu de minutes, la
» chaleur du Soleil fécha nos vêtemens. Nous arrêtions
» chaque Efclave que nous rencontrions fur notre che-
» min, afin de lui demander, comment le traitoit fon
» Maître ; en général, leurs réponfes juftifioient les Ha-
» bitans des imputations qu'on leur fait fur cette matière
» dans le premier Voyage de Cook. Quelques-uns, à la
» vérité, fe plaignirent du peu de nourriture qu'on leur
» accorde ; mais on m'a dit que les Maîtres eux-mêmes n'ont
» pas toujours une profufion d'alimens, & qu'à certaines
» faifons, ils font obligés de manger des provifions
» falées.

» LE SORT DES SOLDATS paroît bien plus dur ; on ne
» leur donne jamais que des alimens falés, & en petite
» quantité. Leur paie est d'ailleurs très-petite : ceux qui font
» induftrieux obtiennent, de tems en tems, la permiffion
» de travailler pour les Habitans, & ils gagnent quelque
» chofe en portant du bois à brûler des Montagnes à la

» Ville. Nous avons vu des Vieillards occupés à ce travail : ils
» paroiſſoient joyeux ; mais, quand nous les priâmes de nous
» conter leurs peines, ils ne le firent pas ſans émotion.
» Ils parlerent tous du Gouverneur avec beaucoup d'af-
» fection : il eſt généralement eſtimé, &, en effet, il a à
» cœur le bien-être de l'établiſſement.

» POUR retourner à la Ville, nous deſcendîmes ſur
» une colline oppoſée à celle par où nous avions montée.

» LES CHEVAUX, à Sainte-Hélène, ſe tirent principale-
» ment du Cap de Bonne-Eſpérance, & on en nourrit
» peu ſur l'Iſle ; ils ſont petits, mais ils marchent bien dans
» ce Pays rempli de collines.

» LE 18, après déjeûner, le Gouverneur raſſembla à ſa
» Maiſon de Campagne, le Capitaine & les Paſſagers de
» notre vaiſſeau & du Dutton ; elle eſt agréablement
» ſituée à environ trois milles de la Ville, au milieu d'un
» Jardin très-ſpacieux, où nous vîmes pluſieurs plantes
» d'Europe, d'Afrique & d'Amérique, & ſur-tout une
» grande quantité de roſes & de lys, de myrthe & de lau-
» riers. De longues allées de pêchers étoient chargées de
» fruits, d'une ſaveur excellente, mais qui différoit un
» peu de celle de nos pêches : tous les autres arbres frui-
» tiers d'Europe y croiſſent mal, & ſi l'on ne m'a point
» trompé, ils n'y portent jamais de fruit. On y a auſſi planté
» de la vigne à pluſieurs repriſes ; mais elle n'a pas réuſſi à
» cauſe du climat, & les chenilles dévorent les choux &
» les autres légumes qui y croiſſent bien. En parcourant les

18.

» collines voifines, nous apperçûmes de petits Cantons
» femés d'orge; mais ce grain, ainfi que tous les autres,
» eft communément détruit par les rats extrêmement nom-
» breux fur cette Ifle. Le terrain eft donc laiffé en pâtura-
» ges, dont la verdure éclatante nous furprenoit dans un cli-
» mat du Tropique. On nous dit que Sainte - Hélène peut
» nourrir trois milles têtes de bétail, mais qu'il n'y en a au-
» jourd'hui que deux mille fix cens: la grande quantité de
» landes que nous avons vu non occupées, nous fait croire
» qu'il y auroit des pâturages pour un nombre plus confidé-
» rable; mais on nous a affuré que l'herbe ne revient pas
» pendant l'hiver, & qu'il faut réferver certains Cantons
» pour cette faifon de l'année. Le bœuf eft fucculent, dé-
» licieux & fort gras: la confommation de viande qui s'y
» fait journellement, empêche le bétail de vieillir. On a
» planté ici le genêt épineux ordinaire (*Ulex Europæus*),
» que les Fermiers d'Angleterre ont fi grand foin d'arracher,
» & à préfent il remplit tous les pâturages. Les Habitans
» ont trouvé moyen de tirer avantage d'un arbriffeau qui
» paffe en Europe pour inutile & même pour pernicieux.
» L'afpect du Pays n'a pas toûjours été auffi agréable qu'il
» l'eft à préfent; le terrain étoit brûlé par la chaleur ex-
» ceffive, & toutes les efpèces de gramens & d'herbages fe
» ridoient; la plantation des buiffons de genêt qui croiffent
» en dépit du Soleil, conferve un certain degré d'humidité
» dans le fol. L'herbe commence à pouffer à leur ombre;
» peu-à-peu elle revêt tout le Pays d'un joli gazon. Main-
» tenant qu'il n'a plus befoin du genêt épineux, les Infu-
» laires le déracinent & le brûlent: le bois eft très-rare
» fur l'Ifle; je ne l'ai jamais tant vu épargner qu'ici & au
                » Cap,

ANN. 1775.
Mai.

» Cap. Ils apprêtent beaucoup de différens plats, sans
» avoir plus de feu qu'on n'en a en Angleterre pour faire
» bouillir une théyere.

» A NOTRE RETOUR plusieurs couvées de perdrix, de la
» petite espèce, aux jambes rouges, commune sur la côte
» d'Afrique frapperent nos regards : nous remarquâmes aussi
» plusieurs faisans à anneaux, que le Gouverneur a naturalisé
» dans l'Isle, ainsi que les poules de Guinée & les lapins. Il
» y a à présent une amende de cinq liv. sterlings contre celui
» qui tue un faisan, & cet oiseau se multiplie tellement
» que cette peine sera bientôt inutile. On pourroit y se-
» mer des trefles, qui, sans doute, procureroient au bétail
» une nourriture plus substantielle que l'herbe simple, & on
» ne peut pas trop recommander la culture des légumes,
» tels que les haricots de Chine, (*dolichos sinensis*) & le
» *phaseolus mungo*, dont on fait le sagou (*a*) dans la
» Géorgie de l'Amérique Septentrionale : avec un petit
» nombre de tentatives & de la constance, on parviendroit
» aisément à détruire les rats & les chenilles, qui dévo-
» rent la plupart des plantes utiles, & qui semblent être le
» principal obstacle aux progrès de l'Agriculture. On
» devroit aussi y transplanter des ânes du Sénégal, où
» M. Adanson dit qu'il y en a de très-beaux. Les transports

(*a*) « Celui-ci est aussi bon que le véritable Sagou, qui est la moëlle
» d'une Fougere des Isles Orientales de l'Inde. Celui de l'Amérique
» Septentrionale est très-connu en Angleterre sous le nom de *Sagou*
» *du Bowen*, & c'est celui qu'on consomme dans la Marine du Roi.—

» seroient alors infiniment plus faciles ; & des Cantons où
» le bétail ne peut pas vivre , conviendroient fort bien à
» ces animaux , qui ne font point délicats fur le choix des
» alimens.

15.

» LE LENDEMAIN 15, nous allâmes à la Maifon
» de Campagne de M. Mafon , fituée à quatre ou cinq
» milles de la Ville. Nous fîmes un détour afin de paffer
» fur une Montagne élevée, voifine du Pic de Diane , où
» nous cueillîmes des plantes curieufes, malgré la pluie qui
» étoit très-forte. Nous vîmes , dans cette excurfion , une
» petite efpèce de tourterelle blanche , qu'on dit avoir été
» originairement trouvée dans le Pays, ainfi que la perdrix
» rouge; des becs croifés des rifieres, (*loxia oryzivora.*)
» Je m'écartai d'environ un quart de mille du chemin pour
» examiner une petite Ferme , où on a relégué deux Brames,
» accufés de s'oppofer , dans l'Inde , aux intérêts de notre
» Compagnie. On ne fait pas fi leur crime étoit réel ou
» fuppofé; mais je ne puis m'empêcher de remarquer la
» maniere différente dont les Anglois & les Hollandois
» traitent leurs Captifs. Le Roi de Maduré eft enfermé dans
» un cachot fur l'Ifle Robben, au lieu que ces Brames ont
» l'Ifle entiere de Sainte-Hélène pour prifon ; ils jouiffent
» d'une maifon , d'un vafte jardin, & ils ont plufieurs efclaves
» pour les fervir.

» LE SOIR, nous retournâmes à la Ville; M. Grahàm *(a)*

(*a*) « Il étoit Paffager fur le Dutton , & il revenoit de Bengale , où il
» avoit exercé un Emploi au Service de la Compagnie. »

» donna un bal aux Habitans : en entrant dans la falle, je
» fus agréablement furpris de la beauté & de l'élégance
» des femmes : je me crus transporté au milieu de la plus
» brillante Capitale de l'Europe; leurs traits étoient régu-
» liers, leurs formes gracieufes & leur teint très-blanc : elles
» avoient des manieres aifés, une bonne éducation, de la
» gaieté, de l'efprit & de l'imagination ; ce qui animoit leur
» converfation & en banniffoit toute contrainte. Le lende-
» main, elles affifterent toutes à un fecond bal; &, malgré
» un fi court intervalle, elles ne parurent point du tout
» fatiguées. Il y avoit tant de Dames, qu'elles ne pouvoient
» pas trouver de cavaliers, quoique plufieurs hommes de
» nos deux vaiffeaux y fuffent. On nous dit à cette occa-
» fion que le nombre des filles qui naît à Sainte-Hélène,
» furpaffe de beaucoup celui des mâles, comme cela fe
» remarque au Cap de Bonne-Efpérance. Il feroit impor-
» tant de déterminer fi cela arrive toujours dans les pays
» chauds ; car les Philofophes en tireroient alors des con-
» féquences relatives à la vie domeftique des différentes
» Nations ; ces proportions ne font pas encore bien fixées :
» même en quelques parties de l'Europe, & par-tout où
» on les obferve avec quelque précifion, elles offrent des
» réfultats curieux. En Angleterre & en France, le nombre
» des enfans mâles furpaffe celui des filles ; mais en Suède
» c'eft le contraire.

» IL N'Y A PAS à Sainte-Hélène plus de vingt mille Ha-
» bitans, y compris cinq cens Soldats & fix cens Efclaves.
» La plus grande étendue de l'ifle eft à-peu-près de huit
» milles, & fa circonference d'environ vingt. Les vaiffeaux

Y 2

» de l'Inde, qui y prennent des rafraîchiſſemens, donnent
» en retour des ouvrages de toute eſpèce & la Compagnie
» ordonne annuellement à un ou deux vaiſſeaux, d'y porter
» en allant dans l'Inde, les marchandiſes d'Europe & les pro-
» viſions dont les Habitans ont beſoin. La plupart des
» Eſclaves s'occupent à prendre du poiſſon qui y eſt très-
» abondant. La vie des Inſulaires ſemble aſſez heureuſe :
» exempts de cette inquiétude qui tourmente leurs Com-
» patriotes en Angleterre, ils paſſent leurs jours dans le
» contentement & le repos. »

QUAND on contemple Sainte-Hélène maintenant, &
qu'on penſe à ce qu'elle a dû être jadis, on n'eſt pas diſ-
poſé à accuſer les Habitans de manquer d'induſtrie; mais
ils en auroient peut-être davantage, ſi les terres qu'on laiſſe
en pâturages étoient employées à la culture du bled, des
végétaux, des racines, &c. ſans doute cette amélioration
n'aura point lieu, tant que la plus grande partie des
champs ſera entre les mains de la Compagnie & de ſes Employés. Si cette Iſle n'a pas des Colons induſtrieux, elle ne
ſera jamais floriſſante, & jamais elle ne pourra fournir aux
Navigateurs les rafraîchiſſemens néceſſaires.

DEPUIS TROIS ANS, on y a conſtruit une nouvelle Egliſe:
on travaille à de nouveaux bâtimens; on a fait un lieu de
débarquement, commode pour les bateaux, ainſi qu'on l'a
déjà dit, & d'autres améliorations qui ajoutent à la force
& à la beauté de la place.

DURANT NOTRE RELACHE, nous achevâmes quelques
réparations dont le vaiſſeau avoit beſoin, & que nous ne

pûmes pas terminer au Cap ; & nous remplîmes nos futailles vides : on fervit à l'équipage du bœuf frais, qui me coûta dix fols de France la livre. Le bœuf frais y eft très-bon , & c'eft la feule provifion de mer, qui mérite qu'on en parle.

D'APRÈS une fuite d'obfervations faites à la Ville du Cap, par MM. Mafon & Dixon, & au Fort James à Sainte-Hé-lène, par M. Maskeline, l'Aftronome royal, la différence de longitude entre ces deux places, eft 24^d 12′ 15″, & feulement deux milles de plus que ne l'indiquoit la montre de M. Kendall. Les obfervations de Lune , faites par M. Wales, avant notre arrivée dans l'Ifle , & celles qu'on fit après notre départ, & rapportées à cette Ifle par la Montre marine, donnerent 5^d 51′ pour la longitude du Fort James, c'eft-à-dire feulement cinq milles plus à l'Oueft, que ne le place M. Maskeline. La longitude de la Ville du Cap, fut indiquée de la même maniere à cinq milles près de la véritable. Je cite ceci pour montrer jufqu'où on peut approcher en mer de la véritable longitude, par la méthode lunaire , à l'aide d'une bonne Montre.

CHAPITRE X.

Paſſage de Sainte-Hélène aux Iſles de l'Oueſt. Deſcription de l'Iſle de l'Aſcenſion & de Fernando-Noronha.

ANN. 1775.
21 Mai.

LE 21, au ſoir, je pris congé du Gouverneur, & je me rendis à bord. A mon départ de la côte, je fus ſalué de treize coups de canon, & lorſque je mis ſous voile, de conſerve avec le Dutton, on me ſalua encore de treize coups : je rendis les deux ſaluts.

APRÈS avoir quitté Sainte-Hélène, le Dutton eut ordre de gouverner N. O. ¼ O. ou N. O. du Compas, afin de ne pas atterrir à l'Aſcenſion, où l'on diſoit qu'il ſe faiſoit un commerce interlope entre les Officiers des vaiſſeaux de la Compagnie des Indes, & quelques bâtimens de l'Amérique ſeptentrionale, qui, les années dernieres, fréquentoient cette Iſle, ſous prétexte de pêcher des baleines ou de prendre des tortues, mais réellement pour y attendre l'arrivée des vaiſſeaux de la Compagnie. Je marchai de conſerve avec le Dutton juſqu'au 24 : je le chargeai d'un paquet pour l'Amirauté, & nous nous ſéparâmes : ce Vaiſſeau continua ſa route au N. O., & je mis le Cap ſur l'Aſcenſion.

28. LE MATIN DU 28 je découvris l'Iſle ; &, le même ſoir,

ANN. 1775.
Mai.

je mouillai dans *Croſſ-Bay*, au côté N. O., par dix braſſes fond d'un beau ſable, & à un demi-mille de la côte. La colline de la Croix, ainſi appellée à cauſe d'une croix, ou d'un bâton de pavillon qu'on y a dreſſé, nous reſtoit au S. 38ᵈ E. du compas, & les deux pointes de l'extrémité de la Baie, s'étendoient du N. E., au S. O. Nous y relachâmes juſqu'au ſoir du 31; &, quoique pluſieurs détachemens allaſſent toutes les nuits à la pêche des tortues, nous n'en prîmes que vingt-quatre : la ſaiſon étoit un peu trop avancée; mais, comme elles peſoient entre quatre ou cinq cens livres chacune, nous ne nous crûmes pas fort malheureux. Nous aurions pu y prendre une grande quantité de poiſſons, ſurtout de celui qu'on appelle vieilles femmes, car je n'en ai jamais vu autant; il y avoit auſſi des cavaliers, des anguilles, & différentes autres eſpèces, mais nous ne cherchâmes point à en faire proviſion, parce que nous ne voulions que des tortues; il y a beaucoup de chèvres & d'oiſeaux aquatiques, tels que des frégates, des oiſeaux du tropique, des Boobies, &c.

« L'ASCENSION fut découverte en 1501, par Joao da
» Nova Galégo, Navigateur Portugais, qui l'a nomma *Iſle*
» *Noſſa ſenhora Concéicao*. Le même Amiral à ſon retour
» en Portugal, en 1502, découvrit celle de Saint-Hé-
» lène (a). L'Aſcenſion fut reconnue, pour la ſeconde fois,

(a) « Ces détails ſe trouvent dans un Manuſcrit Portugais, que
» M. Georges Perry, revenu depuis peu de Londres, a eu la bonté de
» me communiquer. Ce Manuſcrit eſt intitulé : *Conquiſta da India per*
» *huas e outras armas, reaes e Evangelicas*. Il paroît que l'Auteur étoit
» Jéſuite. »

» par Alphonſe d'Albuquerque, en allant aux Indes, en
» 1503; elle reçût alors le nom qu'elle porte, mais elle
» étoit déja dans cet état de déſolation, où on la voit main-
» tenant (a).

» ELLE SURPASSE, par ſon aſpeſt affreux, l'Iſle de Pâques
» & la Terre de Feu. Ce n'eſt qu'un amas de roches briſées,
» entaſſées les uns ſur les autres; & la plupart, autant que
» nous pûmes en juger du Vaiſſeau, ſembloient avoir été
» entièrement changées par le feu d'un volcan. A-peu-près
» au centre de l'Iſle, s'élève une large montagne blanche
» fort haute, ſur laquelle nous apperçûmes de la verdure,
» à l'aide de nos lunettes.

29.

» LE LENDEMAIN de notre arrivée, nous examinâmes
» le ſol & les terres de l'Iſle: la grève eſt un petit ſable de
» coquillages, preſque par-tout d'un blanc de neige très-
» profond, ſec & inſupportable aux yeux, quand le Soleil
» brille. Nous gravîmes ſur des tas de pierre noire caver-
» neuſe, qui reſſemble parfaitement aux laves les plus com-
» munes du Véſuve & de l'Iſlande, & dont les morceaux
» paroiſſoient avoir été accumulés par l'art; les courans de
» lave ſe réfroidiſſant tout-à-coup ont pu aiſément pro-
» duire cet arrangement. Après avoir monté environ dix ou
» douze verges de hauteur perpendiculaire, nous nous trou-
» vâmes ſur une grande plaine unie, de ſix à huit milles

_____

(a) « Voyez le Voyage de Giovanni da Empoli, qui étoit à bord
» d'un des Vaiſſeaux; dans le Recueil de Ramuſio, *Vol. I, Edition de*
» *1563.* »

» de tout

ANN. 1775.
Mai.

» de tour, dans les différens coins de laquelle nous obfer-
» vâmes une large colline, d'une forme exactement conique,
» & d'une couleur rougeâtre; cette colline fe trouve dé-
» tachée de toutes les autres : une partie de la plaine, entre
» ces collines à cones, étoit couverte d'un grand nombre
» de petits mondrains, de la même lave brute & hériffée
» de pointes, que celle qui eft près de la mer ; &, lorfque
» deux pièces fe choquoient, elles produifoient un fon
» pareil à celui du verre. Le fol entre les tas de lave étoit
» revêtu d'un terreau noirâtre, fur lequel le pied étoit très-
» ferme ; mais, où il n'y avoit aucun de ces amas, la cam-
» pagne offroit une terre rouge, fi déliée & compofée de
» particules sèches fi petites, que le vent y formoit des
» nuages de pouffière. Les collines à cones étoient d'une
» efpèce de lave très-différente; celle-ci étoit rouge, molle
» & très-friable. L'une de ces collines eft directement
» au front de la Baie ; fes côtés font fort efcarpés, mais
» un fentier de près de trois quarts de mille de long, con-
» duit au fommet par des détours. L'examen de ce pays
» remarquable, nous fit croire que la plaine fur laquelle nous
» étions, fut jadis le cratere ou le fiège d'un volcan ; que
» les collines à cones ont été formées peu-à-peu, par l'ac-
» cumulation des cendres & des pierres ponces, que les
» courans de lave que nous voyons divifées maintenant,
» en plufieurs maffes brifées, ont peut-être été enterrés peu-
» à-peu fous la cendre, & que les eaux venant des mon-
» tagnes intérieures, dans la faifon de la pluie, ont applani
» toute la route fur laquelle elles paffoient, & rempli par
» degré la cavité du cratere. Une quantité infinie de
» frégates & de boobies affis fur leurs œufs, rempliffoient le

ANN. 1775.
Mai.

» havre : ces oifeaux fe laifferent approcher : les frégates
» ont en général une peau très-pendante, d'un rouge bril-
» lant, qu'elles peuvent étendre jufqu'à la largeur de la
» main d'un homme, & qui reffemble à la poche d'un
» pélican. Tous ces rochers ne nous offrirent pas plus de
» dix plantes féches, feulement de deux fortes, une efpèce
» d'efpurge, & un liferon (*Euphorbia origanoides, & con-*
» *volvulus per capræ.*)

30.

» LE 30, au matin, nous débarquâmes une feconde fois,
» & traverfant la plaine, nous parvînmes à un courant de
» lave prodigieux, entrecoupé de plufieurs canaux de fix
» à huit verges de profondeur, qui paroiffoient évidemment
» avoir été formés par de vaftes torrens, mais qui étoient
» alors parfaitement fecs, parce que le Soleil parcouroit
» l'hémifphère feptentrional : ces fillons renfermoient une
» petite quantité de fol, d'une terre noire volcanique, mêlée
» de quelques particules blanchâtres graveleufes au toucher.
» Nous y remarquâmes de petites touffes de pourpier, &
» une efpèce d'herbe (*panicum fanguineum*), qui croiffoit
» dans ce fol fec.

» DURANT ces petites excurfions fur l'Ifle, le Soleil
» brûloit & couvroit de boutons notre vifage, &
» échauffoit tellement la terre, que nous eûmes mal aux
» pieds. »

L'ISLE DE L'ASCENSION a environ dix milles de longueur,
dans la direction du N. O. & du S. E., & environ cinq ou fix
de large. Elle préfente une furface compofée de collines

ANN. 1775.
Mai.

& de vallées ftériles, fur la plupart defquels on ne voit pas un arbriffeau, ou une plante dans l'efpace de plufieurs milles, & où nous ne trouvâmes rien que des pierres & du fable, où plutôt des fcories & des cendres; figne indubitable que l'Ifle a été jadis bouleverfée par un volcan qui a vomi des amas prodigieux de pierres, & même des collines entiéres. Entre ces tas de pierres, j'ai remarqué une furface unie & plate, compofée de cendres & de fable, fur laquelle le marcher eft très-bon; mais il n'eft pas plus dangereux de marcher fur des morceaux de bouteilles caffées que fur les pierres; fi le pied manque, vous êtes fûr de vous rendre boiteux, ce qui eft arrivé à quelques perfonnes de notre équipage. Une montagne élevée au S. E. extrémité de l'Ifle, femble encore dans fon état primitif; je crois qu'elle a échappé au bouleverfement général. « C'eft du moins ce que nous jugeâmes d'après les » obfervations que nous y fîmes. » Son fol eft une efpèce de marne blanche, qui conferve encore fa propriété végétative, & qui produit une forte de pourpier, une épurge & un ou deux gramens. (*Lonchitis*, *Afcenfionis* & *ariftida Afcenfionis*,) « ainfi nommée par Linnée, parce qu'elle » eft particuliere à l'Ifle. » Les chèvres fe nourriffent de ces herbages, & c'eft à cette partie de l'Ifle qu'elles fe tiennent ainfi que les crabes de terre, qu'on dit être fort bons.

ON M'A ASSURÉ que, dans ce canton de l'Ifle, il y a de bonnes terres, dont on peut tirer des productions utiles, & que quelques Habitans y ont déjà femé des turneps & d'autres végétaux utiles. J'ai appris auffi qu'il y a une belle fource dans une vallée, qui fépare les deux collines au fommet de la montagne mentionnée ci-deffus, outre une

Z 2

grande quantité d'eau douce qui remplit les trous des rochers; la personne qui m'a dit ceci, croyoit que les pluies y rassembloient l'eau; mais il y en a trop peu pour en fournir les Navigateurs; elle peut seulement être utile à ceux qui voyagent dans l'intérieur du pays, ou qui ont le malheur de faire naufrage sur l'Isle, ce qui étoit arrivé depuis peu, car nous avons vu des débris d'un vaisseau sur le côté N. E.: autant que nous avons pu en juger, il paroît que c'étoit un bâtiment d'environ cent cinquante tonneaux.

« JE SUIS PERSUADÉ qu'avec un peu de peine, on rendroit bientôt l'Ascension propre à être habitée; l'introduction du genêt épineux (*Eulex Europæus*,) & de quelques autres plantes, qui croissent très - bien dans un sol brûlé, & qui ne sont pas mangés par les rats ou les chèvres, produiroient bientôt le même effet qu'à Sainte-Hélène; l'humidité que les hautes montagnes attirent de l'athmosphère dans le centre de l'Isle, ne s'évaporeroit plus par l'action du Soleil; mais elle formeroit des ruisseaux, & fourniroit peu-à-peu de l'eau à toute l'Isle. Un gazon couvriroit par-tout la surface du sol, & l'accroîtroit chaque année, jusqu'à ce qu'on y plantât des végétaux plus utiles. »

TANDIS que nous étions dans la rade un sloupe d'environ soixante-dix tonneaux mouilla près de nous: il appartenoit à la Nouvelle-York, d'où il étoit parti au mois de Février, & ayant conduit à la côte de Guinée une cargaison de marchandises, il venoit prendre ici des tortues pour

les porter aux Barbades. C'eſt du moins l'Hiſtoire que
me fit le Maître, qui ſe nommoit *Grêves*. Peut-être diſoit-
il une partie de la vérité ; mais je crois qu'il relâchoit à
l'Iſle de l'Aſcenſion, principalement afin d'attendre la rencontre de quelques vaiſſeaux de l'Inde. Il étoit dans l'Iſle
depuis environ une ſemaine, & il avoit déjà pris vingt tortues. Un ſloupe des Bermudes appareilla peu de jours
avant notre arrivée, avec 155 tortues. Comme l'Equipage
ne pouvoit pas en emporter un plus grand nombre ; après
en avoir tourné beaucoup d'autres ſur les différentes greves
ſablonneuſes, ils les avoient ouvertes pour en arracher
les œufs, & ils avoient laiſſé les carcaſſes pourrir ; action
inhumaine & nuiſible aux Navigateurs. Une partie de
ce que j'ai dit de l'Aſcenſion, m'a été communiqué par
le Capitaine Greves, qui paroiſſoit être un homme d'eſ-
prit, & qui avoit traverſé toute l'Iſle. Il fit voile le même
jour que nous.

ANN. 1775.
Mai.

ON M'A APPRIS que les tortues ſe trouvent ſur cette Iſle depuis le mois de Janvier, juſqu'à celui de Juin. Voici comment on la prend. On place différentes perſonnes ſur les
greves ſablonneuſes, pour les guetter lorſqu'elles viennent
ſur la côte dépoſer leurs œufs, ce qui leur arrive toujours
pendant la nuit ; alors on les tourne ſur leur dos, & on va
les chercher le lendemain.

ON NOUS RECOMMANDA d'aller pluſieurs à-la-fois
à chaque greve, de nous tenir tranquilles, juſqu'à ce
que la tortue fût à terre ; de nous lever enſuite & de la
tourner tout d'un coup. Cette méthode eſt peut-être la

30;

meilleure, quand les tortues font en grand nombre, mais quand il y en a peu, trois ou quatre hommes fuffifent pour la grève la plus étendue, & s'ils font la patrouille la nuit près de la ligne où bat la houlle, ils verront toutes celles qui arrivent fur la côte, & ils produiront moins de bruit que s'ils étoient plus de monde; c'eft de cette manière que nous avons pris la plupart de celles que nous embarquâmes, & c'eft celle que fuivent les Américains. Il eft très-fûr que toutes les tortues qu'on trouve aux environs de cette Ifle, y viennent uniquement afin de dépofer leurs œufs; car nous n'avons trouvé que des femelles, & de toutes celles que nous avons prifes, aucune n'avoit l'eftomac un peu rempli; figne affuré, fuivant moi, que depuis long-tems elles n'avoient point pris de nourriture; voilà peut-être pourquoi leur chair ne fut pas auffi bonne que celle de quelques-unes que j'ai mangées fur la côte de la Nouvelle-Galles méridionale.

LA MONTRE indiquoit 8ᵈ 45′ de différence de longitude entre Sainte-Hélène & l'Afcenfion; ce qui, joint à 5ᵈ 45′, longitude du fort James à Sainte-Hélène, donna 14ᵈ 34′, pour la longitude de la rade de l'Afcenfion, ou 14ᵈ 30′ pour le milieu de l'Ifle qui gît par 8ᵈ de latitude S. les obfervations de Lune faites par M. Wales, & réduites au même point de l'Ifle, par la montre, donnerent 14ᵈ 28′ 30″ de longitude Oueft.

31.
LE 31 de Mai, nous quittâmes l'Afcenfion, & je gouvernai au Nord avec un bon vent du S. E. ¼ E.; j'avois grande envie de relâcher à l'Ifle Saint-Matthieu, pour déterminer fa pofition, mais les vents s'y oppofoient; je mis le Cap vers l'Ifle de Fernando de Noronho, fur la côte du Bréfil,

afin de déterminer fa longitude qui ne l'a pas encore été.
J'aurois peut-être rendu un plus grand fervice à la Navigation, fi j'étois allé rechercher l'Ifle de Saint-Paul, & ces
bancs qu'on dit être près de l'équateur, & à-peu-près par
lé vingtieme paralelle Oueft ; car on n'eft pas affuré de
leur exiftence, ou du moins on ne connoît pas bien leur
pofition ; mais je ne voulois point prolonger le paffage, en
cherchant ce que je n'étois pas fûr de rencontrer ; d'un
autre côté cependant, pour arriver en Angleterre une femaine ou quinze jours plutôt, je ne voulois point négliger
des objets qui pouvoient tendre au progrès de la Navigation
ou de la Géographie : il eft rare que des occafions pareilles
fe préfentent & quand on les trouve, on les néglige trop
fouvent.

Ann. 1775.
Mai.

Durant la traverfée de l'Afcenfion à Fernando de Noronho, nous eûmes des vens très-frais, qui foufflerent entre
le S. E. & l'E. S. E., accompagnés d'un bon tems clair, &
comme la Lune brilloit, nous ne paffions pas vingt-quatre
heures fans faire des obfervations de cette planete, pour
déterminer notre longitude. Dans la route, la déclinaifon
de l'aimant diminua peu-à-peu du 11^d Oueft (point de déclinaifon à l'Ifle de l'Afcenfion,) à 1^d O. que marqua la
bouffole, en travers de Fernando de Noronho ; ce fut le
réfultat-moyen de deux compas, dont l'un donna 1^d 37$'$,
& l'autre 23$'$ Oueft.

Le 9 de Juin, à midi, nous découvrîmes l'Ifle de Fernando
de Noronho qui nous reftoit au S. O. $\frac{1}{4}$ O. $\frac{1}{2}$ O. à fix ou
fept lieues, ainfi que nous le reconnûmes enfuite par le
lok : elle fe montroit en collines détachées & à pic, dont

9 Juin.

la plus grande reſſembloit à la tour ou au clocher d'une Egliſe. En approchant de la partie S. E. de l'Iſle, nous apperçûmes pluſieurs rochers couverts, ſéparés les uns des autres ; ils giſſent à près d'une lieue de la côte, & la mer, en ſe briſant ſur eux, forme une groſſe houle. Après avoir porté près de ces rochers, nous arborâmes notre pavillon, & j'arrivai enſuite autour de l'extrémité ſeptentrionale de l'Iſle ou plutôt autour d'un grouppe de petits Iſlots ; car nous remarquâmes que des chemins étroits diviſoient la terre. Il y a une bonne fortereſſe ſur l'un des Iſlots près de la grande Iſle, qui contient pluſieurs autres Forts. Ces différens Forts ſemblent jouir de tous les avantages poſſibles, & ils ſont placés de maniere qu'ils commandent à tous les mouillages & à toutes les Places de débarquement autour de l'iſle. Je continuai à marcher autour de la pointe Septentrionale, juſqu'à ce que nous vîmes les greves de ſable (devant leſquelles il y a une rade pour les vaiſſeaux) & les Forts & les collines à pic qui ſont à l'Oueſt de cette pointe. Comme on tira un coup de canon de l'un des Forts, je pris un pavillon Portugais, & tous les autres Forts ſuivirent cet exemple. L'objet pour lequel je cherchai cette Iſle étant rempli, je ne voulois point mouiller : après avoir tiré un coup de canon ſous le vent, nous fîmes de la voile, & je mis le Cap au Nord avec un bon vent frais de l'Eſt S. E.; la colline à pic ou la tour de l'Egliſe, nous reſtoit au Sud 27^d O. à environ quatre ou cinq milles : de ce point de vue, elle penche à l'Eſt ; elle eſt à-peu-près au milieu de l'Iſle, qui n'a nulle part plus de deux lieues d'étendue, & qui offre une ſurface montueuſe & inégale, principalement couverte de bois & d'herbages.

ULLOA

ULLOA dit : « Cette Isle a deux Havres capables de rece-
» voir les vaisseaux du plus grand Port ; l'un au côté du
» Nord, & l'autre sur le Nord-Ouest : le premier est à tous
» égards le meilleur, par l'abri qu'il présente, par l'étendue
» & la bonté du fond ; mais tous les deux sont exposés au
». Nord & à l'Ouest, quoique ces vents, & en particulier
» ceux du Nord, soient périodiques, & de peu de durée. »
Il ajoute, qu'on mouille dans le Havre Septentrional,
(auquel je donnerois simplement le nom de *Rade*,) par
treize brasses d'eau, à un tiers de lieue de la côte, fond de
beau sable ; la colline à pic dont on a parlé plus haut restant
au S. O. 3^d vers le Sud (*a*).

CETTE RADE semble être bien à l'abri des vents du Sud
& de l'Est. L'un de nos Matelots avoit été à bord d'un vaisseau Hollandois de l'Inde, qui relâcha à cette Isle en 1770,
à son retour en Europe : les gens de l'Equipage furent très-
malades, faute de rafraîchissemens & d'eau : ils acheterent
des buffles & quelques volailles ; & ils firent de l'eau derriere
l'une des greves, dans un petit étang, qui avoit à peine assez
de profondeur pour qu'on pût y plonger un sceau. En rap-
portant à la colline à pic, la latitude observée à midi, elle est
par 3^d 53′ Sud, & sa longitude mesurée suivant la montre,
vérifiée à Sainte-Hélène, est de 32^d 34′ Ouest, & suivant
des Observations de Soleil & de Lune, faites avant & après
notre arrivée par le travers de cette Isle, rapportées à l'Isle,
& par la Montre, de 32^d 44′ 30″ Ouest. Ce fut le résultat

(*a*) *Voyez* le Livre de Don Antonio d'Ulloa, *Vol. II*, *chap.* 3, *pag.*
95, &c. ; on y trouve une Description fort détaillée de cette Isle.

moyen de mes Observations; le réfultat de celles de M. Wales, qui furent plus nombreufes, donna 32ᵈ 23′. Le milieu de ces deux quantités approchera affez de celle de la Montre, & probablement du point véritable. En connoiffant la longitude de l'Ifle, nous pouvons déterminer celle de la côte Eft adjacente du Bréfil, que les Cartes modernes placent à environ 60 à 70 lieues plus à l'Ouest. Nous aurions pu, en fûreté, nous fier à ces Cartes, fur-tout à celle des variations, pour 1744, & à celle qu'a tracé M. Dalrymple de l'Océan Atlantique (a).

« AMERIC VESPUCE rencontra cette Ifle dans fon qua-
» trieme Voyage en Amérique, dès l'année 1502 (b). On
» ne fait pas cependant d'où elle a reçu le nom qu'elle
» porte. En 1733, la Compagnie Françoife y forma un
» petit établiffement; mais les Portugais réclamerent cette
» Ifle & en prirent poffeffion en 1739 (c): fuivant les
» Cartes des François, tout l'intérieur de l'Ifle confifte en

---

(a) Ulloa dit que la Carte place cette Ifle à 60 lieues de la Côte du Bréfil, & que les Pilotes Portugais, qui font fouvent ce Voyage, la fuppofent à 80 lieues; mais, en prenant le milieu entre ces deux quantités, on pourra fixer la diftance à 70 lieues.

(b) « Voyez le Recueil de Ramufio, Tome I.

(c) « On a publié un très-beau Plan de l'Ifle, dans la Carte de
» M. Buache, intitulée : Carte de la partie de l'Océan, vers l'Equateur,
» entre les Côtes d'Afrique & d'Amérique, 1731. Cette Carte a été faite
» pour prouver que certains bas-fonds, (on fait à préfent qu'ils n'e-
» xiftent pas,) produifent les différens courans obfervés dans cette
» partie de la Mer; les Philofophes ont conftruit là-deffus plufieurs fyftê-
» mes, qui par conféquent font mal fondés.

» plaines étendues, entourées de plusieurs collines le long
» des côtes de la Mer (a).

» L'ISLE nous a paru bien boisée dans toutes ses
» parties; quelques-unes de ses Montagnes semblent
» volcaniques, quoiqu'elles soient couvertes d'une riche
» verdure, qui ne laisse pas appercevoir la moindre trace
» de végétation. »

LE 11, à trois heures de l'après-midi, nous passâmes
l'Equateur par 32ᵈ 14′ de longitude Ouest. Nous avions
des vents frais de l'E. S. E.; ils souffloient par raffales, accompagnées d'ondées de pluie, qui tomba à certains intervalles, jusqu'à midi du lendemain: nous eûmes ensuite vingt-
quatre heures de beau tems.

11.

12.

LE 13, à midi, par 3ᵈ 43′ de latitude Nord, & 31ᵈ 47′
de longitude Ouest, le vent devint variable entre le Nord-
Est & le Sud, & nous avions de légers souffles de vents, &
de tems en tems des raffales, accompagnées de grosses
ondées de pluie, & le plus souvent d'un tems sombre &
nébuleux, qui continua jusqu'au soir du 15: par 5ᵈ 47′ de
latitude Nord, & 31ᵈ de longitude Ouest, nous eûmes trois
jours de calmes, & pendant ce tems, nous n'avançâmes pas de plus de dix ou douze lieues au Nord.
Nous avions tour-à-tour, du beau tems & de la pluie:

13.

15.

(a) » L'on peut consulter le Voyage à l'Amérique Méridionale
» d'Ulloa; on y trouvera une Description de l'établissement des
» Portugais. »

A a 2

quelquefois de gros & épais nuages se fondoient en pluie très-abondante.

18.

19.

A SEPT HEURES DU SOIR, du 18, le calme fut suivi d'une brise de l'Est. Le lendemain, après s'être accru, elle tourna & se fixa au Nord-Est, & nous forçâmes de voiles au Nord-Ouest. Nous crûmes avoir atteint le vent alisé Nord-Est, parce qu'il étoit accompagné d'un beau Ciel; quoiqu'il tombât, de tems en tems, un peu de pluie. En avançant au Nord, le vent s'accrut & souffla grand frais.

21.

LE 21, je fis adapter l'alambic à la plus grande chaudiere, qui tenoit environ 64 gallons : on alluma le feu à quatre heures du matin, & à six, l'alambic commença à distiller : la distillation dura jusqu'à six heures du soir ; &, dans cet espace de tems, nous obtînmes 32 gallons d'eau douce, après avoir consommé un boisseau & demi de charbon, environ les trois quarts d'un boisseau de plus qu'il n'en falloit pour cuire le dîner de l'Equipage; mais je ne faisois pas attention à cette consommation. Les alimens s'apprêtoient dans la petite chaudiere.

LE MERCURE, dans le thermomètre, se tenoit à midi, à $84^d \frac{1}{2}$, & en mer il est rare de le voir au-dessus. S'il avoit été plus bas, j'aurois sans doute obtenu une plus grande quantité d'eau; car plus l'air est froid, plus il est aisé de réfroidir l'alambic, qui alors condense plus vîte la vapeur : en tout c'est une invention utile, mais je ne conseillerois pas de s'y fier, quoiqu'avec des chaudieres & beaucoup de charbon, on puisse se procurer assez d'eau pour la subsistance d'un Equipage, tous les efforts possibles n'en donneront pas assez pour maintenir la santé des Matelots, sur-tout dans les climats chauds : je suis convaincu que rien ne contribue plus à la santé des Marins, qu'une grande quantité d'eau.

Ann. 1775. Juin.

Le vent restoit invariablement fixé au N. E. & à l'E. N. E., & il souffloit par raffales, accompagnées d'ondées de pluie, & le Ciel étoit communément nébuleux.

Le 25, par 16ᵈ 12′ de latitude Nord, & 37ᵈ 20′ de longitude Ouest, voyant un vaisseau au-dessus du vent, gouverner près de nous, nous diminuâmes de voiles pour le héler ; mais reconnoissant, à son Pavillon, qu'il étoit Hollandois, nous refîmes de la voile, & nous le laissâmes poursuivre sa route : il alloit probablement à quelques-unes des Colonies des Provinces-Unies dans les Isles d'Amérique. Par 20ᵈ de latitude Nord, & 35ᵈ 45′ de longitude Ouest, le vent tourna à l'E. ¼ N. E. & à l'E. ; mais le Ciel resta le même, c'est-à-dire, qu'il fut clair & nébuleux par intervalles, avec de petites raffales & de la pluie. Notre route fut entre le N. O. ¼ N. & le N. N. O. jusqu'à midi du 28. Je marchai ensuite N. ¼ N. O. étant par 21ᵈ 21′ de latitude N., & 40ᵈ 6′ de longitude Ouest. Le vent se mit après à souffler avec un peu plus de force, & fut accompagné d'un beau tems clair. A deux heures du matin du 30, par 24ᵈ 20′ de latitude Nord, & 40ᵈ 47′ de longitude Ouest, un bâtiment qui cingloit à l'Ouest, passa près de nous. Nous jugeâmes qu'il étoit Anglois; car il nous répondit dans notre langue quand nous le hélames : mais nous ne pûmes pas entendre ce qu'il dit, & dans le moment, nous le perdîmes de vue.

PAR 29ᵈ 30′ de latitude, & 41ᵈ 30′ de longitude, le vent mollit, & tourna plus au S. E. Nous commençâmes à voir quelques-unes de ces plantes de mer, qu'on appelle communément goëſmon du Golfe, parce qu'on ſuppoſe qu'il vient du Golfe de la Floride ; cela peut être, mais il n'eſt pas néceſſaire d'aller ſi loin pour expliquer ſa formation, car il croît certainement en pleine mer. Nous continuâmes à en voir, mais toujours en petits morceaux, juſqu'à 36ᵈ de latitude, & 39ᵈ de longitude Oueſt, & paſſé ce point, nous n'en apperçûmes plus.

LE 5 de Juillet par 32ᵈ 31′ 30″ de latitude N., & 40ᵈ 29′ de longitude Oueſt, le vent tourna à l'Eſt, & s'affoiblit. Le lendemain, il y eut calme : les deux jours ſuivans, nous eûmes de petits ſouffles de vents variables & des calmes tour-à-tour.

» LES LATITUDES où regnent ces calmes, ſont appelées » *Latitudes des chevaux* par les Marins qui traverſent ſou- » vent l'Océan d'Europe en Amérique, parce qu'ils ſont » funeſtes aux chevaux & aux autres animaux qu'on tranſ- » porte au nouveau monde. »

ENFIN le 7, après s'être fixé au S, S. O., le vent devint

très-frais ; j'en profitai pour gouverner d'abord au N. E.,
& ensuite à l'E. N. E. dans la vue de découvrir quelques-
unes des Açores ou des Isles de l'Ouest. Le 11, par 36ᵈ
45′ de latitude N., & 36ᵈ 45′ de longitude Ouest, nous
apperçûmes une voile qui portoit le Cap à l'Ouest, & le
lendemain nous en vîmes trois autres.

CHAPITRE XI.

Arrivée de la Réfolution à l'Ifle de Fayal,
Defcription des Açores. Retour de la Réfo-
lution en Angleterre.

ANN. 1775.
Juillet.

14.

LE 13, à cinq heures du foir, nous découvrîmes l'Ifle de
Fayal, une des Açores, & bientôt après celle du Pic, au-
deffous de laquelle nous paffâmes la nuit à faire de petits
bords. Le lendemain, à la pointe du jour, je gouvernai
fur la Baie Fayal ou de Horta, où à huit heures nous mouillâmes par vingt braffes, fond de fable propre, & à un peu
plus d'un demi-mille de la côte. On plaça les Amarres N. E.
& S. O. : le Maître du port, qui vint à bord avant qu'on
jetât l'ancre, nous donna cet avis. Quand nous fûmes amarrés,
la pointe S. O. de la Baie, nous reftoit au S. 16ᵈ O. & la
pointe N. E. au N. 33ᵈ E.; l'Eglife à l'extrémité N. E. de
la ville, au N. 38ᵈ O.; la pointe Oueft de l'Ifle Saint-
George, au N. 42ᵈ E. à la diftance de huit lieues, & l'Ifle
du Pic s'étendoit du N. 47ᵈ E. au S. 46ᵈ E., à quatre ou
cinq milles.

Nous TROUVAMES dans la Baie la Pourvoyeufe, groffe
Frégate Françoife, un Sloupe Américain, & un Brigantin de
l'Ifle : ce Brigantin étoit dernièrement arrivé de la rivière
des Amazones, où il avoit pris des provifions pour les Ifles
du Cap

du Cap verd ; mais, ne pouvant pas retrouver ces Isles, il gouverna sur cette place, où il mouilla une demi-heure avant nous.

COMME je relâchois ici uniquement pour donner à M. Wales une occasion de déterminer la marche de la Montre, & être en état de fixer, avec quelque degré de certitude, la longitude de ces Isles ; au moment où nous mouillâmes, je chargeai un Officier d'aller faire visite au Consul Anglois, & d'informer ensuite le Gouverneur de notre arrivée, en le priant de permettre à M. Wales de faire des observations à terre. M. Dent, qui exerçoit les fonctions de Consul en l'absence de M. Gathorne, nous procura non-seulement cette permission, mais il donna, dans son propre jardin, un endroit où on plaça les instrumens d'une maniere commode; de sorte que M. Wales put observer des hauteurs égales, le même jour.

M. DENT eut d'ailleurs la bonté de nous rendre tous les services qui dépendoient de lui.

« L'OFFICIER qui fut d'abord envoyé à terre, ayant ordre
» de négocier la grande affaire du salut, le Commandant
» lui ayant répondu que le Fort rendoit toujours deux coups
» de moins qu'il n'en recevoit, M. Cook ne jugea pas à
» propos de lui faire de compliment.

» IMMÉDIATEMENT après notre dîné, nous accompa-
» gnâmes M. Cook à terre, mon Pere & moi : en débar-
» quant nous reconnûmes pourquoi le Portugais avoit refusé

» de rendre notre salut en entier. Les canons pofoient fur
» des affuts pourris, qu'il n'étoit pas prudent d'expofer au
» choc d'une décharge, & la plupart embaraffoient un
» rempart beaucoup trop petit, pour qu'on pût les y tirer.
» On nous informa d'ailleurs que la dépenfe de la poudre
» en ces occafions, avoit été jugé inutile par le Miniftre
» Econome (a), qui gouvernoit le Portugal.

» LA VILLE eft pavée de grandes pierres affez propres,
» parce qu'on y marche peu. Les maifons font conftruites
» exactement, comme celles de Madere, avec des balcons
» avancés, couvertes d'un toit au fommet, & garnies de
» jaloufies.

» LES COLLINES derriere la Ville, nous parurent remplis
» de belles maifons, de jardins, de bocages, & de différens
» bâtimens qui annonçoient une grande population, &
» donnoient l'idée de l'abondance.

» NOUS RENCONTRAMES chez M. Dent un Prêtre Por-
» tugais, qui parloit mieux latin que tous les Moines des
» Couvens, & qui paroiffoit très-éclairé & d'un grand fens:
» il n'avoit aucun des préjugés, qu'on reproche à fes Com-
» patriotes; il nous communiqua un Journal de Littérature
» & de Politique, en Efpagnol, qu'on lit maintenant dans
» tous les Domaines du Portugal; car M. de Pombal a dé-
» fendu d'imprimer, en Portugal, aucune efpèce de gazette
» ou de papier. Ce réglement eft fort bon pour tenir la

(a) M. de Pombal.

« Nation dans une profonde ignorance, & y maintenir un
« Gouvernement tyrannique.

» LE LENDEMAIN, nous allâmes voir les Officiers de la
» Frégate Françoise : ils logeoient chez une veuve Angloise,
» qui se nommoit madame Milton ; lorsque cette bonne
» femme apprit que nous venions de faire le tour du monde,
» elle versa un torrent de larmes ; nous lui rappellions la
» mort cruelle d'un de ses fils, qui étoit sur le vaisseau du
» Capitaine Furneaux, & qui fut au nombre des malheu-
» reux tués & mangés par les Zélandois. Son affliction étoit
» si profonde, si pathétique & si intéressante qu'elle nous
» attendrit tous : nous pensâmes qu'il y a en Europe & dans
» les mers du Sud, beaucoup de Meres qui déplorent ainsi
» la perte de leurs fils, & qui maudissent la folle activité
» des humains. Cette respectable femme vouloit du moins
» dans sa douleur assurer le bonheur & la tranquillité d'une
» fille de quatorze ans qui lui restoit, & elle ne trouvoit
» pas d'autre moyen que de la faire religieuse.

» Nous fîmes ensuite une promenade sur les collines :
» les champs nous parurent bien cultivés & en bon état :
» le bled que sement les Insulaires, est sur-tout de l'espèce
» barbu ; près des maisons, nous apperçûmes des champs
» de concombres, de gourdes, de melons ordinaires, & de
» melons d'eau : les vergers fournissent des citrons, des
» oranges, des prunes, des abricots, des figues, des poires
» & des pommes : il y a peu de choux & les carottes dégé-
» nerent & deviennent blanches, ce qui oblige les Habitans
» de faire venir, chaque année, des graines nouvelles d'Eu-
» rope. Ils plantent par ordre du Gouvernement une grande

» quantité de patates, & ils les vendent à bon marché,
» parce qu'ils ne les aiment pas. Les oignons & l'ail, légumes
» dont les Portugais font un grand cas, font abondans fur
» cette Ifle, ainfi que les fraifes & le *folanum lycoperficon*,
» dont ils appellent le fruit tomatos.

» LES CHEVAUX font petits & paroiffent mauvais, mais
» les ânes & les mules font plus nombreux, & peut-être
» plus utiles dans cette Ifle remplie de collines. Les che-
» mins font meilleurs qu'à Madere, & en général tout
» annonce une plus grande induftrie : le bruit affourdiffant
» que produifent leurs chariots, eft cependant défagréable,
» & il provient de leur lourde conftruction ; les roues font
» compofées de trois groffieres pièces de bois, garnies de
» fer & attachées à un axe mal façonné qui tourne avec
» les roues.

» EN GÉNÉRAL, les Habitans font plus blancs que ceux
» de Madere ; leurs traits ont quelque chofe de plus doux. Le
» vêtement des hommes & des femmes eft auffi plus agréable:
» quand celles-ci vont à la Ville, elles mettent un manteau
» qui couvre leur tête, & fe rattache à la ceinture ; elles
» n'y laiffent qu'une ouverture pour les yeux.

» PAR-TOUT, nous trouvions les Infulaires occupés ;
» ils travailloient aux champs, ou dans leur maifon, ce qui
» produit une autre différence frappante entre cette Ifle
» & Madere.

» NOUS RODAMES parmi des bocages & des arbriffeaux,

» au sommet des collines, & nous y apperçûmes une grande
» quantité de myrtes, au milieu des trembles, des bou-
» leaux ou des hêtres, qui étant appellé *faya (fagus,)*
» en langue Portugaise, ont, à ce qu'on dit, donné à
» l'Isle le nom de Fayal.

» Du haut de ces collines on jouit d'un charmant
» coup-d'œil : nous voyions à nos pieds la Ville & la rade,
» & devant nous l'Isle du Pic, éloignée de deux ou trois
» lieues. Nous entendions de toutes parts le chant des ca-
» naries & d'autres oiseaux : leur mélodie nous enchantoit
» d'autant plus qu'elle nous rappelloit des idées & des sen-
» sations auxquelles nous étions accoutumés. Dans la mul-
» titude d'oiseaux, qui remplissent le pays, nous remar-
» quâmes un nombre prodigieux de cailles ordinaires, de
» bécasses d'Amérique, une petite espèce de faucons,
» appelés en Portugais, *Açores*, & qui delà ont donné
» le nom à ces Isles. L'extrême chaleur du Soleil, nous
» obligea de retourner à la Ville vers midi.

» L'après-dînée j'accompagnai M. Wales, M. Patton,
» M. Hodges & M. Gilbert dans une autre excursion.
» Après avoir passé devant le couvent des Capucins de
» S. Antoine, sur la colline, desirant d'examiner un ruisseau
» qui, à quelque distance de-là, embellissoit le paysage, nous
» engageâmes deux petits garçons à nous servir de con-
» ducteurs. Nous traversâmes ensuite des collines & des
» bocages pittoresques, où M. Hodges prit plusieurs dessins,
» & nous découvrîmes bientôt une belle plaine de champs
» de bled & de pâturages, au milieu de laquelle se trouve

» le village de Notre-Dame de la Luz ; entouré de
» trembles & de hêtres ; à cet endroit, notre troupe se
» sépara ; nous nous rendîmes M. Hodges, M. Patton &
» moi, auprès du ruisseau : enfin nous l'atteignîmes & nous
» fûmes un peu étonnés de voir le lit large & profond d'un
» torrent presque entièrement sec, excepté à un endroit
» où le ruisseau, peu considérable, sembloit rouler ses eaux
» parmi les rochers & les pierres. Nous longeâmes le lit
» du ruisseau, qui, à ce qu'on nous dit, est plein jusqu'au
» bord en hiver, tems ordinaire des pluies dans cette Isle.
» Les Habitans attendoient une pluie, & c'est pour cela
» qu'ils avoient mis dans le lit à sec du torrent, de grandes
» quantités de lin, afin de le tremper. Ce lin paroissoit long
» & de bonne qualité, & on en fait des toiles grossieres ;
» la pluie survint effectivement, dès que nous fûmes de
» retour à la Ville, & on me dit qu'elle seroit infiniment
» utile, qu'elle grossiroit les raisins, qui sans cela n'excè-
» dent pas la grosseur des groseilles.

» Durant mon absence, mon Pere avoit conversé
» avec plusieurs Portugais, & sur-tout avec le Prêtre dont
» j'ai déjà parlé, & il nous apprit les particularités sui-
» vantes.

» Les Açores furent découvertes pour la premiere fois,
» en 1439, par des vaisseaux Flamands: plusieurs familles
» des Pays-Bas s'établirent à l'Isle de Fayal, & une des
» Paroisses porte encore le nom de Flamingos ; c'est pour
» cela que quelques-uns des anciens Géographes les ont
» appellé Isles Flamandes. En 1447, les Portugais décou-

» couvrirent l'Isle de Sainte-Marie, qui est la plus orientale
» de ce grouppe, ensuite Saint-Michel & Tercere. Cabral,
» Commandant de l'Almuros, s'établit à Tercere, en 1449,
» & fonda la ville d'Angra. On reconnut successivement les
» Isles de Saint-George, de Graciosa, du Pic & de Fayal,
» & on y fit des établissemens ; & enfin on découvrit les
» deux plus occidentales du grouppe, & on les appela
» *Flores* & *Corvo*, à cause de la grande quantité de
» fleurs qu'il y a sur l'une, & de corneilles qu'on trouve
» sur l'autre. Le Gouverneur actuel, Don Almado, est uni-
» versellement estimé par son caractere & par le bien qu'il
» a fait à ces Isles : on l'a continué six ans dans sa place, quoi
» qu'on ne la possède communément que trois années. On
» attendoit, chaque jour, de Lisbonne son successeur, ainsi que
» l'Evêque d'Angra. Le Diocèse de cet Evêque s'étend sur
» toutes les Açores, & il a douze Chanoines dans sa Ca-
» thédrale. Il a pour revenu trente *muys* de bled : le
» muid qui est de vingt-quatre boisseaux, vaut 4 liv. sterlings
» au plus bas prix, par conséquent il a au moins 1200 liv.
» sterlings par année. Chaque Isle est commandée par un
» *Capitan Mor*, qui est une espèce de député Gouverneur,
» qui a l'inspection de la police, de la milice, & des revenus
» du Roi. Il y a un Juge dans chaque Isle ; mais on appelle
» de ses sentences, à un Tribunal plus relevé, qui est à
» Tercere, & de celui-ci à la Cour Suprême de Lisbonne.
» On dit que les Naturels de ces Isles sont très-chicaneurs,
» & qu'ils ont toujours des procès.

» L'ISLE DE CORVO est la plus petite des Açores, &
» elle contient à peine six cens Habitans, qui cultivent

» fur-tout du bled, & qui nourriffent des cochons; ils
» exportent annuellement une petite quantité de lard. L'Ifle
» de Flores eft un peu plus grande, plus fertile & plus
» peuplée; fes exportations montent à fix cens *muys* de bled,
» outre le lard; mais, comme on ne fait point de vin dans
» ces deux Ifles, les Habitans font obligés d'en tirer de
» Fayal pour leur confommation. Un vaiffeau de guerre Efpa-
» gnol, richement chargé, fe perdit fur la côte de Flores, il
» y a plufieurs années; mais on fauva l'équipage & la cargai-
» fon. Ces Efpagnols introduifirent la maladie vénérienne fur
» l'Ifle, où on ne la connoiffoit pas, & leurs richeffes cau-
» fant des tentations irréfiftibles à la plupart des femmes,
» tous les Habitans furent bientôt infectés. Pour expier en
» quelque forte leur crime, ils ont bâti à grand frais une Eglife,
» qui paffe pour le plus bel édifice de toutes les Açores.
» La maladie vénérienne a fait tant de progrès, que comme
» au Pérou & en Sibérie, il n'y a pas un feul individu qui en
» foit exempt.

» FAYAL eft une des plus grandes Ifles du grouppe: elle
» a neuf lieues de long de l'Eft à l'Oueft, & environ quatre
» lieues de large,

» ON S'EMBARASSE peu des Sciences à Fayal, ainfi qu'aux
» Açores & en Portugal. M. de Fleurieu & M. Pingré,
» qui faifoient une campagne pour effayer des Gardes-
» tems, ne purent obtenir la permiffion de débarquer leurs
» inftrumens à Tercere: on avoit peur qu'ils n'attiraffent
» quelque malheur fur l'Ifle (*a*).

_____

(*a*) « M. Wales, notre Aftronome, ne s'expofa pas à un refus: il
» ON VI⁴

» ON MIT, il y a environ deux ans, un Impôt de deux
» reys (*a*) fur chaque *canary* de vin qui fe fait à Fayal &
» à Pico, ce qui équivaut à un peu plus d'un fchelin
» fur la pipe, & produit environ 1000 livres fterlings par
» an; ce revenu étoit deftiné à l'entretien de trois Pro-
» feffeurs qu'on vouloit établir à Fayal, après avoir fubi
» des examens à Lifbonne; mais, dès qu'on eut recueilli l'ar-
» gent, on l'employa à un ufage très-différent, & il fert
» maintenant à payer la garnifon, qui eft cenfée compofée
» de cent hommes; mais il n'y en a pas plus de quarante
» effectifs, fans difcipline & fans armes. Par une fuite de
» cet abus, il n'y a point d'Ecoles publiques pour l'é-
» ducation des enfans, & l'on inftruit feulement ceux qui
» ont le moyen de payer leurs Maîtres : à la vérité, il y a un
» Profeffeur qui a paffé l'examen; mais, comme il ne reçoit
» point d'honoraires, il gagne fa vie en enfeignant les Elé-
» mens du Latin.

» IL FAUT AVOUER que l'Impôt fur le Vin, n'eft pas le
» feul de mal adminiftré : il y en a un autre de deux pour
» cent fur toutes les exportations, dont le produit eft def-
» tiné à l'entretien des fortifications; mais on laiffe les bat-
» teries tomber en ruine, & on envoie l'argent à Tercere,
» où il n'eft pas mieux employé.

» établit fon quart de cercle, & il obferva dans un Jardin de
» la Maifon du Conful Anglois, fans que les Portugais en fuffent
» rien. »

(*a*) » Un *rey* eft environ deux deniers, & un canary eft quelque chofe
» de plus qu'un gallon. »

» LE DIXIEME de toutes les productions des Açores
» appartient au Roi, & le tabac feul dont la Couronne fait
» le monopole, rapporte une fomme confidérable. Quelques
» petites que foient ces Ifles, la poffeffion ne peut pas en
» être indifférente au Portugal.

» L'ISLE DE PICO (ou du Pic) tire fon nom du Pic ou d'une
» haute montagne, fouvent couverte de nuages, qui, par
» leur direction & leur quantité, tiennent prefque lieu de ba-
» romètre aux Infulaires. Cette Ifle, la plus grande & la p lus
» peuplée des Açores, contient 30000 Habitans. Il n'y a
» point de champs de bled ; mais elle eft couverte de vignes,
» qui forment un coup-d'œil enchanteur fur la pointe
» des montagnes. Le bled & les autres denrées de confom-
» mation fe tirent de Fayal : la plûpart des principales
» familles de cette derniere Ifle, ont des poffeffions confi-
» dérables fur la partie occidentale du Pico. La faifon des
» vendanges eft la faifon de la gaieté & de la joie : alors
» le quart ou le tiers des Habitans de Fayal, fe rendent
» avec leurs ménages à Pico. On croit que le raifin qui fe
» mange alors, produiroit trois milles pipes de vin, quoi-
» qu'il n'y ait pas de peuple plus fobre & plus frugal que
» les Portugais. Jadis on faifoit à chaque vendange trente
» milles, & dans les bonnes années trente-fept milles pipes
» de vin ; mais une efpèce de maladie attaqua la vigne, il
» y a quelque tems : les feuilles tomboient lorfque la
» grappe avoit befoin d'être mife à couvert des rayons du
» Soleil (a). Les ceps reprennent peu-à-peu leur vigueur,

(a) J'imagine que cela eft produit par quelqu'efpèce d'Infectes.

» & ils rapportent à préfent dix-huit à vingt milles pipes.
» Le meilleur vin fe fait fur la côte occidentale de l'Ifle,
» dans les vignes qui appartiennent à Fayal. Celui de la
» côte oppofée fe change en eau-de-vie; on tire une pipe
» d'eau-de-vie de trois ou quatre pipes de vin. Le meilleur
» vin eft verd, mais agréable; il a du corps, & il s'améliore
» quand on le conferve. Chaque pipe fe vend 4 ou 5 liv.
» fterlings fur les lieux : on fait une petite quantité de vin
» doux, que les Portugais appelent *paffada*; chaque pipe
» de celui-ci fe vend 7 ou 8 liv. fterlings.

» SAINT-GEORGE eft une petite Ifle étroite très-efcarpée,
» & d'une hauteur confidérable; elle eft habitée par cinq
» mille perfonnes, qui cultivent beaucoup de bled & très-
» peu de vin.

» GRACIOSA a une pente plus douce que Saint-George,
» elle eft très-petite, elle produit principalement du bled,
» & elle a trois mille Habitans; on y fait auffi de mauvais
» vin; il en faut cinq ou fix pipes pour une pipe d'eau-de-
» vie. Graciofa & Saint-George ont des pâturages, & elles
» exportent du fromage & du beurre.

» TERCERE eft après Pico, la plus grande de toutes les
» Açores : il y a beaucoup de bled, & elle produit un
» peu de mauvais vin. Comme c'eft ici que réfident le
» Gouverneur-général & la Cour Supérieure de Juftice,
» elle jouit de quelque importance pardeffus les autres. On
» compte qu'il y a vingt mille Habitans, & fes exportations
» confiftent en bled, qu'on envoie à Lifbonne.

» SAINT-MICHEL est d'une étendue considérable,
» très-fertile & très-peuplée; elle contient environ vingt-
» cinq mille Habitans; ils ne cultivent point de vin, mais
» beaucoup de bled & de lin: avec le lin, on fabrique des
» toiles, dont on charge annuellement trois Vaisseaux pour
» le Brésil. La toile a environ deux pieds de large, & la *vare*
» de ces toiles communes se vend environ un schelin six
» pences. Le principal lieu de cette Isle s'appelle *Ponto de*
» *Gada*.

» SANTA-MARIA, l'Isle la plus au Sud-Est de toutes les
» Açores, produit une grande quantité de bled. Il y a cinq
» mille Habitans: on y travaille une sorte de poterie de
» terre dont on fournit les autres Isles. On y a construit
» dernièrement deux petits Vaisseaux d'un bois qui croît
» sur leur propre Isle.

» SI JE ME SUIS ARRÊTÉ quelque tems sur les Açores, j'es-
» pere que le Lecteur ne m'en saura pas mauvais gré; car
» les Européens y abordant rarement, elles sont peu con-
» nues, quoiqu'elles se trouvent à peu de distance de
» nous.

17.

» LE DIMANCHE 17, nous accompagnâmes le Capitaine
» Cook aux différens Couvens. La plupart des Autels des
» Eglises sont de bois de cèdre, qui parfument agréable-
» ment l'intérieur de l'Edifice. Le soir, nous vîmes une longue
» Procession. Lorsque la Sainte-Hostie passe, on n'insulte pas
» les Etrangers qui ne font point d'acte d'adoration: le
» commerce des Habitans des Açores, avec les Colons
» de l'Amérique Septentrionale, semble avoir diminué

» l'efprit de perfécution dont on accufe quelquefois l'Eglife
» de Rome.

» LE LENDEMAIN, nous fîmes des promenades fur
» les collines au Nord de la Ville, & nous trouvâmes de
» charmans points de vues : tous les chemins font bordés de
» grands arbres touffus, &, des deux côtés, nous étions en-
» vironnés de champs de bled, de jardins & de vergers.
» J'ai appris qu'au fommet d'une des collines, à environ
» neuf milles de la Ville, il y a une profonde vallée circulaire.
» Cette cavité a environ deux lieues de circonférence ; la
» pente de fes flancs eft uniforme par-tout & couverte
» d'herbes abondantes ; on y voit paître des moutons, qui
» font prefque fauvages, quoiqu'ils appartiennent à des
» Particuliers : il y a un Lac d'eau douce rempli de canards :
» on dit que l'eau y a par-tout quatre ou cinq pieds de
» profondeur. Cette excavation, appellée la Caldeira ou
» la Chaudiere, à caufe de fa figure, femble être le cra-
» tere d'un ancien Volcan, & cela eft d'autant plus pro-
» bable, qu'on fait qu'il y a eu d'autres Volcans aux Açores.
» Cette Montagne remarquable, qui s'éleva en 1638, tout
» près des Ifles de Saint-Michel, à la furface de la mer,
» en formant une nouvelle Ifle, a fans doute été produite
» par un Volcan confidérable, & quoiqu'elle foit retombée
» dans les entrailles de la Terre peu de tems après fa forma-
» tion, fon-apparition momentanée prouve que les
» Pics les plus élevés du monde, ne renferment pas
» feuls des feux intérieurs (a) : l'Ifle qui fe montra tout-à-

_____

(a) « Voyez une Defcription de ce Volcan remarquable dans les Mé-

» coup entre Tercère & Saint-Michel, au mois de Novembre
» 1720, étoit exactement de la même nature que les autres
» Volcans. Le sommet élevé du Pico, vomit constamment de
» la fumée, à ce que nous a dit un Capitaine Portugais, qui
» avoit pris la peine de monter jusqu'au sommet; &, quand
» le Ciel est très-clair, on voit cette fumée le grand ma-
» tin, depuis Fayal. Les tremblemens de terre sont aussi
» très-communs sur toutes les Açores, & on en avoit éprou-
» vé plusieurs secousses à Fayal trois semaines avant notre
» arrivée. Il paroît donc que presque toutes les Isles de
» l'Océan Atlantique, comme celles de la Mer du Sud,
» conservent des traces d'anciens Volcans, ou contiennent
» encore à présent des Montagnes brûlantes.

» EN RETOURNANT à la Ville, nous fûmes très-affectés
» de la chaleur qui nous parut grande à cette saison de
» l'année, quoique nous vinssions de la Zone Torride. Ce-
» pendant, en général, le climat des Açores est salubre &
» tempéré; on n'y éprouve jamais les rigueurs de l'hiver:
» à la vérité, les vents sont quelquefois impétueux, & les
» pluies fréquentes; mais il ne gèle, & il ne tombe de la
» neige que sur les parties les plus hautes du Pic. Le
» Printems, l'Automne, & la plus grande partie de
» l'Eté, sont délicieux; car une jolie brise y rafraîchit

» moires de l'Académie des Sciences de Paris, de 1721, *pag.* 26, *ibid.*
» 1722, *pag.* 12; *Phil. Transf. Abridged. vol. VI, pag.* 154, & *Rafpe*
» *fpecimen, Hift. Natur. Glob. Terraquei Amfter.* 1763. M. Rafpe a rassemblé
» tout ce qui est relatif à l'Histoire des Isles volcaniques, connues au tems
» où il écrivoit; & il a traité ce sujet en homme habile & éclairé.

» communément affez l'air, pour adoucir la chaleur du
» Soleil. »

ANN. 1775.
Juillet.

» ON ENVOIE, de Fayal à Lisbonne, des vaisseaux chargés
» de froment & de bled d'Inde, dans les années abondantes.
» On compte quinze mille ames à Fayal, & douze Pa-
» roisses. » Le tiers des Habitans demeurent au lieu principal, qui s'appelle Villa de Horta: la Ville est située au fond
de la Baie, près des bords de la mer, & défendu par deux châ-
teaux, l'un à chaque extrémité, & un rempart en pierre qui
s'étend de l'une des forteresses à l'autre, le long de la côte
de la mer; mais on laisse tomber ces ouvrages en ruine,
& ils sont plus de parade que d'usage. Ils agrandissent la
perspective de la Ville, qui est assez belle de la rade; mais,
si nous en exceptons le collège des Jésuites, les monasteres
& les églises, il n'y a point de bâtimens dont le dedans
ou le dehors soit remarquable. Il n'y a pas dans la place
une seule fenêtre de verre, excepté les vitraux des églises,
& ceux d'une maison de campagne, qui appartenoit dernièrement au Consul Anglois. Toutes les autres sont fermées
avec une jalousie, & aux yeux d'un Anglois, elles ressemblent à des prisons.

CETTE PETITE VILLE, comme toutes celles de la
domination Portugaise, est remplie de bâtimens consacrés
à la Religion; il n'y a pas moins de trois couvens d'hommes
& deux de femmes; huit Eglises y compris celles des cou-
vents, & celle du collège des Jésuites. Ce Collége est un bel

Ann. 1775
Juillet.

édifice placé fur une élévation, dans la partie la plus agréable de la Ville. Depuis l'expulfion des Jéfuites, on l'a laiffé tomber , & dans quelques années, ce ne fera probablement qu'un monceau de ruines.

« Dans l'un des couvens nous trouvâmes vingt Peres
» Cordeliers , & plufieurs Freres lays : ils nous dirent
» qu'ils enfeignent la réthorique , la philofophie & la
» théologie aux jeunes gens de l'Ifle ; le Lecteur peut ima-
» giner comment ils rempliffent ces fonctions : ces moines,
» privés de toute efpèce de moyens d'acquérir des connoif-
» fances, tâchent de vivre en paix fans fe fatiguer à l'étude.
» Les deux couvens de religieufes attirerent enfuite notre
» attention , l'un eft dédié à S. Jean , & contient cinquante
» religieufes de l'Ordre fainte Claire , & autant de domef-
» tiques ou de fœurs converfes. Il y a dans l'autre quatre-
» vingt ou quatre-vingt-dix hommes, de *Noffa Senhora*
» *de Conceiçao*, avec autant de fervantes. Elles nous
» reçurent très-poliment à la grille ; mais nous ne pûmes
» pas caufer avec elles, parce que nous n'entendions pas
» leur langue. Leur prononciation étoit très-douce, & fur
» un ton chantant, qui nous parut d'abord affecté ; mais
» que nous avons obfervé enfuite parmi les Infulaires de
» tous les rangs. Quelques-unes étoient jolies & d'un teint
» très-blanc. S'il faut en croire la centieme partie des
» Hiftoires qu'on nous a contées à Fayal, l'Amour exerce
» un empire abfolu dans ces Cloîtres. »

Durant notre relâche, on fervit à l'équipage du bœuf
frais;

frais, & nous remplîmes environ quinze pièces d'eau,
qu'on porta dans la Résolution sur les bateaux du pays, &
pour cela je payai environ trois schelings la tonne. On permet
aux vaisseaux de faire de l'eau avec leurs propres chaloupes,
mais des inconvéniens multipliés accompagnent cette opération, & d'ailleurs je suivis la coutume la plus générale.

Ann. 1775.
Juillet.

On peut s'y procurer, en provisions fraîches, des végétaux, & des fruits; des cochons, des moutons, & de la
volaille, à un prix assez raisonnable; mais, excepté le vin,
je ne sache pas qu'on y vende des provisions qui se gardent
long-tems en mer. Les jeunes bœufs & les cochons sont très-
bons, mais les moutons sont petits & fort-maigres.

Fayal, quoique la plus célèbre pour le vin, n'en produit
pas une quantité suffisante pour sa consommation; il s'en
fait beaucoup plus au Pico, où il n'y a point de rade pour les
bâtimens; mais comme on l'amene à la Baie de Horta, &
que de-là on l'embarque pour les Pays Etrangers, sur-tout
pour l'Amérique, il a acquis le nom de vin de Fayal.

La Baie ou la rade de Fayal, gît à l'extrémité Est de
l'Isle, devant la ville de Horta & en face de l'extrémité
occidentale du Pico : elle a deux milles de large, trois quarts
de mille de profondeur, & une forme demi-circulaire. Il y
a de vingt à dix & six brasses d'eau, fond de sable, excepté
près de la côte, & en particulier près du Cap S. O., en
travers duquel le fond est de roche; il l'est également en-
dehors de la ligne, qui joint les deux pointes de la Baie,
de forte qu'il n'est pas sûr de mouiller fort avant au large.
Le relevement mentionné plus haut, & pris quand nous

Tome IV.   D d

ANN. 1775.
Juillet.

étions à l'ancre, conduira au meilleur fond; ce n'est point du tout une mauvaise rade, mais les vens les plus à craindre font ceux qui foufflent entre le Sud Sud-Ouest & le Sud-Est; le premier n'est pas fi dangereux que le dernier, parce que, avec celui-là, vous pouvez toujours mettre en mer. Outre cette rade, il y a une petite anfe autour de la pointe Sud-Ouest, appelée *Porto-Pierre*, dans laquelle on m'a dit qu'un ou deux vaiffeaux font affez en fûreté; on y met quelquefois de petits bâtimens en carene.

J'AI APPRIS d'un Capitaine Portugais, qu'à environ une demi-lieue de la rade au S. E., fur une même ligne, entre cette direction & la côte Sud du Pic, il y a un rocher fub-mergé, couvert de vingt-deux pieds d'eau, & fur lequel la mer brife dans les coups de vent qui viennent du Sud; il m'affura auffi, que de tous les bancs qui font marqués dans nos Cartes & nos livres de Pilote, autour de ces Ifles, il n'y en a pas un de réel, excepté un feul qui fe trouve entre les Ifles Saint-Michel & de Sainte-Marie, appelé Hormingam; on peut croire ce rapport, fans négliger de prendre quelques précautions. Il me dit en outre qu'il y a quarante-cinq lieues de Fayal à l'Ifle de Flores, que la marée eft forte entre Fayal & Pico; que le flot porte au N. E., & le juffant au S. O.; mais qu'au large la direction de la marée eft Eft & Oueft. M. Wales ayant obfervé les tems du flot & du juffant près de la côte en conclut que la marée doit être haute dans les pleines & les nouvelles Lunes, à environ 12, & que l'eau s'éleve de quatre ou cinq pieds.

ANN. 1775.
Juillet.

LA DISTANCE entre Fayal & Flores, fut confirmée par M. Rébiers, Lieutenant de la Frégate Françoise, qui me dit qu'après avoir été suivant son estime, à deux lieues au droit Sud de Flores, son bâtiment avoit fait quarante-quatre lieues, dans la direction S. E. $\frac{1}{4}$ E. du compas, jusqu'à la pointe Sainte-Catherine, sur l'Isle de Fayal.

J'ai trouvé la latitude du vaisseau, tandis qu'il mouilloit dans la Baie,......... } 38ᵈ 31′ 53″ N.

Par un milieu de dix-sept suites d'observa-tions de Lune, faites avant notre arrivée, & calculées pour la Baie, par la Montre, la longitude fut................ } 28ᵈ 24′ 30″ O.

Par un milieu de six suites d'observations, faites après notre départ, & calculées pour Fayal par la Montre.............. } 28ᵈ 53′ 22″

Longitude par observations......... 28ᵈ 38′ 56″

Longitude par la Montre........... 28 55 45
Erreurs de la Montre à notre arrivée à Portsmouth.................. 16 26 ½

Vraie longitude suivant la Montre.... 28 39 18 ½

JE RECONNUS que la déclinaison de l'aimant, par plusieurs azimuths, pris avec différens compas, à bord du vaisseau, étoit très-d'accord avec les mêmes observations, que fit M. Wales à terre, & cependant la déclinaison ainsi trouvée est plus grande de 5ᵈ, que nous ne la trouvâmes en mer, car les azimuths, pris à bord, le soir avant notre arrivée dans la Baie, n'indiquerent que 16ᵈ 18′ Oueſt de déclinaiſon, & le ſoir après notre départ 17ᵈ 33′ Oueſt.

JE DONNERAI quelques détails ſur la déclinaiſon, telle qu'elle a été obſervée dans notre traverſée de l'Iſle de Fernando de Noronho à Fayal. La moindre déclinaiſon fut de 37′ O. le lendemain de notre départ de Fernando de Noronho, par 33′ de latitude S., & 32ᵈ 16′ de longitude Oueſt. Le ſurlendemain, à-peu-près par la même longitude, & 1ᵈ 25ᵈ de latitude Nord, elle fut 1ᵈ 23′. Oueſt, & elle n'augmenta que lorſque nous eûmes atteint le cinquieme paralelle Nord, & 31ᵈ de longitude Oueſt : enſuite nos compas marquerent une différente déclinaiſon : ſavoir, de 3ᵈ 57′ à 5ᵈ 11′ O., juſqu'à notre arrivée, par 26ᵈ 44′ de latitude Nord, & 41ᵈ de longitude Oueſt, où elle fut de 6ᵈ O. : elle s'accrut alors peu-à-peu, de ſorte que par 35ᵈ de latitude N., & 40ᵈ de longitude Oueſt, elle fut de 10ᵈ 24′. O. ; par 38ᵈ 12′. de latitude N., & 32ᵈ ½ de longitude O., elle fut de 14ᵈ 47′, & à la vue de Fayal de 16ᵈ 18′ O., comme on l'a dit plus haut.

APRÈS avoir quitté la Baie, à quatre heures du matin du 19., je mis le Cap ſur l'extrémité occidentale de l'Iſle Saint-George. Dès que nous l'eûmes dépaſſé, je gouvernai E. ½ S. ſur l'Iſle de Tercere ; &, après avoir fait treize lieues, nous nous trouvâmes à une lieue de l'extrémité Oueſt. J'attaquai alors la partie du Nord, afin de ranger la côte juſqu'à la pointe orientale & de déterminer la longueur de l'Iſle ; mais le tems devenant ſombre & brumeux, & la nuit s'approchant, j'abandonnai ce projet, & je marchai en hâte du côté de l'Angleterre.

LE 29, nous découvrîmes terre près de Plimouth. Le lendemain au matin, nous mouillâmes à Spithéad, & le même jour je débarquai à Portsmouth, & je partis pour Londres avec MM. Wales, Forster & Hodges.

IL S'ÉTOIT ÉCOULÉ trois ans & dix-huit jours depuis notre départ d'Angleterre, & dans une navigation si longue par tous les climats; je ne perdis que quatre hommes : un seul mourut de maladie (a.) Il ne sera pas inutile en finissant d'exposer les différentes causes auxquelles j'attribue la bonne santé dont a joui l'équipage.

L'INTRODUCTION de ce Voyage traite des soins extraordinaires qu'avoit pris l'Amirauté, pour faire mettre sur notre bord, tout ce que l'expérience & les conjectures indiquoient de favorable à la santé des Matelots.

J'AI DÉJA RAPPORTÉ le résultat de quelques-unes de nos expériences, & il ne me reste plus qu'à dire un mot là-dessus : la drêche est sans doute un des meilleurs anti-scorbutiques qu'on ait découvert jusqu'à présent; si on l'emploie à tems, & si l'on observe d'ailleurs le régime convenable, je suis persuadé qu'elle arrête les progrès du scorbut: mais je ne pense pas qu'elle le guérisse radicalement.

TROIS JOURS de la semaine, je faisois cuire des *tablettes de bouillon portatives*, dans les pois, de maniere que chaque homme en avoit une once ou davantage, suivant les circonstances, & quand nous relâchions sur des Isles qui fournissoient

_____

(a) « D'après les bills de mortalité en Europe, on compte qu'il meurt par année, trois hommes sur cent : suivant ce calcul, nous aurions dû perdre, au moins, dix hommes; ainsi les autres Navigateurs, qui prendront autant de soin & de précaution que nous, perdront peut-être plus de monde dans une pareille expédition. »

des végétaux, oh en mettoit chaque matin pour le déjeûner, avec les légumes, le froment & le gruau & avec les pois & & les légumes, pour le dîné; on fervoit ainfi un mets fain & nourriffant, & les Matelots confommoient plus de végétaux qu'ils n'auroient fait fans cela.

Nous étions fournis de fucre en place d'huile, & le bled nous tenoit lieu d'une partie de notre gruau; nous gagnâmes à cet arrangement. Je crois que le fucre eft un très-bon anti-fcorbutique, & l'huile (celle du moins que donne la Marine) produit un effet contraire.

Mais les alimens les plus falubres feront inutiles fi on n'a foin d'établir des régles fages fur le vaiffeau. D'après ce principe, d'après plufieurs années d'expérience, & d'après quelques idées que m'avoient fuggéré Sir Hugue Pallifer, les Capitaines Cambell, Wallis & d'autres Officiers éclairés, voici le plan que je me formai.

L'Equipage ne fervoit que tous les trois quarts, excepté dans les occafions extraordinaires: par-là, les Matelots n'étoient pas auffi expofés au mauvais tems que s'ils euffent eu feulement un quart de repos; & ils avoient communément des habits fecs de rechange, quand ils étoient mouillés. J'avois foin auffi de les expofer à la pluie le moins poffible.

J'employois les précautions convenables, pour que leur corps, leurs hamachs, leurs lits, leurs vêtemens, &c. fuffent toujours propres & fecs; je n'avois pas moins d'attention à faire nettoyer le Vaiffeau & à le faire fécher entre les Ponts : une ou deux fois la femaine, on l'aëroit avec des feux, & fi on ne pouvoit pas en allumer, on y brûloit de la poudre à canon, mêlée avec du vinaigre ou de l'eau. Souvent d'ailleurs on defcendoit du feu dans un pot de fer au fond du puits, ce qui fervoit beaucoup à purifier l'air des parties baffes du bâtiment. On ne peut pas trop s'occuper de la propreté; la moindre négligence occafionne dans la calle une odeur putride & défagréable, que le feu feul peut diffiper.

On écuroit fouvent les chaudieres du bâtiment.

Je n'ai jamais permis que les Matelots mangeaffent la graiffe qu'ils jetoient en cuifant le bœuf falé & le porc; je crois qu'elle hâte le fcorbut.

J'ai pris de l'eau par-tout où il s'en eft trouvé, lors même que je n'en avois pas befoin. L'eau fraîche qui vient de terre, eft beaucoup plus faine que celle qu'on garde depuis quelque tems à bord d'un Vaiffeau. Sur cet article, nous n'avons jamais été réduits à la ration; nous en avons toujours eu beaucoup. La nature de notre expédition nous a conduit dans de très-hautes latitudes; mais les fatigues & les dangers inféparables de cette fituation, étoient un peu compenfées, par l'eau douce qu'un Océan jonché de glaces, nous fourniffoit en abondance.

Sur prefque toutes les terres où nous avons relâché, l'induftrie des hommes, ou la bonté de la Nature, avoient répandu quelque chofe qui nous étoit utile dans le règne animal, ou dans le règne végétal. J'ai toujours fait les efforts qui dépendoient de moi, pour obtenir le plus de rafraîchiffemens poffibles, & obliger par mon exemple & mon autorité, les gens de l'équipage à en profiter.

Ce n'est point a moi à dire jufqu'où j'ai rempli l'objet de cette expédition. Si ma relation n'offre pas beaucoup d'événemens remarquables, elle fera peut-être intéreffante

ANN. 1775.
Juillet.

d'ailleurs. J'ai décrit fort en détail la route du Vaisseau, & nos opérations en mer ; & c'est une preuve que j'ai reconnu, avec soin, l'Hémisphère Austral. Si nous avions découvert un continent, il m'eût été plus facile de satisfaire la curiosité du Lecteur ; mais, puisque nous n'en avons pas trouvé après des recherches infinies, les Spéculateurs s'occuperont moins, à l'avenir, des mondes inconnus.

QUELQUE SOIT le jugement du Public sur nos travaux & sur leur succès, je finis cette Relation en observant avec une véritable satisfaction, que lorsque les Philosophes ne disputeront plus sur un Continent Austral, ce Voyage du moins sera remarquable aux yeux de tous les hommes sensibles, parce que je suis venu à bout de conserver la santé d'un nombreux équipage, dans un aussi long espace de tems, dans des climats si divers, & malgré une suite continuelle de peines & de fatigues. « C'est au Lecteur à
» prononcer jusqu'où cette expédition a reculé les bornes
» de la Géographie, de la Navigation, de l'Histoire Naturelle
» & même de la Philosophie morale. Nous avons fait des
» découvertes dans tous les genres, il est vrai, mais qu'elles
» font peu considérables, en comparaison de celles qu'o-
» perera l'esprit humain dans les siècles à venir, lorsqu'une
» foule immense de nouveaux objets attirera son attention,
» & développera ses facultés avec encore plus d'éclat ! »

———— Vedi insieme l'uno e l'Altro Polo
Le stelle Vaghe e lor viaggio torto
E vedi, 'l veder nostro quanto e corto.

PETRARCA.

F I N.

TABLE

TABLE

De la Route de la Résolution & de l'Aventure ; de la Déclinaison du Compas ; & des Observations Mé-téorologiques.

N. B. En général, on parle dans ces Tables de la position des Vaisseaux à midi ; la Déclinaison a été observée le matin ou le soir du même jour,. ou le matin & le soir. Ainsi, les Tables ne donnent pas précisément le lieu où la Déclinaison a été observée ; mais la différence est si petite qu'elle ne produit pas d'erreur sensible.

TABLE I.

Du Cap de Bonne-Espérance à la Nouvelle-Zélande.

EPOQUE.	Latitud. Sud.	Longit. Est.	Déclinai-son du Compas. Ouest.	Thermomè.	Baromèt.	Vents , Ciel & Remarques.
	d '	d '	d '	d '	p	
1772. Nov. 24	35 25	17 54		63 $\frac{1}{2}$	29 10	O. S. O. & S. E. Ciel beau & clair.
25	37 15	16 35		64	30	S. E. à l'Est. Vents frais & bons.
26	39 4	16 23		69	29 80	N. N. E. Brise fraîche & Ciel nébuleux.
27	40 4	16 52	18 30	52	30	S. S. E. Jolie Brise.

T A B L E I. Continuée.

Du Cap de Bonne-Espérance à la Nouvelle-Zélande.

EPOQUE.	Latitud. Sud.		Longit. Est.		Déclinaison du Compas. Ouest.		Thermomir.	Baromètr.	Vents, Ciel & Remarques.
1772.	d	'	d	'	d	'	d '	P	
Nov.　28	40	59	17	4			60	29 85	N. O. Vents frais & Ciel nébuleux.
2 9	42	9	17				57	26 60	O. Vents forts avec de la grêle & de la pluie.
30	42	24	17	43			55	29 60	——Beau tems.
Décemb. 1	43	21	17	40			51	29 20	N. O. Vents forts & de la pluie.
2	43	52	18	17			49	29 30	Ditto. Ciel brumeux.
3	44	28	18	15	18	16	49	29 20	O. Vents frais & Ciel clair.
4	45	46	18	4	17	51	44 $\frac{1}{2}$	29 50	N. O. Vents frais & beau tems.
5	47	10	17	44	15	55 $\frac{1}{2}$	48	29 70	N. Vents frais & brouillards.
P. M. 6	48	41	16	24	18	11			S. O. Vents frais & beau Ciel.
Midi. 7	49	32	18	20			42	28 60	N. O. Vents très-forts avec de la pluie.
8	49	36	19	19			40	28 90	Ditto. Brouillards.
9	49	46	19	58	16	30	36	29 30	O. Vents frais & bons.
10	51	4	20	23	16	29	36 $\frac{1}{2}$	29 40	Ditto. Neige & pluie neigeuse. Vue de la premiere Isle de glace.

TABLE I. Continuée.

Du Cap de Bonne-Espérance à la Nouvelle-Zélande.

EPOQUE.	Latitud. Sud.		Longit. Est.		Déclinaison du Compas. Ouest.		Thermomèt.		Baromètre.		Vents, Ciel & Remarques.
1772.	d	′	d	′	d	′	d	′	p		
Décem. 11	51	51	21	3	17	9	34		29	25	Ditto.
12	52	56	20	33			34 $\frac{1}{2}$		28	55	N. Brise fraîche & de la pluie.
13	54		20	52			32		28	70	S. O. Ondées de Neige.
14	54	55	21	44			33		29	15	O. Jolie Brise. Une très-grande Plaine de glace au sud.
17	55	16	23	14	20	50	33 $\frac{1}{2}$		29	30	S. S. O. Vents frais & brume.
19	54	17	25	19	21	26	31 $\frac{1}{4}$		29	10	N. O. Tems brumeux & neige.
20	54		28	13			34		29	5	N. N. E. Vents forts, brume & neige.
A. M. 21	53	50	29	24	21	47					O. Vents frais & bons.
Midi 22	54	54	30	12			33		29	20	S. O. Bon vent fort. Isles de glace continuellement en vue.
23	55	26	31	33	23	56	34		29	65	O. Ciel beau & nébuleux.
24	56	31	31	19			35		29	40	N. E. Jolie Brise & beau tems.
25	57	50	29	32			32 $\frac{1}{4}$		29	5	S. Vent frais.
27	58	19	24	39			36		29	45	Légers souffles de vents

E e 2

TABLE I. Continuée.

Du Cap de Bonne-Espérance à la Nouvelle-Zélande.

EPOQUE.	Latitud. Sud.		Longit. Est.		Déclinai- son du Compas. Ouest.		Thermomè:	Baromètre.	Vents , Ciel & Remarques.
1772.	d	′	d	′	d	′	d ′	P	qui approchoient du calme.
Décem. 28	58	44	21	55	19	30	35	29 5	E. Vents frais.
29	59	12	19	1			36	29 20	Ditto. Ondées de neige.
30	59	23	17	1			36 ½	29 5	N. Beau tems.
P. M. 31	60	21	13	32					S. E. Vents forts, brume & neige.
1773.									
Janv. 1 Midi.	60	12	12	13			31 ½	28 95	S. Vents frais & neige.
2	59	12	9	45	12	8	31	29 55	S. O. Bon tems, point de glace en vue.
4	58	2	14	43			34	22 50	N. O. Glaces en vue.
7	60	41	28	33			35	29 5	O. Vents frais, & ondées de neige.
9	61	36	35	3	27	42	35	29 20	N. O. Jolie brise, glace prise à bord.
11	63	12	37	29	27	15	35 ½	29 35	N. Ditto. Plusieurs Isles de glace en vue.
12	64	12	38	14	24	14	35	29 20	S. Ondées de neige.
14	63	57	39	38	28	27	35 ½	29 15	Ditto. Souffles de vents & beau ciel.

TABLE I. Continuée.

De Cap de Bonne-Espérance à la Nouvelle-Zélaude.

EPOQUE.	Latitud. Sud.	Longit. Est.	Déclinaison du Compas. Ouest.	Thermomèt.	Baromèt.	Vents, Ciel & Remarques.
	d ′	d ′	d ′	d ′	p	
1773. Janvier. P. M. 17	67 15	39 35	29 30			E. ¼ S. E. Vents frais; beaucoup d'Isles de glaces en vue.
Midi 19	64 29	40 12		35	29 10	Ditto. Jolies brises.
21	62 48	41 25	31 16	35 ½	28 55	S. Brises fraîches, & ondées de neige.
Midi 23	60 4	46 45	33 28	36 ½	29 0	Ditto. Vents frais & ondées de neige.
24	58 24	49 5	33 52	34 ½	29 20	O. Vents frais & beau ciel.
A. M. 25	58 10	51 25				E. Vents forts, pluie neigeuse & neige.
Midi 26	57 16	50 54		35	28 25	Calme, brume & tems sec.
27	56 28	50 47	32-23	35	28 90	S. Brises fraîches & brouillards.
28	54 28	51 46	30 0	36 ½	29 40	N. O. Vents frais & pluie neigeuse.
29	52 29	53 37		38	29 65	Ditto. Vents forts & beau ciel.
30	51 34	55 55		39 ½	29 55	N. Vents frais & pluie.
31	50 50	56 48	30 49	38 ¾	29 55	O. N. O. Beau tems.
Février. P. M. 1	48 30	58 7	29 2			Ditto. Point de glace.

TABLE I. Continuée.

Du Cap de Bonne-Espérance à la Nouvelle-Zélande.

EPOQUE.	Latitud. Sud.		Longit. Est.		Déclinaison du Compas. Ouest.		Thermomèt.	Baromètre.	Vents, Ciel & Remarques.
	d	′	′	′	d	′	d ′	P	
1773. Février 2 Midi.	48	36	59	35	27	50	45	29 90	O. Brise, fraîche & brume.
3	48	59	60	11			46	29 80	N. Vents très-forts & pluie.
4	49	16	58	54	28	50	45	29 65	N. O. Vents frais & beau tems.
5	49	8	58	18	30	26	41	29 60	O. Ditto.
6	48	6	58	43	32	24	53 $\frac{3}{4}$	29 45	N. O. Ditto.
7	48	51	61	48	31	28	44	29 70	N. Ditto.
8	49	51	63	57			43 $\frac{1}{4}$	29 25	Ditto. Brume & bruine.
10	50	7	64	53	29	4	41 $\frac{1}{2}$	29 45	O. Vents forts & bons.
12	52	48	70	35	32	5	38	29 55	S. O. $\frac{1}{4}$ O. Jolis frais.
13	53	54	72	24	33	8	36	29 60	O. Brises fraîches, vus plusieurs penguins.
14	55	23	74	48	34	18	35 $\frac{1}{2}$	29 35	S. O. $\frac{1}{4}$ O. Ondées de neige.
15	56	52	78	48	38	19	36 $\frac{1}{2}$	29 40	S. O. Beau tems. Vus deux veaux marins.
16	57	8	80	59			34	29 50	N. Brises légeres; Isle de glace en vue.
17	57	54	82	4			35	29 0	E. S. E. Tems fort couvert; glace prise à bord.

TABLE I. Continuée.

Du Cap de Bonne-Espérance à la Nouvelle-Zélande.

EPOQUE.	Latitud. Sud.	Longit. Est.	Déclinaison du Compas. Ouest.	Thermomtr.	Baromètre.	Vents, Ciel & Remarques.
	d ′	d ′	d ′	d v	p ′	
1773. Février 18	57 57	83 44	38 21	33	29 10	S. Brise modérée & belle.
19	58 30	87 43		35	29 20	O. Brise fraîche & ondées de neige.
20	58 47	91 44	40 11½	35	29 30	S. Jolie brise & brume.
22	59 35	93 36	40 51	34½	28 80	E. Vent frais & ondées de neige.
P. M. 23	61 52	95 2				E. Ciel très-brumeux & pluie neigeuse.
Midi 25	60 49	95 15	43 6	36½	29 0	N. O. Brises légeres & beau tems.
P. M. 26	61 21	97 7				E. Brise fraîche & beau tems.
Midi 27	60 28	100 19		34¾	28 40	S. Vents forts, neige & pluie neigeuse.
28	9 58	104 44		36½	29 50	O. Vent frais & beau tems.
Mars 1	60 35	107 42		35½	28 35	N. E. Brise légere & bruine.
3	60 17	109 59	39 4	38	29 5	S. O. & N. O. Jolie brise.
5	60 38	116 50		37¼	28 85	Du côté de l'Est.
6	60 4	118 0	31 30	37	28 95	Du côté de l'Ouest.

TABLE I. Continuée.

Du Cap de Bonne-Espérance à la Nouvelle-Zélande.

EPOQUE.	Latitud. Sud.	Longit. Est.	Déclinaison du Compas. Ouest.	Thermomèt.	Baromètre.	Vents, Ciel & Remarques.
1773.	d /	d /	d /	d /	p	
Mars 7	59 58	120 15		34 ½	28 55	E. Brise légere, neige & pluie neigeuse.
8	59 44	121 7	28 35	40	28 90	Calme, point de glace en vue.
9	58 55	123 1		37	28 60	S. Vents forts, neige & pluie neigeuse.
10	58 5	127 41		35	29 0	S. S. O. Vent frais & beau tems.
11	58 7	130 21	11 57	37	29 15	N. E. Pluie neigeuse & neige.
12	58 56	131 41	9 49	39 ½	28 90	O. Jolie brise & ciel doux.
14	58 22	136 22		33	28 85	S. S. E. Vents frais & ondées de pluie.
Midi 15	59 4	139 50		34	28 85	O. Ondées de neige & de grêle.
16	58 52	143 27	0 47 ½	35 ½	29 10	S. Vent frais & ciel presque toujours beau.
17	58 40	147 43		35 ½	29 15	S. O. Beau tems.
			Est.			
19	55 1	152 1	11 19	43	29 80	O. N. O. Vent frais.
20	53 22	154 53	13 40	45	29 75	Ouest

Du Cap de Bonne Espérance à la Nouvelle-Zélande.

EPOQUE.	Latitud. Sud.		Longit. Est.		Déclinaison du Compas. Ouest.		Thermomè.	Baromè.	Vents, Ciel & Remarques.
	d	′	d	′	d	′	d ′	p	
1773. Mars. 21	51	14	157	11			46	29 95	N. N. O. Vent fort.
22	49	55	159	28	13	59	47	29 85	S. Vent fort & beau tems.
23	47	46	161	47	13	7	49	30 15	Sud–Est.
24	46	33	164	18			52	29 95	S. E. Brume.
25	46	16	166	11			54	29 85	O. Beau tems.
26	45	48	166	44			53 $\frac{1}{2}$	30 15	S. S. O. Entrée dans la Baie Dusky.

TABLE II.

Route de l'AVENTURE, du 13 Février, à la Terre Van-Diemen.

EPOQUE.	Latitud. Sud.	Longit. Eſt.	Déclinaiſon du Compas. Oueſt.	Thermomét.	Baromètr.	Vents, Ciel & Remarques.
1773. Févr. 13 Midi.	d l 5¹ 5	d l 71 23	d l 3² 30	d l 39	d.	O. Briſe modérée, Brouillards.
14	5¹ 4⁰	74 52	34 ¹4	39 ½		Ditto. Vent frais, ondées de neige, & pluie neigeuſe.
15	5² 12	78 36	35 07	38		Ditto. Beau tems.
17	5² 54	84 53		37		Entre le N. O. & le N. E. Vents frais, pluie neigeuſe, & pluie.
18	5² 54	88 57		40		N. O. Vents frais & raffales.
20	5² 22	97 ⁰8	30 46	35		O. Vents frais avec des raffales de neige & pluie neigeuſe.
21	5² 20	110 0	29. 5.	4¹		S. E. Briſe légere & Beau tems.
23	5² 18	104 14	25, 2	4¹ ½		N. O. Vents forts avec des raffales de pluie.
24	5² 10	1.7 8		4¹		N. N. O. Briſe modérée & favorable.
26	5¹ 22	115 32	21 30	44		N. N. E. Vents frais, vu quelques morceaux de paſſe-pierre.
28	5⁰ 20	12¹ 49	15 47	44		N. O. ¼ O. Vents forts & raffales, avec de la neige.

TABLE II. Continuée.

Route de l'AVENTURE, du 13 Février, à la Terre Van-Diemen.

ÉPOQUE.	Latitud. Sud.		Longit. Est.		Déclinai- son du Compas. Ouest.		Thermomè.	Baromètre.	Vents, Ciel & Remarques.
	d	′	d	′	d	′	d ′	p	
1773. Mars. 1	49	4	125	0	10	20	49 ½		N. O. Vents frais.
3	46	22	130	21	6	35	53		N. N. O. Vents forts, brume épaisse, pluie.
4	44	50	132	20	3	50	51		S. O. Vents frais.
5	44	1	135	15	1	30 Est.	56		O. Vents frais & raf- fales.
6	43	56	138	42	0	55	52		O. S. O. Ditto.
7	43	47	141	5	1	13	55		O. Brise fraîche & fa- vorable.
9	43	44	145	53			59		N. O. La terre s'éten- doit du N. ¼ N. O. à l'Est S. E.

TABLE III.

Route de la RÉSOLUTION & de L'AVENTURE, de la Nouvelle-Zélande à Taïti.

EPOQUE.	Latitud. Sud.		Longit. Est.		Déclinaison du Compas, Ouest.		Thermomèt.	Baromèt.	Vents, Ciel & Remarques.
	d	ı	ı	ı	d	ı	d ı	p	
Juin 10 Midi.	43	55	179	8 Eſt.			54	29 70	S. O. au N. O. Jolie briſe & favorable.
11	44	35	179	13			59	29 75	N. Vents frais & pluie.
12	45	26	176	41			51 ¾	29 65	O. Briſes légeres & pluie.
13	46	2	175	59			51 ½	30 0	E. Vents frais & bons.
15	46	46	174	0	11	24½	48 ½	29 78	N. E. Brife légere.
A. M. 16	47	7	173	0					S. E. Vents forts & pluie.
Midi 17	46	18	172	41			49½	29 75	Ditto. Tems de raffales variable.
18	45	54	170	38			48	29 90	Ditto. Vents frais & bons.
P. M. 20	44	30	165	45			48 ⅓	30 15	S. E. ¼ S. Joli frais.
Midi. 21	44	26	164	0			50½	30 25	Oueſt.
22	44	41	162	23	10	19	52 ½	30 25	Ditto. Brife haute.
23	44	38	161	27	10	43	50 ½	30 25	Souffles de Vents variables.
24	43	36	161	38			51 ½	29 45	E. Vents très-forts.
Minuit 25	42	53	163	20					N. E. ¼ N. Vents frais.
Midi. 26	43	11	163	7			55 ¼	29 25	E. N. E.

TABLE III. Continuée.

Route de la RÉSOLUTION & de l'AVENTURE, de la Nouvelle-Zélande à Taïti.

EPOQUE.	Latitud. Sud.		Longit. Est.		Déclinaison du Compas. Ouest.		Thermomèt.	Baromètre.	Vents, Ciel & Remarques.
	d	′	d	′	d	′	d ′	p	
1773. Juin. 28 A. M.	42	32	161	15					O. S. O. Souffles de Vents.
Miidi. 29	42	46	160	56			52 $\frac{3}{4}$	29 40	E. N. E. Brises légeres.
30	43	7	159	25	7	59	51 $\frac{1}{4}$	29 65	S. Vents frais ; vue une poule du Port Egmont.
Juillet. 1	43	7	157	44	6	55	49	29 75	S. vers l'Est. Jolie brise.
2	43	3	156	17	8	32	47	29 80	Sud.
3	43	18	155	0	7	43 $\frac{1}{2}$	50	29 60	N. Jolie brise & bon tems.
4	43	58	154	18			48 $\frac{1}{4}$	29 70	E. Vents frais.
5	43	10	152	15			48	29 85	S. S. E. Raffales & pluie.
7	41	22	150	12			52 $\frac{1}{2}$	29 45	S. Jolie Brise.
10	43	46	144	13	3	0	51	29 80	O. Fortes ondées de pluie.
11	43	34	141	56	5	0	47	30 30	S. Jolie Brise & favorable.
12	43	16	140	9	5	18	49	30 25	S. S. O.
13	43	2	139	0	5	37	49 $\frac{1}{2}$	30 25	N. O.
14	43	2	138	9			50	29 80	N. E. Vents frais & Ciel très-sombre.

TABLE III.

Route de la RÉSOLUTION & de L'AVENTURE, de la Nouvelle-Zélande à Taïti.

EPOQUE.	Latitud. Sud.	Longit. Est.	Declinai-son du Compas. Ouest.	Thermomèt.	Baromètr.	Vents, Ciel & Remarques.
1773.	d ′	d ′	d ′	d ′	P	
Juillet. 15	42 39	137 58		52	29 45	Ditto. Brume épaisse & bruine.
17	39 44	133 32		44 ¼	29 80	S. O. Vents forts, & on-dées de grêle & de pluie.
18	37 56	133 18	5 29	50	30 20	S. Jolie Brise & favo-rable.
19	36 34	133 7	5 33	54	30 30	S. O. ¼ S.
21	32 47	133 37				E. S. E. Brise fraîche.
22	31 6	134 12	5 21	60	29 60	S. O. ¼ O. Ondées de pluie.
23	29 22	134 12	5 34	63	29 85	N. O. ¼ N. Brume & pluie.
24	29 46	135 36		64 ½	29 85	N. N. O. Vents frais & favorables.
A. M. 25	29 51	136 28				Ditto. Fortes ondées de pluie.
Midi 26	28 53	135 30	5 3	66 ½	29 90	N. O. Jolie Brise & favorable.
27	27 53	135 17	5 0	67 ¼	30 5	S. O. Souffles de Vents.
A. M. 29	27 49	136 49				N. N. O. Jolie Brise.
Midi 30	27 4	135 15		71	29 90	Ditto.

TABLE III. Continuée.

Route de la RÉSOLUTION & de L'AVENTURE, de la Nouvelle-Zélande à Taïti.

EPOQUE.	Latitud. Sud.		Longit. Est.		Déclinaison du Compas. Ouest.		Thermomet.	Baromet.	Vents, Ciel & Remarques.
1773.	d	'	d	'	d	'	d '	p '	
Juillet. 31	26	19	134	49			68	29 90	N. O.
Août. 1	25	1	134	6			68 ½	29 75	Ditto.
3	22	8	133	39	4	54	71	30 0	O. Brise légere.
4	21 18		133	21	5	10	74	30 5	N. O. Jolie brise.
5	20	40	132	6			76 ½	30 5	Ditto. Vents forts.
P. M. 6	19	36	131	32					Ditto. Petit vent & ondées de pluie.
Midi 7	18	51	133	26			75	30 10	S. E. Vents forts & beau tems.
8	18	5	135	57			75	30 20	Ditto.
10	17	23	139	56			78 ½	30 20	E. Dépassé une Isle basse.
12	17	11	143	38			78 ½	30 5	Ditto. Vents forts. Dépassé une autre Isle.
13	17	16	144	54	6	48	79 ½	30 10	Ditto.
14	17	15	146	41			79	30 10	Ditto.
15	17	45	148	16	5	10	80	30 10	Ditto. Ofnaburg, ou l'Isle Maitea nous restoit à l'Eft S. E.

T A B L E I V.

Route de la RÉSOLUTION & de L'AVENTURE, d'Uliétéa aux Isles des Amis, & à la Nouvelle-Zélande.

Epoque.	Latitud. Sud.	Longit. Est.	Déclinaison du Compas. Ouest.	Thermom.	Baromètre.	Vents, Ciel & Remarques.
	d ′	d ′	d ′	d ′	p	
1773. Septem.18 Midi.	17 17	153 10		79	30 5	E. Jolie Brise & bon frais.
19	17 41	154 21	7 50	81	30 0	Ditto.
20	18 4	155 29		81	29 95	Ditto.
21	18 4	156 22	7 26	81	30 0	Entre le Nord & l'Ouest.
22	18 40	157 18	7 56	78	29 95	E. Brise fraîche & on-dées de pluie.
23	19 8	158 49		73	35 5	S. E. Jolie Brise & bonne Terre en vue.
24	19 29	160 22		74	30 0	Ditto. Vents forts, on-dées de pluie volante.
25	19 52	162 26		74	30 0	Ditto. Bon tems.
26	20 23	164 15		73	30 5	Ditto.
27	20 40	166 12	11 42	71	30 5	E. S. E.
28	21 3	168 29	9 44	72	30 5	Est.
29	21 29	170 18	10 42	72	30 5	E. S. E.
30	21 10	172 33	9 44	70	30 10	S. E.
Octob. 1	21 21	174 14	10 42	70	30 10	E. S. E. L'après-midi, vue l'Isle de Middel-burg.

TABLE IV. Continuée.

Route de la RÉSOLUTION & de L'AVENTURE, d'Uliétéa aux Isles des Amis
& à la Nouvelle - Zélande.

EPOQUE.	Latitud. Sud.	Longit. Est.	Déclinaison du Compas Ouest.	Thermomèt.	Baromètre.	Vents, Ciel & Remarques.
1773. Midi. Octob. 9	22 28	174 56		73	30 30	S. Brises fraîches, & bon tems.
10	22 46	176 13		70	30 5	S. E. L'Isle Pilstart au N. N. E. à cinq lieues.
11	23 50	177 23		69 ½	30 25	E. S. E.
12	25 36	178 12		71	30 20	Ditto.
13	27 13	179 6		70	30 20	Ditto. Jolie brise.
14	28 38	179 47 Est.	11 11	67	30 25	Est.
15	30 15	179 54	11 14	69	30 30	Ditto.
16	31 41	179 32	11 2	68	30 25	Ditto.
17	32 41	179 32	10 49	69	30 20	N. E. ¼ N. Petite brise.
18	33 48	179 39	10 49	66	30 20	N. E. ¼ N. Vents frais.
19	35 58	179 49		67	50 0	Ditto.
20	37 48	179 38		60 ½	29 70	O. Beaucoup de pluie, vents frais & beau tems.
21	39 6	178 38	5 12	62	29 70	N. Le Cap Table à l'O à huit ou neuf lieues de distance.

TABLE V.

Route de la RÉSOLUTION de la Nouvelle-Zélande à l'Isle de Pâque.

ÉPOQUE.	Latitud. Sud.	Longit. Est.	Déclinaison du Compas. Ouest.	Thermomèt.	Baromèt.	Vents, Ciel & Remarques.
1773.	d ′	d ′	d ′	d ′	P	
Nov. 27	43 27	175 59	12 52	62	29 95	N. Vents frais & beau tems.
30	45 50	178 13		49	29 95	S. O. Vents frais ; vus des passe - pierres, des veaux marins, & des oiseaux.
Décemb. 1	47 04	179 30		49 ½	30 00	Ditto. Ditto. Houle du S. O.
2	48 23	179 16		46 ½	29 90	Ditto. Peu de Vent & brume ; vus des passe-pierres, des veaux marins & des pen-guins.
4	49 55	179 16		47 ½	29 80	N. Peu de vent, brume & pluie.
5	50 15	179 44	18 25	47	29 75	Souffles de vents du S. E. veaux marins & penguins ; grosses houles du S. O.
P. M. 6	51 32	180 00			29 50	N. Vents frais, brume épaisse.
Midi. 8	55 39	178 53		43	29 45	O. Vers le Nord ; vents très-forts & brume ; grosse mer du S. O.
9	58 02	177 43		44 ½	28 70	N. O. Vents, grand frais & brume ; vu un

TABLE V.

Route de la RÉSOLUTION de la Nouvelle-Zélande à l'Isle de Pâque.

EPOQUE.	Latitud Sud.		Longit. Est.		Déclinaison du Compas. Ouest.		Thermometre		Barometre.	Vents, Ciel & Remarques.
	d	′	d	′	d	′	d	′	P	
1773. Décembre.										morceau de passe-pierre.
10	59	12	175	52			36		29 45	S. S. E. Vents forts, & ondées de pluie.
11	60	42	173	04	17	18	40		29 05	O. Vents, grands frais, ondées de neige pendant la nuit.
12	62	46	170	26	19	13	32	¼	29 05	S. O. Vents, grands frais.
13	63	42	167	44			32		28 90	N. Grands frais, neige & pluie neigeuse.
14	64	55	163	20	14	12	34	¾	29 05	O. Grands frais & brume; Isles de glaces en vue.
15	65	52	159	20			31		28 85	Ditto. Ditto. Ondées de neige; abondance de glace; vus des penguins & des péterels antarctiques.
16	64	16	158	00			33		29 40	E. N. E. Joli frais; ondées de neige, au milieu des glaces.
17	64	41	155	41			33	¼	29 05	N. Ditto. Pris de la glace à bord.
18	64	41	152	06	10	18	33		29 00	N. E. Brises modérées;

Gg 2

TABLE V. Continuée.

Route de la RÉSOLUTION de la Nouvelle-Zélande à l'Isle de Pâque.

ÉPOQUE.	Latitud. Sud.		Longit. Est.		Déclinai-son du Compas. Ouest.		Thermomr.	Baromtr.		Vents, Ciel & Remarques.
	d	'	d	'	d	'	d '	P		
1773. Décem.										brumes épaisses; plu-sieurs Isles de glace.
19	64	49	149	24	13	24	34	28	80	N. Ditto. Brises & tems clair.
20	65	57	148	28			33	29	20	N. E. Grands frais, bru-me épaisse, neige & pluie neigeuse.
A. M. 21	67	5	145	49			33	28	70	Ditto. Grands frais & brume : entourés de beaucoup de glace.
22	67	31	142	54			33 ½	28	70	N. N. E. Brise modérée, brume.
P. M. 23	67	20	137	12			33	28	95	N. Jolie brise, très-froid, & beaucoup de glace.
Midi. 25	66	23	135	7	15	26	34	29	20	Jolie brise du N. O. beaucoup d'Isles de glace en vue.
28	64	20	134	4			34	29	0	Grands frais d'Est; on-dées de neige.
29	62	24	133	73	13	46	33 ¼	28	65	S. Neige & pluie nei-geuse.
31	59	40	1.5	11	13	9	34 ½	29	5	O. Jolies brises & beau tems.

TABLE V. Continuée.

Route de la RÉSOLUTION de la Nouvelle-Zélande à l'Isle de Pâque.

EPOQUE.	Latitud. Sud.	Longit. Est.	Déclinai-son du Compas. Ouest.	Thermomè.	Baromè.	Vents, Ciel & Remarques.
	d /	d /	d /	d /	P	
1774. Janv. 2	57 58	137 12	11 12	38 ½	29 5	N. E. ¼ E. Grand frais, neige & pluie neigeuse ; point de glace en vue.
3	56 46	139 45		36	29 10	S. O. Ditto, & bonne vue des passe-pierres.
4	54 55	139 4		46 ¼	29 30	N. O. ¼ S. Vents forts & beau tems.
6	52 0	135 32	7 7	47	29 30	O. Ditto.
7	50 36	133 18	6 36	50	29 25	Joli frais du N. O.
8	49 7	131 2	6 26	49 ¾	29 50	O. Tems agréable.
9	48 17	127 10		51 ¼	29 70	Ditto. Ditto.
10	48 7	124 46		52 ½	29 55	Ditto. Souffles de Vents & brouillards.
11	47 51	122 12	2 34	50	29 50	Ditto. Vent frais & tems clair.
12	49 32	110 52	4 0	50	29 75	N. N. O. Ditto. Et beau tems.
P. M. 13	53 0	118 3				N. O. Vents frais & brume.
Midi. 15	56 4	12 1		51	29 30	N. Vents très-forts & brume.

TABLE V. Continuée.

Route de la RÉSOLUTION, de la Nouvelle-Zélande à l'Ifle de Pâque.

ÉPOQUE.	Latitud. Sud.	Longit. Eft.	Déclinaison du Compas. Ouest.	Thermomt.	Baromètr.	Vents, Ciel & Remarques.
	d /	d /	d /	p	d /	
1774. Janvier. 16	56 19	119 24	9 26	47 $\frac{3}{4}$	29 80	O. Vents frais & Ciel clair.
17	58 34	118 14		41 $\frac{1}{2}$	29 70	Ditto. Ditto. Pluvieux.
Midi. 18	60 54	116 58		40	28 95	Ditto. Modéré & brumeux.
20	62 34	116 24	10 24	40	28 55	Calme & beau tems; Ifles de glace en vue.
22	62 9	112 54	10 59	37	8 70	Souffles de vents, S. pluie neigeufe & neige.
23	62 22	110 22	11 55	38 $\frac{1}{2}$	28 55	S. Vents frais & bons.
24	63 40	108 17		39	28 60	Vents frais de l'Oueft.
25	65 24	109 31	19 27	42 $\frac{1}{4}$	28 85	N. Brifes fraîches, & beau tems.
26	66 36	109 31	18 20	40	29 5	N. E. Peu de Vents & bonne pluie.
27	67 22	118 15		37 $\frac{1}{2}$	28 75	Ditto. Brifes modérées; ondées de neige.
28	69 35	108 15		36	28 85	E. N. E. Peu de Vents & brume épaiffe; glaces flotantes.
29	70 0	107 27	23 35	36 $\frac{1}{2}$	28 70	N. Jolie brife & tems clair.

TABLE V. Continuée.

Route de la RÉSOLUTION de la Nouvelle-Zélande à l'Isle de Pâque.

EPOQUE.	Latitud. Sud.		Longit. Est.		Déclinaison du Compas. Ouest.		Thermomèt.		Baromèt.		Vents, Ciel & Remarques.
	d	l	d	l	d	l	d	l	p		
1774. Janv. 30 A. M.	71	10	106	54			32 ½		28	80	E. Ditto. Arrêtés par la glace.
Midi. 31	69	13	105	39			34		28	90	Ditto. Brife fraîche & brume.
Février 1	68	1	101	0			35		28	85	Ditto. Jolies brifes & favorables.
2	67	7	134	46			37		28	75	S. E. ¼ E.
3	66	25	101	8	22	55	35		28	90	Ditto. Brifes légeres & brouillards ; point de glaces en vue.
4	65	42	99	44	25	42	34 ½		29	0	N. E. Brife légere & tems clair & agréable.
5	64	6	99	44			38 ¼		28	75	Variable ; grands frais, pluie neigeufe & neige.
7	61	6	98	13			4		28	65	O. Grands frais ; ondées de pluie.
8	58	5	97	24			41 ½		29	10	O. Grand frais & beau tems.
	55	39	97	24			47		29	10	Sud Ditto.
10	53	17	97	24	15	17	47		29	40	Ditto. Ditto.
11	51	36	95	46			51		29	20	N. O. Vents forts & pluie.

TABLE V. Continuée.

Route de la RÉSOLUTION, de la Nouvelle-Zélande, à l'Isle de Pâque.

EPOQUE.	Latitud. Sud.	Longit. Est.	Déclinai- son du Compas. Ouest.	Thermomit.	Baromèt.	Vents, Ciel & Remarques.
1774. Février. 12	50 15	95 18	13 30	47 ¾	29 90	S O. Souffles de Vents.
13	50 13	96 1	14 30	52	30 0	N. O. Vents frais & brouillard.
14	49 32	95 11	12 42	53	30 15	Variable.
15	49 0	95 38	10 20	54	30 5	N. O. Vents frais, brume & pluie.
16	47 45	94 19		56	29 96	Ditto. Ditto. Beau tems.
17	46 16	93 52		55	29 90	O. N. O. Brise fraîche.
18	44 11	93 59		50⅓	29 85	S. ¼ S. O. Vents frais & beau tems.
19	42 5	95 20		58¼	30 35	O. Jolie brise & tems agréable.
20	39 58	94 37		66	39 40	Ditto.
21	37 54	94 5	8 0	67½	30 40	Ditto.
22	36 10	94 56		69	30 45	De vers le S. Jolie brise.
23	36 40	97 2	9 51	69	30 45	N. E. Ditto.
24	37 25	8 10	8 10	71	30 25	N. Brise fraîche & beau tems.
25	37 52	6 38	6 38	69	29 95	N. O. Jolie brise.
26	36 37	5 53	5 53	65	30 0	S. O. Grand frais.

TABLE V. Continuée.

Route de la RÉSOLUTION, de la Nouvelle-Zélande, à l'Isle de Pâque.

ÉPOQUE	Latitud. Sud.		Longit. Est.		Déclinaison du Compas. Ouest.		Thermomètr.	Baromètr.	Vents, Ciel & Remarques.
1774.	d	′	d	′	d	′	d ′	p	
Février. 27	34	3	02	33	3	44	68	30 20	E. S. E. Jolie brise.
28	33	7	102	23			71 $\frac{1}{2}$	30 20	E. N. E.
Mars. 1	32	28	102	47	3	45	71 $\frac{1}{4}$	30 20	evers l'Ouest, fouffles de vents.
2	31	12	102	29	4	36	74	30 15	N. O.
4	29	56	100	59	4	50	74 $\frac{1}{2}$	30 25	Ditto.
6	29	23	101	3	4	47	74	30 30	De vers le Nord, Jolie brise ; plufieurs oifeaux.
7	28	20	102	3	4	45	74 $\frac{1}{2}$	30 30	Eft.
8	27	4	103	58	4	31	75 $\frac{1}{2}$	30 30	Ditto.
11	17	11	109	2			75	30 30	Ditto. Brife légere ; Isle de Pâque, à l'Ouest, à 12 lieues de diftance.

TABLE VI.

Route de la RÉSOLUTION, de l'Isle de Pâque aux Marquises.

EPOQUE.	Latitud. Sud.	Longit. Est.	Déclinaison du Compas Ouest.	Thermomè.	Baromètre.	Vents, Ciel & Remarques.
	d ′	d ′	d ′	d ′	P	
1774. Mars, 18 Midi.	26 5	111 32	2 34	76 ½	30 30	N. E. Brise légere.
20	23 0	113 1	3 5	77	30 20	De vers l'Est. Vents très-fermes, & tems agréable.
21	21 1	113 58	3 4	77	30 20	E. N. E.
22	19 20	114 49		76 ⅓	30 20	De vers l'Est. Ondées de pluie.
24	17 7	117 0	1 76	76	30 15	Ditto. Jolie brise & beau tems.
26	14 41	120 11	2 10	78 ½	30 10	Ditto.
29	10 10	123 58	1 57	81	29 95	E. S. E.
30	9 24	126 1	1 27	80 ¾	30 0	Est.
Avril. 1	9 30	129 56	4 3	81	29 90	Ditto.
3	9 32	133 18	4 40	82	30 0	Ditto.
5	9 33	136 38	4 27	82 ¼	30 0	Ditto.
P. M. 6	9 20	138 17				E. S. E. L'Isle de Hood, (l'une des Marquises) à l'O. ¼ S. O. à la distance de 9 lieues.

H

TABLE VII.

Route de la RÉSOLUTION, d'Uliétéa aux Nouvelles Hébrides.

EPOQUE.	Latitud. Sud.	Longit. Eſt.	Déclinaiſon du Compas. Oueſt.	Thermomit.	Baromètre.	Vents, Ciel & Remarques.
	d /	d /	d /	d /	p	
1774. Juin 6 Midi.	16 50	154 13		82 $\frac{1}{2}$	30 0	Vent frais.
7	17 12	155 34		81 $\frac{1}{4}$	29 85	N. O. Raffales & pluie.
8	17 32	156 1	7 75	80 $\frac{1}{4}$	29 95	N. E. Briſes légeres & beau tems.
9	17 48	156 43	8 10	81	29 85	De vers le Nord.
11	17 46	158 9		77 $\frac{1}{2}$	30 0	S. S. E. Joli frais.
13	18 45	161 29		80		Eſt.
14	18 35	162 45	9 15	75 $\frac{1}{2}$	30 0	De vers le Sud. Souffles de Vents approchant d'un calme.
16	18 4	163 10	9 16			——Iſle de Palmerſton.
19	18 25	167 11	10 22 $\frac{1}{2}$	77	30 5	E. Jolie Briſe.
21	18 57	169 39		77 $\frac{1}{4}$	30 10	E. N. E. Iſle Savage, au Sud, à un mille de diſtance.
24	20 24	173 39	11 40	79	30 5	Ditto. Briſe légere.
26	20 23	174 6	12 6	75	30 10	S. S. E. En vue des Iſles ſur le côté Eſt d'Annamocka.
27	20 15	174 31	9 47			A l'Ancre dans la Rade d'Annamocka.
Juillet. 1 Midi.	19 57	176 6		75	30 15	S. E. $\frac{1}{4}$ E. Jolie Briſe.

TABLE VII. Continuée.

Route de la RÉSOLUTION, d'Uliétéa aux Nouvelles Hébrides.

ÉPOQUE.	Latitud. Sud.	Longit. Est.	Déclinaison du Compas. Ouest.	Thermom.	Baromt.	Vents, Ciel & Remarques.
	d /	d /	d /	d /	P	
1773. Juillet. 3	19 47	178 2	12 28	74	30 15	Ditto. L'Isle de la Tortue au S.E. ¼ S.E. à ½ mille.
5	20 37	179 20 Est.	12 30	75 ⅔	30 5	De vers l'Est Jolies Brises & tems sombre.
6	20 56	179 30	12 44	76	30 15	E. Jolie Brise & Ciel nébuleux.
8	20 42	177 18	12 59	78	30 10	N.E. Vents frais.
9	20 14	176 15	13 8	78	29 90	N.O. Peu de Vents, Ciel nébuleux.
10	19 53	175 35	11 11	74 ¾	29 90	S.E. Vent frais.
11	18 26	175 0	10 22	74	29 90	Ditto.
13	16 25	173 31	10 46	76	30 0	S.E. Jolie Brise & beau tems.
14	15 39	172 35	10 14	78	30 0	S.E. ¼ E.
15	15 9	171 16	11 3	79 ½	30 0	S.E. Brises fraîches & favorables.
16	15 8	169 18		79	30 0	Ditto. Vents frais & raffaleux, & pluie. L'après-midi vu l'Isle Aurore, l'une des Hébrides.

TABLE VIII.

Route de la RÉSOLUTION, de la Nouvelle-Calédonie, à la Nouvelle-Zélande.

EPOQUE.	Latitud. Sud.	Longit. Est.	Déclinaison du Compas. Ouest.	Thermomit.	Baromitr.	Vents, Ciel & Remarques.
	d ′	d ′	d ′	d ′	P.	
1774. Octobr. 2 Midi.	23 18	169 34	9 27	66 ½	29 90	De vers le Sud. Jolie Brise & brouillard.
3	24 4	170 11		68	29 80	S. O. Vents frais & favorables.
4	25 26	171 3	10 0	70	29 90	Ditto. Raffales & ondées de pluie.
6	27 52	171 43	{ 13 36 9 53	65	30 20	Calme & beau tems.
8	28 25	170 26	13 19	65	30 30	S. E. Jolies Brises & tems clair.
9	28 54	169 21	13 9	64 ½	30 30	De vers le Sud.
10	28 57	168 0	11 9	64	30 25	Ditto. L'Isle Norfolk s'étendant du Sud 37 E. au S. 20 O. à trois milles de distance.
12	31 1	167 47		66 ½	30 20	E. N. E. Jolie brise & beau tems.
13	32 55	168 20	10 0	65 ½	30 30	N. E. Ditto.
15	35 32	170 55	10 18	65 ½	30 0	N. N. E. Brises fraîches & favorables.
16	37 32	172 41		63 ½	29 80	N. Grands frais & ondées de pluie.
17	39 24	173 46		59	29 55	De vers l'Ouest. Vents forts & Ciel nébuleux. Le Cap Egmont sur la côte Ouest de la Nouvelle-Zélande au N. E. à quatre lieues.

TABLE IX.

Route de la RÉSOLUTION, de la Nouvelle-Zélande,
à la Terre de Feu.

EPOQUE.	Latitud. Sud.	Longit. Eft.	Déclinaifon du Compas. Oueft.	Thermomèt.	Baromètre.	Vents, Ciel & Remarques.
	d ′	d ′	d ′	d ′	p	
1774. Nov. 15 Midi.	47 30	178 19		51	29 40	N. O. ¼ O. Jolie Brife & ondées de pluie.
16	49 33	175 31		50	29 45	De vers l'Oueft. Vents frais & beau tems.
17	51 12	173 17	9 52	50 ¼	29 35	N. N. E. Vents forts & raffaleux; pluie.
18	52 44	169 57	10 26	50 ½	29 45	N. Jolie Brife & tems brumeux.
19	53 43	166 15		49	29 50	Ditto. Vents frais.
20	54 8	162 13				Ditto. Jolies Brifes & brume.
21	55 31	160 29		43 ½	28 85	N. E. Ditto.
22	55 48	157 4		44		N. N. O. Brife légere & brume.
23	55 46	156 4	9 24	44 ½	29 45	Calme & beau tems.
24	55 38	153 37		46	29 80	N. O. Vents frais; Ciel nébuleux.
25	55 9	149 28	6 35	45 ½	29 85	N. O. ¼ N. Vents frais & tems clair.
26	55 9	144 43				N. N. O. Vents forts & brume; beaucoup d'oifeaux autour du vaiffeau.
27	55 6	138 56		44	29 80	Ditto. Ditto. Nébuleux.

TABLE IX. Continuée.

Route de la RÉSOLUTION, de la Nouvelle-Zélande,
à la Terre de Feu.

EPOQUE.	Latitud. Sud.		Longit. Eſt.		Déclinaiſon du Compas. Oueſt.		Thermomèt.	Baromèt.		Vents, Ciel & Remarques.
	d	'	d	'	d	'	p	d	'	
1774. Novem. 29	55	24	129	39			45 ⅔	29	75	N. O. Peu de Vent & brume.
Décemb. 1	55	38	127	11			45 ¾	29	55	Peu de Vent du N. E. brume & bruine.
2	54	56	125	0	1	28	45	29	50	S. E. Briſe fraîche & favorable.
3	54	1	123	47			45	29	25	E. S. E. Brume & pluie.
4	53	15	120	42	3	22				S. Vents frais & tems clair.
7	53	19	108	48	5	1	46 ½	29	5	Du côté de l'Oueſt, Ciel clair & agréable.
10	54	0	102	7						Du côté du Sud, Vents forts.
11	53	40	96	52	9	58	44	29	75	Du côté de l'Oueſt, Vent frais & nébuleux.
12	53	25	92	44			45	29	75	Ditto. Jolies Briſes & beau tems.
14	53	25	86	56	14	14	46 ½			Ditto. Briſes fraîches.
16	53	26	79	37	17	38	46	29	15	Ditto.
17	53	21	76	17	20	6	47	29	15	Ditto. Ondées de pluie à minuit, vu le Cap Deſeada à l'entrée O. du Détroit de Magellan : il nous reſtoit au N. E. ¼ N.

TABLE X.

Route de la RÉSOLUTION, de la Terre des Etats,
au Cap de Bonne-Espérance.

EPOQUE.	Latitud. Sud.	Longit. Est.	Déclinai-son du Compas. Ouest.	Thermomèt.	Baromètre.	Vents, Ciel & Remarques.
	d /	d /	d /	d /	p	
1775. Janv. 4 Midi.	55 33	62 13		5 1	30 60	O. au S O. Vents frais, & raffales accompagnées de pluie.
	57 9	58 46	21 28	47	29 60	Du côté de l'O. Vent frais & favorable.
P. M. 6	58 10	53 54				S. O. Vents forts & raffaleux ; pluie neigeufe.
7	56 4	53 36				Du côté de l'Ouest, Vents frais & favorables.
Midi. 8	55 9	52 15	20 4	49	29 50	N. O. Jolie brife.
9						Du côté du N. Vents frais & brume.
A. M. 10	54 23	49 23				O. S. O. Jolie Brife, Ciel nébuleux.
11	54 35	45 10	19 25			S. O. Jolie Brife.
Midi. 12	54 28	42 8				Ditto. Vu un veau marin.
13	55 7	40 32		39	29 15	
14	53 56½	39 24		37½	29 35	S. E. Brife légere ; l'Ifle de la Georgie à l'Eft ¼ S. à 13 lieues.
P. M. 24						L'Ifle de Georgie à l'O. N. O. à 8 lieues de diftance.

TABLE X. Continuée.

Route de la RÉSOLUTION, de la Terre des Etats, au Cap de Bonne-Espérance.

EPOQUE.	Latitud. Sud.	Longit. Est.	Déclinaison du Compas. Ouest.	Thermomet.	Baromètre.	Vents, Ciel & Remarques.
	d '	d '	d '	d '	p	
1775. Janvier 26 A. M.	53 33	31 10	9 26			N. ¼ N. O. Vents frais & tems clair.
P. M. 27	60 0	30 40				Du côté du N. Jolie Brife & brume; vue une Ifle de glace & des penguins.
Midi. 28	60 4	29 23		37	29 10	Ditto. Bruine; beaucoup de glace.
30	59 30	29 33		36	29 25	Ditto. Vents frais & brume; glace, penguins & baleines.
31	59 13½	27 26		37	29 15	O. N. O. Jolie Brife & Ciel fombre, Thule s'étendant du S. S. E. au S. ¼ S. O.
Février. 1	58 25	27 18	10 11	39	29 15	S. O. Brife légere; le Cap Montagu à l'Eft, à cinq lieues.
2	57 41	27 0				N. N. E. Brumeux.
4	56 44	25 23				Calme. Plufieurs penguins, quelques baleines.
5	57 8	23 34	5 18	38	28 80	Du côté du Sud, Vent modéré & brumeux.
6	58 15	21 34		38½	29 60	Du côté du N. Vent frais & ondées de neige.

TABLE X. Continuée.

Route de la RÉSOLUTION, de la Terre des Etats, au Cap de Bonne-Espérance.

EPOQUE.	Latitud. Sud.		Longit. Eft.		Déclinai-son du Compas. Ouest.		Thermomit.	Baromètr.	Vents, Ciel & Remarques.
	d	l	d	l	d	l	d l	p	
1775. Février. 7	58	24	17	46	1	58	37 ½	29 0	O. S. O. Vent fort & Ciel nébuleux.
P. M. 9	58	27	12	49	0	2			Calme, ondées de neige.
Midi. 10	58	15	10	34	1	7	34 ½	29 30	S. O. Vent frais & on-dées de pluie.
12	58	19	6	43	3	23	37 ½	29 15	O. Souffles de Vent & beau tems ; plufieurs Ifles de glace.
13	57	57	4	46	4	25	34		S. ½ S. E. Vent frais & beaucoup de neige.
14	57	24	0	44 Eft.			32 ½	28 90	S. Vent très-fort & beau-coup de neige.
15	56	37	4	11			35 ½	29 25	S. O. Vent frais & favo-rable.
16	55	26	5	52	12	15	36 ½	28 95	Calme.
P. M. 17	54	20	6	33					S. Vent frais & neige.
Midi. 18	54	25	8	46	13	10	36	29 55	O. Vent frais & beau tems.
19	54	25	12	1			34 ½	29 45	N. E. Vent frais, pluie neigeufe & neigé.
20	54	8	12	59			35 ½	29 80	O. Vent frais & favo-rable. L'après midi, pas la moindre appa-rence de terre.

TABLE X. Continuée.

Route de la RÉSOLUTION, de la Terre des Etats,
au Cap de Bonne-Espérance.

EPOQUE.	Latitud. Sud.		Longit. Est.		Déclinaison du Compas. Ouest.		Thermomè.		Baromètre.		Vents, Ciel & Remarques.
	d	′	d	′	d	′	d	′	P		
1775. Février. 22	54	26	18	42	18	41			29	20	S. O. Brise fraîche & Ciel sombre.
23	55	10	22	1			36		29	0	Du côté du Nord, neige & pluie neigeuse; baleines vues.
24	54	26	24	21			35 ½		28	95	N. O. Vent frais & favorable; Isle de glace.
25	52	52	26	31			35 ½		28	95	Ditto. Raffales & ondées de pluie.
26	50	3	28	37			41		29	75	N. Vent frais.
Mars. 1 P. M.	46	44	33	20	23	36					S. Joli frais & beau tems.
Midi. 2	46	30	31	46			47		29	65	Variable; Vents frais & ondées de pluie.
P. M. 3	45	8	30	50	22	26					O. Vents frais & très-raffaleux.
4	43	20	29	50							N. O. Vents frais & Ciel nébuleux.
A. M. 6	44	5	26	49			50				Ditto. Ditto. Brume épaisse.
Midi. 7	42	24	26	51			59 ½		29	80	O. Vent très-frais, & favorable.
8	41	47	26	27			⅓		29	95	N. O. Jolie brise.

TABLE X. Continuée.

Route de la RÉSOLUTION, de la Terre des Etats, au Cap de Bonne-Espérance.

EPOQUE.	Latitud. Sud.		Longit. Est.		Déclinaison du Compas. Ouest.		Thermomè.	Baromè.	Vents, Ciel & Remarques.
	d	'	d	'	d	'	d '	p	
1775. Mars. 10	42	6	24	40	21	33	64	29 55	Variable.
11	40	56	23	47	20	48	59 $\frac{1}{2}$	29 80	O. Jolie Brise & favorable.
13	38	51	23	37			62	30 10	Brise légere de l'Ouest.
14	37	19	22	9			72		E. Vent frais avec des raffales.
16	35	16	22	50			72 $\frac{1}{2}$	29 85	O. N. O. Tems raffaleux variable.
17	34	49	21	41			69	33 20	Petit Vent de l'Est; profondeur de l'eau, 66 brasses. L'après-midi, vue la terre dans la direction du N. N. E. Le 22 à, midi nous, mouillâmes dans la Baie de la Table, au Cap de Bonne-Espérance.

TABLE XI.

Route de L'AVENTURE, de la Nouvelle-Zélande,
au Cap de Bonne-Espérance.

ÉPOQUE.	Latitud. Sud.	Longit. Eſt.	Déclinaiſon du Compas Oueſt.	Thermomitr	Baromitre.	Vents, Ciel & Remarques.
	d '	d '	d '	d '	p	
1773. Décem. 23	42 26			65		N. Cap Palliſer au N. E. à 17 lieues.
Midi. 25	44 38	175 41		60		N. E. ¼ N. Jolie Briſe & brume.
28	47 5	178 12		54		Variable.
30	49 37	179 22		56		N. Briſe légere & brume ; beaucoup de veaux marins & de penguins autour du vaiſſeau ; vu quelques morceaux de bois & de goëfmon.
31	50 47	179 29		48		E. S. E. Vent fort & raffaleux , avec de la pluie.
1774. Janv. 2	51 37	Eſt. 177 11	15 30	48		S. O. Vent frais & Ciel nébuleux.
4	54 26	170 49		46		O. Vent frais & brume, avec de la pluie.
5	55 30	167 0		46		S. O. ¼ O. Vent frais & favorable ; groſſe mer de l'O. S. O.
6	56 27	163 43		40½		S. S. O. Vent frais & raffales , accompagnés de pluie ; groſſe houle du S. O.

TABLE XI. Continuée.

Route de L'AVENTURE, de la Nouvelle-Zélande, au Cap de Bonne-Espérance.

EPOQUE.	Latitud. Sud.	Longit. Est.	Déclinaison du Compas. Ouest.	Thermomè.	Baromètre.	Vents, Ciel & Remarques.
1774.	d ′	d ′	d ′	d ′	p	
Janv. 7	56 57	160 6	11 15	38		Ditto. Brise modérée & brouillard.
9	57 29	153 54		38 ½		S. S. O. Brise fraîche; vus plusieurs oiseaux & quelques baleines.
11	58 17	147 23	7 36	37		O. Jolie Brise & ondées de neige; plusieurs Isles de glace en vue.
12	58 36	144 40	9 20	38		S. O. Brise modérée.
14	58 48	142 14	7 45	37		O. Brise fraîche.
16	58 50	134 26		40		Ditto. Dépassé beaucoup d'Isles de glace.
19	59 24	119 13	8 25	41		N. O. ¼ O. Vent frais & ondées de pluie.
20	57 52	114 37		41 ½		N. Vents frais & brouillards.
21	60 9	113 12	11 6	41 ½		Variable.
22	59 30	111 26	11 15	41 ½		S. Brise modérée.
24	59 35	105 16	13 12	38 ½		Ouest.
25	60 14	101 6		43		N. Vent frais & brumeux, avec de la petite pluie.

TABLE XI. Continuée.

Route de L'AVENTURE, de la Nouvelle-Zélande, au Cap de Bonne-Espérance.

ÉPOQUE.	Latitud. Sud.	Longit. Est.	Déclinai-son du Compas Ouest.	Thermomè.	Baromètre.	Vents, Ciel & Remarques.
1774.	d ′	d ′	d ′	d ′	p	
Janvier. 26	60 40	97 0		43		Ditto. Vent frais & brumeux.
28	61 45	89 0	22 48	42		O. Brise modérée & Ciel clair.
29	61 49	84 1	24 30	41 ½		N. ¼ N. O. Vent frais & brume.
31	61 20	71 50	26 6	39		N. Brise modérée & brume avec de la pluie
Février. 3	60 ̧4	57 43	24 30	40 ½		O. Vent frais.
4	60 20	53 20	19 30	39		N. N. O.
6	60 3	48 25		37 ½		N. E. ¼ E. Brises légeres & brume épaisse; vues deux Isles de glace & quelques glaces flottantes.
7	59 16	47 18	19 20	41		S. Brise légere.
8	58 32	45 28		37		N. O. Brise légere, & brume & pluie.
9	57 20	42 44	15 36	37 ½		S. O. Brise légere, & brume & pluie nei-geuse.
10	56 55	41 0		42 ½		O. Brise modérée; vus un penguin & plu-sieurs autres oiseaux.

TABLE XI.

Route de L'AVENTURE, de la Nouvelle-Zélande, au Cap de Bonne-Espérance.

EPOQUE.	Latitud. Sud.		Longit. Eſt.		Déclinaiſon du Compas. Oueſt.		Thermomit.	Baromère.	Vents, Ciel & Remarques.
1774.	d	′	d	′	d	′	d ′	P	
Février. 11	56	28	38	10			40		N. Vus pluſieurs penguins & des péterels de neige.
12	55	46	36	40	10	30	40		O. N. O. Vent frais & pluie
13	54	56	34	20			41		Ditto. Brume ; vue une grande Iſle de glace.
14	54	23	32	0			40 ½		N. N. O. Briſe légere & brume épaiſſe.
15	54	20	28	55			40 ½		N. O. Briſe fraîche & brume.
16	54	4	24	14	6	32	39 ½		S. S. E. Souffles de vent & brume.
18	54	16	23	14			40		N. Briſes fraîches.
19	54	0	21	30			39 ½		S. E. Briſes légeres & brm e.
20	53	15	19	7	2	0	37		S. O. Briſe modérée & Ciel nébuleux ; vues pluſieurs Iſles de glace.
						Eſt.			
22	53	12	13	0	1	26	40		Du côté du Sud, d'abord raffaleux , & enſuite des Briſes légeres.
23	53	8	8	0			39		O. Briſe fraîche & bru-

Route de L'AVENTURE, de la Nouvelle-Zélande,
au Cap de Bonne-Espérance.

ÉPOQUE.	Latitud. Sud.	Longit. Est.	Déclinai-son du Compas. Ouest.	Thermomè.	Baromètre.	Vents, Ciel & Remarques.
	d '	d '	d '	d '	p	
1773.						me épaisse ; dépassé des glaces flottantes & des Isles de glace.
Février. 24	52 48	4 53	5 0	40		O. Vent fort ; dépassé plusieurs Isles de glace.
25	53 14	1 58	6 30			Ditto. Vent frais & ondées de neige ; dépassé plusieurs Isles de glace.
		Est.				
26	53 29	0 19	9 20	33		S. E. ¼ E. Brise modérée.
27	53 29	3 11	11 0	40		O. Vent frais ; vues le matin les aurores australes.
28	53 54	6 35		39		O. au N. N. E. Jolie Brise ; dépassé un certain nombre d'Isles de glace.
Mars. 2	54 4	10 4		35		O. Brise modérée & ondées de neige.
3	53 17	11 53	16 45	36		O. S. O. Vent fort ; dépassé plusieurs Isles de glace.
3	50 48	12 36		37		N. O. Vent modéré.

TABLE XI. Continuée.

Route de L'AVENTURE, de la Nouvelle-Zélande, au Cap de Bonne-Espérance.

EPOQUE.	Latitud. Sud.	Longit. Est.	Déclinaison du Compas. Ouest.	Thermomè.	Baromè.	Vents, Ciel & Remarques.
	d ′	d ′	d ′	d	p	
1773. Mars. 6	49 58	14 26		42		O. N. O. Vent frais.
7	48 30	14 26	16 32	41		O. Neige & pluie neigeuse ; deux grandes Isles de glace en vue.
8	47 35	13 45		40 ½		N. O. Vent frais & favorable.
11	41 48	14 19	17 15	54		S. E. Brise légere.
17	34 13	18 5	21 0	69 ½		Baie de la Table, au Cap de Bonne Espérance, au N. 52 dégrés Est, ne uf lieues

VOCABULAIRE

DE LA LANGUE

DES ISLES

DE LA SOCIÉTÉ.

AVERTISSEMENT

SUR LA PRONONCIATION

DU VOCABULAIRE.*

COMME toutes les Nations qui emploient l'Alphabet, ont une maniere particuliere de proférer les sons représentés par les lettres, la prononciation est un article essentiel dans la constitution de la langue d'un peuple, & doit être apprise avant tout. Mais ce travail étant très-long & très-ennuyeux pour un commençant, à cause de la grande diversité des valeurs que prennent les lettres dans les différentes circonstances, il paroît nécessaire, du moins dans les langues qu'on n'a jamais écrites, de diminuer le nombre de ces variétés, en diminuant les différens sons, & représentant toujours les sons simples par les mêmes lettres.

LE VOCABULAIRE suivant, sans des observations préliminaires, seroit peut-être absolument inintelligible. Puisque les voyelles réglent tous les sons, il est besoin seulement de parler de ces lettres. Voici la valeur qu'on donne à chacune d'elles dans le Vocabulaire.

---

* [Les Lecteurs François remarqueront que c'est un Anglois qui parle, & qu'il donne aux mots des Langues des Isles de la Société, une prononciation correspondante à la prononciation Angloise.

A DANS la langue Angloife a coutume de repréfenter deux fons fimples différens ; comme dans le mot *arabia* (on le prononce *araibia*) où le premier & le dernier *a* ont une valeur différente du fecond. Dans le Vocabulaire, cette lettre doit toujours être prononcée comme le premier & le dernier *a* d'*arabia* ; l'autre valeur, ou fon du fecond *a*, eft toujours repréfenté dans le Vocabulaire par a & i, imprimé ainfi en italique *a i*.

E A AUSSI deux expreffions où on l'emploie, pour repréfenter deux fons fimples, comme dans les mots *éloquence, bred, led,* (on prononce en françois éloquinnce braid laid,) & on peut dire qu'il a une troifieme valeur, comme dans les mots *Then, When,* &c. (on prononce en françois zain, ouain :) Dans le premier cas, cette lettre s'emploie feulement au commencement des mots, & par-tout où on l'a trouve ailleurs dans les mots du Vocabulaire, on l'emploie comme dans le fecond cas, mais jamais comme dans le troifieme ; car ce fon eft partout exprimé par l'a & l'i mentionnés ci-deffus, imprimés en italique.

I EXPRIME différens fons fimples, comme dans les mots *indolence, iron* & *imitation,* (on prononce inndolince, aïron, imita ichon.) Dans le Vocabulaire, on ne l'emploie jamais comme dans le premier cas, excepté au milieu des mots : on ne le prend jamais comme dans le fecond exemple, parce que alors ce fon eft toujours exprimé par y ; & on ne l'emploie pas comme dans le dernier ; ce fon étant toujours repréfenté par deux e imprimés en italique de cette maniere *e e*.

O DANS ce Vocabulaire, ne change jamais dans la prononciation d'un son simple, mais on l'emploie souvent de cette maniere, o o, & il se prononce comme dans *good*, *stood*, &c. (on prononce *goud*, *stoud*, &c.)

U CHANGE, ou a coutume d'exprimer différens sons simples, comme dans *unity*, ou *umbrage* : (on prononce *iouniti* ou *ommbraige*.) Ici les lettres e & u imprimées en italique *e u*, ont une valeur d'iou, comme dans le premier exemple, & l'u seul conserve toujours la seconde valeur par-tout où on le trouve.

Y A COUTUME d'exprimer différens sons, comme dans *my*, *by*, &c. &c. (on prononce *maï*, *baï*.) & dans *daily*, *fairly*, &c. (on prononce *daili*, *fairli*.) par-tout où il se trouve au milieu ou à la fin, (ou ailleurs qu'au commencement) d'un mot, on l'emploie toujours comme dans le premier exemple ; mais jamais comme dans le second, parce que cette valeur est toujours exprimée par la lettre e, (qui se prononce i.) Il a aussi une troisieme valeur, comme dans les mots *yes*, *yell*, &c. (qu'on prononce yes, yell.) qu'il garde par-tout dans le Vocabulaire, du moins au commencement des mots, ou lorsqu'il précède une autre voyelle, à moins qu'une marque placée au-dessus n'avertisse de la prononcer séparément, comme dans y a.

EXCEPTÉ très-peu de cas, voilà les valeurs qu'on donne aux voyelles dans ce Vocabulaire ; mais, pour que la prononciation soit encore moins sujette à varier, j'ai ajouté aux mots un petit nombre de figures.

CELUI-CI ·· dans o à, par exemple, annonce que ces lettres doivent être prononcées séparément.

LES LETTRES italiques telles que *e e* ou *o o* ne forment qu'un son simple.

LORSQUE, dans la prononciation, il faut appuyer sur quelque partie d'un mot, on place un accent sur la lettre où il faut commencer d'appuyer, ou plutôt entre cette lettre & la précédente.

IL ARRIVE souvent qu'un mot est composé, comme s'il en formoit deux, ou en quelque cas, on répète le même mot ou la syllabe : alors on place une virgule au-dessous à l'endroit où il faut laisser un petit espace de tems, avant de prononcer l'autre partie, mais on ne doit pas y faire un repos complet.

Exemples pour tous ces cas.

Roa	Grand, long, éloigné.
E'reema,	Cinq.
Ry'poeea,	Brouillard.
E'hoora,	Renverser ou tourner sens-dessus-dessous.
Paroo, roo	Partition, division.

VOCABULAIRE

DE LA LANGUE

DES ISLES DE LA SOCIÉTÉ.

A

ABEILLE, (*une*)	E'rao.
Abícès, (*un*)	Féfe.
Action, *opposée au repos ;*	Ta'eree.
Admiration, (*interjection d'*)	A'wai, S. Awai to Peereeai.
Adoucir,	Eparoo' paroo.
Adroit, *un jeune homme très-vif & très-adroit,*	Te'my de pa'aree.
Adultère, ou *celui qui tourmente une femme mariée,*	Teeho reeho, S. Teeho teeho ta'rar.
Agenouiller, (*s'*)	Too'teoree.
Agiter; *remuer une chose.*	Eooa' wai.
Aiguilles,	Norreeda.
Aile (*l'*) *d'un Oiseau ;*	Ere'ou.
Aimer,	Ehénaroo.
Aine, (*l'*)	Ta'pa.
Aisselle, (*l'*)	E'e.
Alimens, *nourriture ;*	Mâa.
Aller (*s'en*) *quitter une place,*	Era'wa.
Aller, *marcher, se mouvoir de l'endroit où l'on est.*	Hatre.
Allumer,	Emaa.

Tome IV.

Amande, (*l'*) *d'une noix.* — Emo'teea.

Amant, (*un*) *un homme qui fait l'amour,* — Ehoo'noa.

Ami, *terme qu'on adreſſe à un étranger,* — Ehoa.

Ami *particulier, terme qui annonce plus d'intimité,* — E'apatte.

Amorce, *pour les poiſſons,* — Era'eunoo.

Anneau, (*un*) — Maino.

Appeler *quelqu'un de loin,* — Tooo'too'ooo.

Appellez (*comment*) *vous cela? quel en eſt le nom ?* — Owy te aee' oa.

Apporter, *demander à quelqu'un d'apporter quelque choſe,* — Ho'my.

Approbation, *conſentement,* — Madooho'why.

Appuyer, (*s'*) *ſur quelque choſe.* — E'py.

Arbre, (*un*) — E'rao.

Arbre, (*l'*) *avec lequel ils font les maſſues, les piques,* — Erao.

Arbre à pain, (*la feuille de l'*) — E'da'ooroo.

Arbre à pain, (*la moelle de l'*) — Po'ooroo.

Arbre à pain, (*la gomme de l'*) — Tappo'ooroo.

Arc, (*un*) — E'fanna.

Arc, (*une corde d'*) — Aroa'hooa.

Arc-en-Ciel, (*un*) — E'nooa.

Arcs ponctués *ſur la partie ſupérieure des cuiſſes,* — E'var're.

Arracher, — Areete.

Arracher *une choſe avec précipitation,* — E'hairoo.

Arracher *les poils de la barbe,* — Hoohoota.

Arrêter, — A'too.

Arrête, ou *attend un peu,* — A'reea, ſ. Aree' ana.

Aſpérité, *aprêté,* — Tarra, Tarra.

Aſſaſſin, (*un*) — Taata toa.

Affaffin, *ou plutôt un tueur d'hommes, un Soldat, un Guerrier.*	Taata. toa.
Affaffiné, *tué,*	Matte roa.
Affemblée, (*une*)	A'noho.
Affeoir, (*s'*)	E te *ou'* rooa.
Affeoir, (*s'*) *les jambes croifées,*	Tee'py.
Attendre, *refter un peu,*	Areeana.
Attraper une balle,	Ama'wheea.
Authentique, *vrai,*	Parou, mou.
Aux, *ils, leurs,*	To'taooa.
Avare, *parcimonieux, vilain,*	Pee'peere.
Avaler, *engloutir,*	Horo'mee.
Aveugle,	Matta-po.
Avidité, *ou plutôt celui qui n'eft pas porté à donner,*	Pee, peere.

B

Babillard, (*un*) *un homme incommode.*	Taata E'moo, f. E'moo.
Baigneur,	Ob'oo.
Bailler,	Ha'mamma.
Baifer, f.	E'hoee.
Bouchon,	Eenee'ou.
Banc, *ou bas-fond,*	E'paa.
Barbe,	Oome, oome.
Barbouiller, *falir,*	Par'ry.
Bariolé, ou *peint en quarré,*	Poore, poore.
Bas, *pas élevé, comme baffe terre,*	Hëa, hëa, Papoo, f. Eeo'oa.
Bas, (*au*) *comme au bas de l'efcalier,*	Tee'dirro, f. Teediraro.
Baftonade, *bâtonner quelqu'un,*	Tapra'hai,
Bâtard,	Fanna too'neea.
Bateau, (*petit*) *ou pirogue,*	E'vaa.
Bâton, *qu'on porte en marchant,*	Tame.
Bataille, *combat,*	E'motto.

Bataille, (*hache de*)	O'morre.
Battoir, *de Blanchiſſeuſe*,	Peere'teee.
Battoir *d'étoffe, morceau de bois oblong, quarré & ſillonné, dont on ſe ſert dans la fabrique des étoffes.*	To'aa.
Battre, *frapper*,	Too'py or Toobaee.
Battre *du tambour*,	Eroo'koo.
Beaucoup, *grand nombre*,	Wo'rou, Wo'rou, ſ. manoo, manoo.
Bécaſſine, *oiſeau reſſemblant à une bécaſſine, noir & brun*,	Tee'tee.
Bien *recouvré ou échappé*,	Woura, ſ. Woo, ara.
Bien, *cela eſt bien, cela eſt charmant, cela eſt beau*,	Pooro'too.
Bienveillance, *généroſité*,	Ho'roa.
Par exemple, vous êtes un homme généreux,	Taata ho'roa oe.
Blaſphêmateur, *celui qui manque de reſpeɛt aux Dieux*,	Toona, (taata.)
Bleſſure, (*une*)	Ootee.
Boire,	Aee'noo.
Bois, *de toute eſpèce*,	E'rao.
Bon *caractère*,	Mama'hou, ſ. Matoo.
Bon, *cela eſt bon, cela eſt bien*,	My'ty, ſ. Myty, tye, ſ. Maytay.
Bonite, (*un*) *poiſſon*,	Peera'ra.
Bouche, (*la*)	Evo'ha.
Bouche, (*ouvrir la*)	Ha'mamma.
Bouchon (*un*)	Ora'hooe.
Bouchon (*le*) *d'un carquois*,	Ponau.
Bouillie, *nourriture d'enfant*,	Mamma.
Bourgeons, *d'un arbre ou d'une plante*,	Te, arre'haoo.
Bourre, *filaſſe, fibre pareille au chanvre*,	Ta'mou.
Bouton (*le*) *de la mammelle*,	E'oo.

Branche, (une) d'arbre, ou de plante,	E'ama.
Bras, (le)	Beema.
Brifer, quelque chofe,	O'whatte, f. Owhanne, f. Fatte.
Brifé, ou coupé,	Motoo.
Brouillard,	Ry'poeea.
Brûler, quelque chofe;	Doodooe.
Brume, brouillard,	Ry'poeea.
Brun, couleur brune,	A'uraura.
Bruyant, incommode, babillard,	Emoo.

C

Cacher une chofe;	E'hoona.
Calcul, ou computation des nombres,	Ta'tou.
Calme, (un)	Ma'neeno.
Calme en mer, ou plutôt, pofition dans laquelle le vent n'a point de prife fur vous,	Eou, She'a.
Canard, (un)	Mora.
Cane, de fucre,	Etoo.
Cane de fucre,	E'To, f. Too.
Carquois pour les traits,	Peeha.
Ceinture, (une)	Ta'tooa.
Ceintures, (Manufacture de)	Tatoo'y.
Célérité, vîteffe,	Tee'teere, f. Etirre.
Centre, (le) ou le milieu d'une chofe,	Tera'poo.
Cerf-volant, (un) jouet d'enfant,	O'omo.
Cerveau, (le) d'un animal,	A'booba.
Chair, (une marque rouge de)	Eee'da.
Chaleur,	Mahatna, hanna.
Chanfon, (une)	Heeva.
Chanter, comme fait le coq,	A'aooa,

Chapeau, ou *couverture pour la tête*,	Tau'matta.
Chat, (*le*) *de mer, poisson*,	Poohe.
Chatouiller *quelqu'un*,	My'neena.
Chaud, *air brûlant, ou étouffant ; il fait chaud*,	Pohee'a.
Chauve, (*qui a la tête*)	Oopo'boota.
Chef, (*un*) ou *principal personnage*,	Earee.
Chef, (*un*) *subalterne : celui qui est seulement dans un état d'indépendance, qui vit de son bien*,	Too'ou.
Chemin, ou *sentier*,	Ea'ra.
Chemise *blanche*,	Paroo'y.
Chenille, (*une*)	E'tooa.
Chercher *une chose perdue*,	Tapoonee.
Ou bien,	Oo, s. Pae'mee.
Cheveux, (*les*) *de la tête*,	E'roroo, s. E'rohooroo.
Cheveux, *attachés au sommet de la tête*,	E'poote.
Cheveux *bouclés*,	Peepee.
Cheveux *laineux, ou frisés*,	Oe'toeto.
Cheveux *gris*,	Hinna' heina.
Cheveux *rouges*,	E'hoo.
Cheveux, (*arracher les*)	E'woua.
Cheville, (*une*) *pour pendre un sac*,	Te'aoo.
Cheville, (*la*) *du pied*.	Monioa.
Cheville, (*la*) *du pied en dedans*,	Atooa, ewy.
Chien, (*un*)	Ooree.
Chienne, (*une petite*,	Oore, e' ooha.
Chiquenaude, (*une*)	Epatta.
Choisir) trier,	Eheee, te, me, my, ty.
Chuchuter, *secrettement , médire , parler mal de quelqu'un*,	Ohe'moo.

Ciel, (*le*)	E'raee.
Circoncifion, ou plutôt, *inci-* *fion du prépuce,*	Eoore, te'hai.
Cifeau, (*une paire de*)	O'toobo, f. O'toboo.
Citrouilles ,	A'hooa.
Clair, *pur, comme eau claire,*	Tëa'te.
Claquet, (*une efpèce de*) *dont* *on fe fert aux funérailles,*	Par'haoo.
Claquer, (*faire*) *le poignet en* *le tirant brufquement avec* *la main ; ufage des Natu-* *rels,*	E'too.
Cligner *les yeux,*	E'amou, amoo.
Clou, (*un*) *de fer,*	Eure.
Cochon, (*un*)	Boa.
Coco, (*feuilles de*)	E'ne'haoo.
Coco, (*la gouffe fibreufe d'une* *noix de*)	Pooroo waha, f. Pooroo.
Coco, (*noix de*)	A'rëe.
Coco, (*huile de*)	E'rede, Vae.
Coq, (*un*)	Moa, étoa.
Coq, (*la crête*)	Potte potte.
Coq, (*le*) *bat fes ailes,*	Te Moa Paee, paee.
Cœur, (*le*) *d'un animal,*	A'hoatoo.
Cœur, (*le*) *d'une pomme,*	Boe.
Coin, (*un*)	E'pecho.
Coin, (*un*)	Era'hei.
Coït,	E'y.
Col, (*le*)	A'ëe.
Colere, *être en colere,*	Warradee, f. Reedee.
Colline, (*une*) ou *Montagne,*	Maoo, f. Maoo'a, f. Moua.
Collines, *d'argile blanche,*	E'mammatëa.
Combattre,	E'neotto.
Concubine, (*une*)	Wa'heine, Moebo, f. Etoo'neea.
Condefcendance, *à une priere ;* *confentement,*	Madoo, ho'why.
Confufion, *fans ordre,*	E'vaheea.

Connoissance, *compere ou com-mere*,   Tee'ya.

Connoître, *savoir*,   Eete.

Consentement, *ou approbation*,   Madoo, ho'why.

Content, *de bonne humeur, pas chagrin*,   Maroo.

Conversation,   Paraou, maro, s. Para' paraou.

Coquille, (*une petite*)   Otéo.

Coquille, (*une*) *tigrée*,   Poréhoo.

Cordage, *de toute espèce*,   Taura.

Corde, *(une) de toute espèce*,   Taura.

Corde, (*la*) *d'un carquois*,   E'aha.

Coriace, *comme viande*,   Ahoo'oue.

Corlieu, *petit corlieu qu'on trouve autour des vaisseaux,*   Torëa.

Corpulence, *obésité*,   Oo'peea.

Côte, (*la*)   Euta.

Côte, (*une*)   A'wao.

Côté, (*le*)   E'reea'wo.

Côté, (*le*) *droit*,   Atou, a'taou.

Côté, (*le*) *gauche*,   A'reode.

Cou *de travers*,   Na'na.

Coucou *brun, bariolé de noir, & qui a une longue queue, comme dans ces Isles*,   Ara'wereroa.

Coucher, (*se*) *pour se reposer*,   Etéraha, s. Téboo.

Couché,   Fateeralsa.

Coudre *garnir de cordon*,   E'tooe.

Couper *les cheveux avec des ciseaux*,   O'tee.

Coupé, *ou divisé*,   Motoo.

Courber, *plier quelque chose*,   Fá sé sé.

Courir, *en arriere & en avant, en s'efforçant d'échapper*,   Oo'atapone.

Court, s.   Po'potoo.

Courtiser,

Courtiser, *faire l'amour à une femme*,	Ta'roro.
Couture, (*une*) *entre deux planches*,	Fatoo'whaira.
Couverture, *la couverture des ouies d'un poisson*,	Peee'eya.
Crabe, (*un*)	Pappa.
Crabe *de terre qui grimpe sur les Cocotiers pour en manger le fruit*,	E'oowa.
Cracher,	Too'tooa.
Craie,	Mamma'tëa.
Cramoisi, *Couleur*,	Oora, oora.
Crampe, (*la*)	Emo'too too.
Crâne, (*le*)	Too'pooe.
Cresson *d'eau*,	Pa'toa.
Crevasse, (*une*) *fente*, *fissure*,	Motoo.
Cri, *pour appeler quelqu'un*,	Too'o.
Crier, *ou verser des larmes*,	Taee.
Crochu, *qui n'est pas droit*,	Ooo'peeo.
Croître, *comme une plante*,	We'rooa.
Croûte, *gale*,	E'tona.
Crud, (*fruit*) *comme* : : :	Paroure.
Crue, (*viande*) *chair qui n'est pas cuite*,	E'otta.
Cuirasse, *faite d'osier*, *ornée de plumes*, *de poil de chien*, *& de coquillages*,	Ta'oome.
Cuisse, (*une*)	Peeha.
Cuit, *apprêté*; *pas crud*,	Eee'oo, f. Eee' wera.
Cuit, *au four*,	Etoonoo.

D

Danse, (*une*)	Heeva.
Dartre, *maladie*,	E'nooa,

Tome IV. Mm

Dauphin, (*un*)	A'ouna.
Déchirer, *fendre*,	Moo' moo moo.
Déchirer *quelque chofe*,	Ha'hy, f. Whatte.
Déchiré, *fendu*,	E'wha.
Décrépit,	Epoo' taoa.
Dedans, (*en*)	Tee'roto.
Défaillant, *tomber en défaillance*,	Moe, mo'my.
Dégoûtant, *qui donne des nau-* *fées*,	E, wawa.
Dehors,	Teiwého.
De-là,	No, reira, f.
De dehors,	No, waho'oo.
De devant,	No, mooa.
Demander, *quelque chofe*,	Ho'my, f. Ha'py my.
Demain,	Bo'bo, f. A, Bo'bo.
Demain, *le fecond jour après*,	Poée poee, addoo.
Demain, (*après*)	A'bo'bo doora.
Demeurer, ou *refter*,	Eté ei.
Dent, (*la*)	E'neeheeo.
Dépêche-toi, *va vîte*,	Haro
Dérober,	Woreedo.
Derriere, *le contraire de devant*,	Témooree.
Derrière,) *nettoyer le*)	Fy'roo, too'ty
Défapprobation,	Ehoonoa.
Déshabiller, *ôter les vêtemens*,	Ta'turra.
Defirer, ou *fouhaiter quelque* *chofe*,	Eovee.
Défunir, *détacher*, *relâcher*,	Eaoo'wai.
Deffous, (*au*)	O'raro.
Deffous, *en-deffous*,	Orato.
Deffus, (*au*)	Neea, f. Tie'neea.
Deffus, (*par*) *en outre*, *plus que* *la quantité*,	Téharra.
Deuil,	'Eeva.
Deuil, (*feuilles de*) *on y em-* *ploie celles du cocotier*,	Ta'paoo.

Deux;	E'rooa.
Devant, *le contraire de derriere*,	Témoa.
Dreſſer *les oreilles*,	Eoma te ta'reea.
Diable, ou *eſprit malin*,	'Etee.
Diarrhée, *cours-de-ventre*,	Hawa, hawa.
Diſtant, *éloigné*,	Roa.
Diſtribuer, *diviſer*, *partager*,	Atoo'ha.
Diſtrict, (*un*)	Matei'na.
Dix,	A'hooroo.
Dodu, *gros*, *plein de chair*,	Oo'peea.
Doigt, (*un*)	E'reenca.
Doigt, (*un*) *du pied*.	Ma'neeo.
Domeſtique, (*un*)	Towtow.
Donner *une choſe*,	Hoa'too.
Dorloter, (*ſe*) *faire l'indolent*,	Teépy.
Dormir,	Moë.
Dormir, *aſſis*,	Too' roore, moe.
Dos, (*le*)	Tooa.
Double, *quand deux choſes ſont l'une dans l'autre, comme une double pirogue*,	Tau'rooa.
Douleur ou *peine*,	Ma'may.
Doux, (*quelque choſe de*) *au goût*,	Mona.
Droit, *debout*,	Etoo.
Dureté,	E'ta, éta.
Duvet, ou *poil doux*;	E'waou.

E

Eau;	'A'vy.
Ebranler, *agiter une choſe*,	Eooa wai.
Ecaille de *poiſſon*,	Poa.
Echelle, (*une*)	Era'a, ſ. E'ara.
Echo,	Tooo.
Eclair,	Oo'waira.

Eclairer, *allumer le feu*,   A'toonoo t' Eee'wera.

Ecope, (*une*) *pour vuider l'eau* }
    d'une pirogue,   E'tata.

Ecorce, (*l'*) *d'un arbre*,   Ho'hote.

Ecréviffe, (*une*)   O'oora.

Ecréviffe, (*une efpèce d'*) *com-* }
    mune fur ces Ifles,   Tee'onai.

Egal,   Oohy'tei.

Eguifer, *épointer une chofe*,   E'voee.

Elever *une chofe*,   Eta'wai.

Elevure, *qui provient d'une* }
    brûlure,   Mei'ee.

Eloignement,(*qui a de l'*) *pour* }
    une chofe,   Fata, hoito' hoito.

Empan, *mefure*,   Ewhae'ono.

Empêcher, ou *prévenir*,   Tapëa.

Empoigner, *avec la main*,   Hara'wai.

Empoigner *la cuiffe de fon an-* }
    tagonifte en danfant,   Tomo.

Émouffé, *tel qu'un inftrument* }
    émouffé,   Ma'neea.

Enceinte, *groffe*,   Waha'poo.

Enfant,   Mydidde.

Enfant, ou *garçon*, *maniere de* }
    parler familiere,   Héamanee.

Enfoncer, *couler bas*,   A'tonao.

Ennemi, (*un*)   Taata'e.

Enrouement,   E'fao.

Entendre, *comprendre*,   Eéte.

Entier, *complet*, *non brifé*,   Eta, Eta.

Entre, *au milieu*, *entre deux*,   Fero'poo.

Environner,   A'boone.

Envoyer,   Eho'poe.

Epais, *vafeux*,   Eworeroo, f. E'worepo.

Epais, *comme étoffe*,   Tooe, too'e.

Epaiſſeur, *appliqué aux corps ſolides,*	Meoo' meoo.
Eſcabeau, (*un petit*) *pour appuyer ſa tête en dormant,*	Papa, ſ. Papa, rooa.
Eſcarpé, *comme rocher,*	Mato.
Excrément,	Too'ty.
Eſprits *familiers,*	Tëo'he.
Eſtomac, (*l'*)	Paracéa.
Eſtropié, *perclus,*	Tei' tei.
Etendre, *une choſe, une étoffe,*	Ho'haro.
Etendre, *alonger,*	Ho'hora.
Eternuer,	Machée ai.
Etoffe, (*la plante d'*) *ſorte de mûrier,*	Eaoute.
Etoffe *de toute eſpèce, ou plutôt, couverture & habit d'étoffe,*	Hhoo.
Etoffe, (*pièce longue d'*) *fendue au milieu, où l'on paſſe ſa tête, & qui pend devant & derriere,*	Teeboota.
Etoffe, *ceinture d'étoffe blanche, qu'on porte autour des reins, ou qu'on jette ſur les épaules,*	Paroo'y.
Etoffe *jaune,*	{ Heappa, heappa, ſ. A'ade, poo, ee ei, ſ. Oora poo-ee ei.
Etoffe *d'un brun foncé,*	Poo'heere.
Etoffe *d'un brun clair,*	Oo'erai.
Etoffe *couleur de nankin,*	A'heere, ſ. Ooa.
Etoffe *gommée,*	Oo'air ara.
Etoile, (*une*)	Hewttoo.
Etoile, (*une*) *de mer,*	Eve'ree.
Etroit, *pas large,*	Peere, peere.
Euphorbium, (*un*) *arbre avec des fleurs blanches,*	Te'tooee.

Eveiller, — Arra arra, f. Era.
Eveillé, *non endormi*, — Arra, arra', f. E'ra.
Eventail, (*un*) *jouer de l'éven-* } Taha'ree.
tail,

F

Facétieux, *gai* ; — Faatta atta.
Fâché, *chagrin*, — Taeé va.
Faim, — Pore'ree, f. Poeéa.
Faire *le lit*, . — Ho'hora, te Moe'ya.
Fait, *fini*, ou *c'est assez* ; — A'teera.
Faux, *pas vrai*, — Ha'warre.
Femelle (*la*) *d'un animal*, — E'ooha.
Femme, *une femme*, — Ma'heine.
Femme, (*une jeune*) — Wa'heine.
Femme (*une*) *mariée*, — Wa'heine mou.

Femme, *elle s'est mariée, elle a* } Tetra, tanne.
pris un autre mari,

Fendre, — Ewhaoo' whaoo.
Fenêtre, (*une*) — Ma'laee ou' panee.
Ferler *une voile*, — Epo'nie te rya.
Fermé, — Eva'hee.
Fermé, *non ouvert*, — Opa'nee, f. Poo'peepe.
Fertile, *terre* — Fenooa, maa.
Feu, — Ea'hai.
Fils, (*un*) — My'de.
Fils, (*un petit*) — Mo'boona.
Fils, (*un beau*) — Hoo'nea.
Fille, (*une*) — Ma'heine.
Fille, (*une*) ou *jeune femme* ; — Too'neea.
Filet de pêche, — Oo'peia.
Finir, — Eiote.
Fleur, (*la*) *d'une plante* ; — Pooa.
Fleurs *ouvertes*, — Teearre' oo wa.

Fleurs *blanches, odoriférantes, dont les Naturels parent leurs oreilles,*	Teearre tarreea.
Flotter, *fur la furface de l'eau,*	Pa'noo.
Flûte, (*une*)	Weewo.
Foibleffe,	Tooro'ree.
Fort, *un homme fort,*	O'omara.
Foffé, (*un*)	Eo'hoo.
Fondre, *ou diffoudre une chofe, comme graiffe, &c.*	Too'tooe.
Fougere, (*l'arbre de*)	Ma'mooo.
Fouler *aux pieds,*	Tota'he, f. Ta'ta'hy.
Fouler *avec le pied, marcher fur quelque chofe,*	Tata'hy.
Four, (*un*) *en terre,*	E'oomoo.
Frais, *non falé,*	Eanna, anna.
Frapper *avec le pied,*	Ta'hee.
Frapper *un but,*	Ele'ba ou, f. Wa'poota.
Frapper, *ou battre la viande,*	E'paroo.
Frappé,	A'boola.
Frayeur, *ou crainte,*	Mattou.
Frégate, *efpèce d'oifeau,*	Otta'ha.
Frere, *terme qu'emploient les enfans,*	E'tama.
Friction,	E'oo ee.
Friffonner *de froid,*	A'tete.
Froid, (*la fenfation du*)	Ma'reede.
Front, (*le*)	E'ry.
Frotter *une chofe, comme lorf- qu'on fe lave les mains & le vifage,*	Ho'roee.
Fruit,	Hoo'ere.
Fruit *parfumé, de Tethuroa, petite Ifle,*	Hooero te manoo.
Fruit *jaune, pareil à une groffe prune, qui a le cœur dur,*	A'vee.

Fruit *à pain*,	Ooroo.
Fruit à pain, (*pâte insipide du*)	Æh'oe.
Fruit à·pain, *espèce particuliere*,	E'patëa.
Fui, *il s'est enfui*,	Ma'houta.
Fumée,	E'oora.
Furoncle, *ou petit clou*,	Apoo.
Fusil, piftolet, *arme à feu de* } *toute espèce*,	Poo ͵poo, f. Poo.

G

Gai , *drole, plaisant*,	Fa, atta', atta.
Gaieté ,	Wara.
Gale, (*la*) *une gale de toute* } *espèce*,	Myro.
Gambader , *fauter , jouer*,	E'hanne.
Garçon, *une perfonne non mariée*.	Ee'vee , (taata.
Garçon, (*un petit*)	My'didde.
Garder, *ou nourrir des cochons*,	Ewha *ee* te Boa.
Gardez-*le pour vous*,	Vaihee'o.
Gémir ,	Eroo, whe.
Générofité, *bienveillance*,	Ho'roa.
Genou, (*le*)	E'tooree.
Glaife, *ou terre glaife*,	Ewhou, arra.
Glouton, (*un*) *grand mangeur*,	Taata A'ee, f. Era'poanooe.
Gorgé, *rempli*,	Ooa, peea'pe, f. Ehotto.
Gorgé, *être trop plein de nour-* } *riture*,	Epoo'neina, f. Eroo'y.
Gofier, (*le*)	Ata'poa.
Goût, (*le fens du*)	Tama'ta.
Goutte, *une feule goutte d'un* } *liquide*,	Oo, ata'hai.
Gouttes, *comme gouttes de pluie*.	To'potta.
Gouvernail, (*le*) *d'une pirogue* , } *ou la pagaye gouvernante*,	Hoe, fa herre.
Gras, *plein de chair*,	Peea.

Graine,

Graine, (*la*) *femence d'une plante.*	Hooa'tootoo, f. E. hooere.
Graiffe, (*la*) *de la viande.*	Maee.
Grand, *large, gros,*	Ara'hai.
Gratter *une chofe,*	Oo'aoo.
Gratter *avec les doigts,*	Era'raoo.
Gratté, *un métal gratté,*	Pahoore'hoore.
Griffe, (*la*) *d'un oifeau,*	A'eeoo.
Grillé, *ou rôti,*	Ooaweera.
Grogner,	Etee, *toowhe.*
Groffeffe.,	Fanou, évaho.
Groffeur, *largeur, grandeur,*	Ara'hay.
Guerrier, *Soldat, ou plutôt un tueur d'hommes,* }	Taatatoa.
Gueux, *coquin, ou autre épithete de mépris,* }	Ta'ouna.
Guirlande, (*une*) *de fleurs,*	Efha, apai.

H.

Habiller, (*s'*) *mettre des vêtemens.*	Eu, hau'hooo t'Ahoo.
Habitation, *place de réfidence.*	Noho'ra.
Hache,	Toe.
Hacher, *couper menu,*	E'poota.
Hameçon, (*un*)	Ma'tau.
Hameçon, (*un autre*) *particulier.*	Weete, weete.
Hanches, (*les*)	E'tohe.
Hanches, (*la partie des*) *qui eft tatouée,* }	Tamo'rou.
Harangue, (*une*) *un difcours,*	Oraro.
Hardieffe,	Eawou.
Haut, *ou efcarpé,*	Mato.
Havre, (*un*) *ou mouillage,*	Too'tou.
Herbe, *qu'on met fur le plancher des maifons,* }	Ano'noho.
Hériffon, (*un*) *de mer,*	Heawy.

Tome IV.   N n

Ou bien,	Totera.
Héron, (un) bleu,	Otoo.
Héron, (un) blanc,	Tra'pappa.
Hibiscus, *la plus petite espèce avec des capsules piquantes qui s'attachent aux habits quand on marche.*	Peere, peere.
Hibiscus, *une autre espèce à larges fleurs jaunes.*	Pooo'rou.
Hier,	Ninna'hai.
Hier *au soir,*	Erépo.
Hirondelle, (une) *noire avec une tête blanche,*	Oo.
Hocquet, (le)	Etoo'ee, s. Eo,'wha.
Homme, (un)	Taata, s. Taane.
Homme, (un) *pas sincere, mal disposé,*	Taata, ham'am'aneeno.
Honnêteté,	Eea'oure.
Honteux, *confus,*	Ama, s Aéama.
Horison, (l')	E'paee no t'Eraee.
Houle *de la mer,*	E'roo,
Huile *parfumée qu'ils mettent dans leurs cheveux,*	Mo'noe.
Huit,	A'waroo.
Huître, (*une grande espèce d'*)	T'teea.
Huître, (*la grande espèce grossiere d'*) ou *spondylus,*	Paho'oa.
Humide, *mouillée,*	Wara'ree.
Hurler, *crier,*	Teimo'toro.

I

Ignorance, *stupidité,*	Weea'ta
Immédiatement, *à l'instant,*	To'hyto.

Immenfe, *très-grand*,	Roa.
Incefte, ou *inceftueux*,	Ta'wytte.
Indigent, *pauvre, néceffiteux*,	Tee, tee.
Indolence,	Tee'py.
Induftrie, *oppofée à pareffe*,	Taee'a.
Inhofpitalier, *point généreux*,	Peé peé peere.
Inftruire,	E'whae.
Intérieur, (*l'*) *d'une chofe*,	Ooa'pee.
Ifle *d'York*,	Eï'mëo.
Iflot, (*un*)	Mo'too.

J

Jaloufie *dans une femme*,	Ta'boone, f. Fateeno, f. Hoo'hy.
Jambe, (*la*)	A'wy.
Jambes, (*mes*) *me font mal*, ou *font fatiguées*,	A'hooa.
Jaune, (*couleur*)	Héappa.
Jetter, *jetterai-je ?*	Tauréa'a,
Jetter *une chofe*,	Harréwai.
Jetter *une chofe, mettre de côté*,	Orno.
Jetter *une lance*,	Evara' towha.
Jetter *une balle*,	Ama'hooa.
Jetter, (*fe*) *en danfant*,	Hoéaire.
Jeune, (*jeune animal*)	Peénaia.
Joignant, ou *contigu*,	E'peeiho.
Jointure, (*la*) *des doigts*,	Teepoo.
Joue, (*la*)	Tappareea.
Jour, ou *lumiere du jour*,	Mara' marama, f. A'ou, f. A'aou.
Jour, (*point du*)	Mara'marama.
Jour, (*fin du*)	Oota' taheita.
Jour, (*ce*) *aujourd'hui*,	Avo'nai.
Jumeaux, *enfans jumeaux*,	Méhëa.
Jupon *de feuilles de banane*,	Arou'maieea.

L

Lagune, (*une*) .... Ewha'ouna, f. Eaouna.
Laiffer. .... Ewheeoo.
Laiffez - *le derriere ; qu'il refte.* .. Vaihëo.
Lamenter, (*fe*) *en criant.* .... E'tatee.
Lance, (*une*) *ou pique.* .... Tao.
Langage, *difcours, paroles.* .... Paraou.

Langage, *qui accompagne la* }
   danfe.   }   Timoro'dee, te' Timoro dee.

Langue, (*la*) .... E'rero.
Large, *grand, pas petit.* .... Ara'haï.
Large, *pas étroit.* .... Whatta, whatta.
Largeur, *appliquée à un pays.* ...... Nooe.
Las, *fatigué.* .... E'heieu, f. Faea.
Laver, *laver une étoffe dans l'eau.* . Mare.
Léger, *pas pefant.* .... Ma'ma.
Lever, (*fe*) *élever.* .... A'too.
Lèvres, (*les*) .... Ootoo.
Lézard, (*un*) .... Mo'o.

Lizeron, *une efpèce de convol-* ⎤
  vulus ou de liferon commun ⎬ O'hooe.
  fur ces Ifles.   ⎦

Lit. .... E'roee, f. Moï'a.
Locataire. .... Afeee'hau.
Louche. .... Matta'areva.
Lui, *il.* .... Nana.
Lumiere, *ou feu des grands* }
  perfonnages.   } Toutoi, papa.
Lumiere, *ou feu du bas peuple.* ..... Neeao, papa.
Lune, (*la*) .... Mara'ma.
Lutteur, (*un*) .... Mouna.

M

Mâcher, *ou manger.*	E'y.
Machoire, (*la*) inférieure.	E'ta.
Machurer, (*fe*) *le vifage avec des charbons pour les cérémonies funéraires,*	Bap'para.
Maigre, *mince, pas charnu,*	Too'hai.
Maigre, *de la viande,*	Aëo.
Main, (*la*)	E.'reema.
Main, (*une*) *difforme,*	Peele'oi.
Main, (*mouvement avec la*) *en danfant,*	O'ne o'ne.
Maifon, (*une*)	Efarre, f. E'wharre.
Maifon, (*une*) *publique,*	Eha'moore.
Maifon, (*une grande*)	E.farre'pota.
Maifon, (*une*) *fur des piliers,*	A'whatta.
Maladie,	Matamy, Mamy.
Maladie, *dans laquelle on ne peut pas tenir la tête droite, peut-être la paralyfie,*	E'pee.
Mâle, (*le*) *de tout animal,*	E'toa.
Malhonnête,	Eee'a.
Manivelle, (*une*)	E'oo.
Manquer *au but, ne pas le frapper,*	Oo'happa.
Marcher,	Avou'ora.
Marcher, *en avant, en arriere,*	Hooa'peepe.
Marcher *fur les mains & fur les pieds,*	Ene'ai.
Marée, (*une*) *ou courant,*	A'ow.
Marié, *homme marié,*	Fanou'nou.
Mariée, (*perfonne non*)	Aree'oi.
Marmoter, *ou bégayer,*	E'whoou.
Marque *noire fur la peau,*	E'ee'ree.

Marſouin, (*eſpèce particuliere de*)	E'oua.
Marteau, (*un*)	Eteete.
Martin pêcheur, (*un*) *oiſeau*,	E'roore.
Mât *de vaiſſeau ou de batteau*,	Teera.
Matin, (*le*)	Oo'poɛepoee.
Mauvais, *pas bon*,	Eè'no.
Mécontentement, *murmurer*, *n'être pas ſatisfait*,	Faoo'oue.
Médecin, (*un*) *ou celui qui ſoigne les malades*,	Taata no E'ropaoo.
Mêler *des choſes enſemble*,	A'pooe, pooe.
Ménagere, (*une*) *induſtrieuſe*,	Ma'heine Amau hattoi.
Mendiant, *celui qui importune à toujours demander*,	Tapa'roo.
Menteur, (*un*)	Taata, ha'warre.
Menton, (*le*) & *la machoire inférieure*,	E'taa.
Mépris, *nom de mépris donné à une vierge ou à une fille non mariée*,	Waheine, poo'ha.
Mer, (*la*)	I'aee, ſ. Meede.
Mere, (*une*)	Ma'dooa, Wa'heine.
Mere, *terme qu'employent les enfans*,	E'wheiarre, *and* o'pa'tëa.
Mere, (*femme qui eſt*)	Pa'tëa.
Meſure, (*une*)	E'a.
Meſurer *une choſe*,	Fa'eete.
Midi,	Wawa'tea.
Mien, *cela eſt à moi, ou m'appartient*,	No'oo.
Milieu, (*le*) *d'une choſe*,	Teropoo.
Minuit,	O'toora, hei'po.
Miroir, (*un*)	Heev'ee'otta.
Miroir, (*un*)	Heeo'eeota.
Modeſtie,	Mamma', haoo.

Moi, *je*,	Wou, f. Mee.
Mois, (*un*) *lunaire*,	Mara'ma.
Moitié *d'une choſe*,	Fa'eete.
Mol, *qui n'eſt pas dur*,	Maroo.
Montagne *ou colline*,	Maooa, f. Mona.
Montagnes *du premier rang ou plus hautes*,	Moua tëi'tei.
Du ſecond rang,	Moua'haha.
Du troiſieme rang,	Pere'raou.
Montrez-*le-moi*,	Euara.
Monument, (*un*) *pour les morts*,	Whatta'rau.
Moquer, (*ſe*) *de quelqu'un*,	Tee'he.
Moquer, (*ſe*) *de quelqu'un*,	Etoo'hee.
Mordre *comme un chien*,	A'ahoo.
Mort,	Matte Eoa.
Mort *naturelle*,	Matte noe.
Morve,	Houpe.
Mouche, (*une*)	Pepe.
Mouche, (*une*)	Poore'hooa.
Mouche, (*un chaſſe*)	Dahee'ere e'reeepa.
Moule, (*une*) *coquillage*,	Nou,ou.
Mouvement, *oppoſé au repos*,	Ooa'ta.
Mouvoir, *l'avant d'une pirogue à droite*,	Wha'tëa.
Mouvoir, *l'avant d'une pirogue à gauche*,	Wemma.
Muet, *ſilentieux*,	Fatebooa.
Muette, *l'état d'une perſonne muette*,	E'fao.
Multitude, (*une*) *un grand nombre*,	Wo'rou, wo'rou.
Mûr, *fruit mûr*,	Para, f. Pe.
Mûr, (*pas*)	Poo.
Mûr, (*qui n'eſt pas*)	Poo.

N

Nageoire, (la) d'un poisson,	Tirra.
Narines, (les)	Popo'hëo.
Natte, (une)	E'vanne.
Natte, (une espèce de) soyeuse,	Moéa.
Natte, (une espèce grossière de) qui a un trou au milieu par où on passe la tête,	Poo'rou.
Naturel, (un)	T'aata'tooboo.
Naturel, (d'un maùvais) contrariant,	Core,e'eeore.
Naufrage,	Ara'wha.
Nettoyer, une chose propre,	Ho'roee.
Neuf,	A'eeva.
Nœud, (un)	T'pona.
Nœud, (faire un)	T'y.
Nœud, (un) double,	Va'hodoo.
Nœud, (le) particulier qu'on forme sur la partie supérieure du vêtement,	Teebona.
Noir, couleur,	Ere,ere.
Noix, (une) de coco,	Aree.
Noix, (grosse) qui a le goût de châtaigne quand elle est grillée,	Eehee.
Nom, (le) d'une chose,	Ece'oa.
Non, négation,	Ay'ma, Yaiha, A'oure, Aee, Yehaeea.
Nous,	Taooa, s. Aroo'rooa.
Noyé,	Parre'mo.

Nuage,

Nuage, (*un*)	E'ao, f. E'aoo.
Nud, *une personne qui n'est pas habillée,*	Ta'turra.
Nud, *un homme ou une femme sans vêtemens,*	Ta'turra.
Nuit,	Po, f. E'aoo.
Nuit, (*ténèbres de la*)	Oporo.
Nuit, (*ce soir, ou cette*)	A'oone té Po.
Numération, *ou maniere de compter les nombres,*	T'a'tou.

O

Océan, (*l'*)	Ty, f. Meede.
Odorat, (*le sens de l'*)	Fata'too, f. Ootoo,too,too.
Odoriférant, *d'une bonne odeur,*	No'noa.
Œil, (*l'*)	Matta.
Œuf, (*un*) *d'oiseau,*	Ehovero te Manoo.
Œuf, (*un*) *blanc d'oiseau,*	Pee'ry.
Oiseau, (*un*)	Manoo.
Ombre, (*qui a de l'*)	Maroo, maroo.
Onction, *emplâtre, toute chose qui guérit ou qui a rapport à la médecine.*	E'ra'poo.
Ongle, (*l'*) *des doigts,*	Aee'oo.
Opposé à, *ou vis-à-vis,*	Watoo'wheitte.
Ordre, *en bon ordre, régulier, sans confusion,*	Wara'wara.
Oreille, (*l'*)	Ta'reea.
Oreille, (*l'intérieur de l'*)	Ta'tooree.
Oreille, (*un pendant d'*)	Poe note tareea.
Ornement, *toute espèce d'orne-ment pour l'oreille,*	Tooee ta'reea.
Ornemens *funéraires,*	Ma'ray Wharre.
Orphelin, (*un*)	Oo'hoppe, poo'aia.

Tome IV.   O o

Os, (*un*)	E'evee.
Oter, *détacher, relâcher,*	Eve'vette.
Où *cela est-il ?*	Te'hëa.
Oublié,	Oo'aro.
Oui,	Ay, f. *ai.*
Oui, *affirmation.*	Ai.
Ouie, (*le sens de l'*)	Faro.
Ourfin, (*un*) *de mer,*	He'awy.
Ouvert, *non fermé.*	Fe'rei.
Ouvert, *débarraffé,*	Ba'tëa.
Ouvrier,	Te'haddoo.

P

Pagaye, (*la*) *d'une pirogue, ou pagayer,*	E'hoe.
Paire, (*une*) *ou deux d'une chofe,*	Ano'ho.
Palais, (*le*)	E'ta'nea.
Panier,	Papa'Maieea.
Panier, (*petit*) *de feuilles de cocos,*	Vai'hee.
Panier, *long de feuilles de cocos,*	Apo'ai ra.
Panier, (*grand*) *rond d'ofier,*	He'na.
Panier, *rond de feuilles de cocos,*	Mo'ene.
Panier *de Pêcheur,*	Er're'vy.
Panteler, *reprendre haleine & fouvent,*	Téa'ho.
Paquet, (*un*) *de fruit,*	E'ta.
Parent, (*un*)	Me'dooa.
Pareffeux, *oifif,*	Te'py.
Parler,	Paraou.
Parler, *ou converfer,*	Paraou.
Parle, (*il ne*) *pas du cœur, mais du bout des lèvres,*	Neeate *ootoo* te parou no nona.
Partie, (*la*) *au-deffous de la langue,*	Eta'raro.

Partition, (une) division,	Paroo'roo.
Parure de tête qu'on met aux funérailles, }	Pa'raee.
Passe, (une) un détroit,	E'aree'ëa.
Patates douces,	Qo'marra.
Pâte fermentée de fruit à pain,	Ma'hee.
Paulme, (la) de la main,	Apoo'reema.
Pauvre, indigent, pas riche,	Tee'tee.
Pavé, (le) devant une maison ou hutte, }	Pye, pye.
Peau, (la)	E'ee'ree.
Pêche, long bambou de, avec lequel on prend des bonites, }	Ma'keera.
Pêcheur,	E'hootee.
Peigne, (un)	Pa'horo, f. Pa'herre.
Peine, le sentiment de la peine,	Ma'my.
Peler, ou enlever l'écorce d'une noix de cocos, }	A'tee, f. E'atee.
Pelé, cela est pelé,	Me'a tee.
Pensées,	O'poo.
Pensif, (air)	Fate'booa.
Percer un trou,	Ehoo'ee, f. Ehoo'o.
Perclus de ses membres, estropié,	Tei'tei.
Pere, (un)	Medooa-tanne.
Pere, terme qu'emploient les enfans, }	O'pueenoo, & Papa.
Pere, (un grand)	T'oo'boono.
Pere, (un arriere-grand)	T'ooboona tahe'too.
Pere, (un trisayeul)	Ouroo.
Pere, (un beau)	Tanne te hoa.
Perle, (une)	Poe.
Perroquet, (un petit) beau,	E'veenee.
Perroquet, (un) verd avec un front rouge, }	E'a.
Pesant, pas léger,	Teima'ha

Personnes *de distinction,*	Patoo'neho.
Petit, *pas grand,*	Eete.
Petit, *pas grand,*	Eete.
Petit, *pas grand, de peu de conséquence,*	Ree.
Peu, *petit nombre,*	Eoté.
Peut-être,	E'pa'ha.
Pied, (*le*) *ou la plante du pied,*	Tapooy.
Pierre, (*une*)	Owhay.
Pierre *polie dont on se sert pour réduire les fruits en pâte,*	Pai'noo.
Pierres *placées debout sur l'espace pavé qui est devant les huttes,*	Too'toore.
Pigeon, (*un gros*) *de bois,*	Eroope.
Pigeon, (*un petit*) *verd & blanc,*	Oo'oopa.
Pigeon, (*un petit*) *noir & blanc avec des aîles pourprées,*	Oooowy'deroo.
Pincer *avec les doigts,*	Ooma.
Pique, *ou lance,*	Tao.
Plain, *ou plat,*	É'peeho.
Plain, *ou uni,*	Pa'eea.
Planches, (*les*) *sculptées d'un marais,*	E'ra.
Plantain *de cheval,*	Faïee.
Plantain, (*le fruit de*)	Maiee'a, *s.* Maya.
Plante, *de toute espèce,*	O'mo.
Plante, (*petite*)	Er'abo.
Plante, (*la*) *du pied,*	Tapoo'y.
Plat, *appliqué à un nez ou à un vase large, aussi un arbre dont le sommet est applati,*	Papa.

Plate-forme, *de combat fur une pirogue,*	E'tootee.
Plein, *raffafié de manger,*	Pya, f. Oo'pya, f. Paya.
Pleurer, *ou crier,*	Ha noa,a, taea.
Plier *quelque chofe, une étoffe,*	He'fetoo.
Plonger *une chofe dans de l'eau,*	E,oo'whee.
Plonger *fous l'eau,*	Eho'poo.
Plume, *(une)*	Hooroo, hooroo te manoo.
Plumes *rouges,*	Ora, hooroo te manoo.
Pluie,	E'ooa.
Poignet, *(le)*	Mo'moa.
Poing, *ouvrir le poing,*	Ma'hora.
Poing, *frapper avec le, en danfant,*	A'moto.
Pointe, *(la) de quelque chofe,*	Oëjoe, or Oi,oi.
Pointu, *qui n'eft point émouffé,*	Oo'ëe.
Poifon, *amer,*	Awa, awa.
Poiffon, *(un)*	Eya.
Poiffon *plat, jaune,*	Oo'morehe.
Poiffon *plat, verd,*	Eeu me.
Poiffon *plat, verd & rouge,*	Pai'ou.
Poiffon *volant,*	Mara'ra.
Poiffon, *(un plat de)*	E'wha.
Poitrine, *(la)*	O'ma.
Poitrine, *(la) ou le corps d'un homme,*	O'poo.
Poivre, *(une plante de) avec les racines de laquelle ils compofent une liqueur enivrante,*	Ava.
Porte, *(une)*	Oo'boota.
Porter *quelque chofe,*	E'a'mo.
Porter *une perfonne fur le dos,*	Eva'ha.
Portez, *comment vous portez-vous?*	T'ehanooe.

Pou (*un*)	O'*too.*
Pouce, (*le*)	E'reema, erahai.
Poulet, (*un*)	Moa pee'ria*ïa.*
Poumons, (*les*)	Teetoo, arapoa
Poupée, (*une*) *de débris de cocos*,	Adoo'a.
Pourri, *comme fruit pourri*,	Roope.
Pourfuivre, *atteindre quelqu'un qui a fait du mal*,	Eroo, Eroo, f. Eha'roo.
Pouffer *une chofe avec la main*,	Too'ra ee.
Prendre *un ami par la main*,	Etoo'y a oo.
Prendre *du poiffon avec une ligne*,	E'hoote.
Preneur, (*un*) *de mouche noir*,	O'mamao.
Preffer, *exprimer*,	Ne', neee
Preffer *doucement avec la main*, *ou ferrer*,	Roro'mee.
Preffer, *ou frotter doucement les jambes avec la main quand on eft fatigué ou malade*,	Roro'mee.
Proche.	Poto, f. Whatta'ta.
Profonde, *eau*,	Mona'.
Propre, *non fale*,	Ooa'ma, Eoo'ee.
Propriétaire, (*un*) .	E'whattoo.
Puant, *qui a une mauvaife odeur*,	Na'mooa, f. Nee'neeo.
Puer, *fentir mauvais*,	Fou, fou.
Puddings, (*efpèce de*) *fait de fruits d'huile de citrouilles*,	Po'po'ee.
Pur, *clair*,	E'oo'ee.
Puftule, (*une*)	Hoaa'houa.

Q

Quand, *à quel tems*,	Whëëa.
Quatre,	E'ha.

Quérir, aller,   Atee.
Quérir, (*va le*)   Atee.
Queſtions, (*interroger, faire des*)   Facete.
Queue, (*une*)   Ero.
Queue, (*une*) *d'oiſeau,*   E'hoppe.
Qui eſt-ce ? *comment l'appele-*}   Owy, tanna, ſ. Owy, nana.
  t-on ?
Quoi! *qu'eſt-ce ?*   { E'hara, E'ha'rya, ſ. Yéhaeea,
                                            {   *prononcé en interrogation.*

R

Raboteux, *qui n'eſt pas poli,*   Ta'rra, tarra.
Racine, (*une*)   Apoo, ſ. E'a.
Radeau, *un radeau de Bambou,*   Mai to'e.
Rafraîchir *avec un éventail,*   Taha'ree.
Râle, (*petit*) *noir, tacheté, de*}   Pooa'nee.
  noir,
Râle, (*petit*) *noir aux yeux*}   Mai'ho.
  rouges,
Ramer *avec des rames,*   E'oome, ſ. E'hoe.
Rape, (*une*) ou *lime,*   Ooee.
Rapen *la chair d'une noix de cocos,*   E'annotehea'ree.
Raſer, ou *enlever la barbe,*   Eva'too, ſ. Whaune, whanne.
Rat, (*un*)   Voree, ſ. Eyore.
Raye, (*une*) *poiſſon,*   E'whaee.
Refus, (*un*)   Ehoo'noa.
Refus, (*un*)   Ehoo'nooa.
Relâché, *qui n'eſt pas affermi,*   Aoo'weewa.
Relâchement *du ventre,*   Hawa, 'hawa.
Rencontrer *quelqu'un,*   Ewharidde.
Renverſer,   Eha'paoo.
Renverſer, *tourner ſans-deſſus-*}   E'hoora, tela'whi.
  deſſous,

Répandre, *verser*,	Emare.
Réponse,	Oo'aia.
Repos, *silence, une personne silencieuse, qui a l'air de penser*,	Falle'booa.
Représentation, (*une*) *d'une figure humaine* ,	E'tee.
Réserve *dans une femme*,	No'noa.
Respirer,	Watte weete wee to'aho.
Respiration, *haleine* ;	Tooe, tooe.
Résider, *vivre*, ou *habiter*;	E'noho.
Reste, (*le*) *d'une chose* ,	T,'Ewahei;
Retenir fort,	Mou.
Retenez *votre langue; taisez-vous; paix*,	Ma'moo.
Rhume, (*un*)	Ma're.
Riche, *pas pauvre, qui a tout en abondance*,	Epo'too.
Ridé, *visage ridé* ,	Meeo, meeo.
Rire,	Atta.
Rocher, (*un*)	Paoo.
Rochers, (*un récif de*)	E'aou.
Rognons, (*les*)	Fooa'hooa.
Roi, (*un*)	Earee, da'hai.
Rosée,	Ahe'aoo.
Roter,	Eroo'y.
Rôti, ou *grillé*,	Ooa'waira.
Rouge, *couleur*,	Oora, oora, s. Matde.
Roulis, *le roulis d'un vaisseau*;	Too'roore.
Rousseurs,	Taina.

S

Sable, *poussiere* ,	E'one.

Sac *de paille*,	Ete'oe, f. Eate.
Saifir *brufquement une chofe avec la main, telle qu'une mouche*,	Po'poee, f. Peere.
Sale, *mal-propre*, *ou bien*,	Erepe. E'repo.
Salé, *ou eau falée*,	Ty'ty, f. Meede.
Saluer *avec la tête*,	Etoo'o.
Sang,	Toto, f. Ehoo'ei.
Saturne,	Whati'hëa.
Saunders, (*Ifle de*)	Tabooa, Manoo.
Sauter,	Mahouta, f. Araire.
Sec, *pas mouillé*,	Oo'maro.
Secret, *une chofe honteufe & fecrette*,	Ohe'moo.
Seine, *tirer la feine*,	Etoroo te paia.
Selle, *aller à la garde-robe*,	Teeteeo.
Semblable, *ou pareil*,	Oowhya'da.
Sens, (*le*) *de la vue*,	E'heeo.
Sentier, (*un*) *ou chemin*,	Ea'ra.
Sentir,	Ahe'vi.
Sentir,	Tear'ro.
Sentir, *légèrement*,	Peero, peero.
Sentez *cela*,	Hoina.
Serpent *de mer, qui a alternativement des anneaux blancs & noirs*,	Poohee'aroo.
Sept,	A'Heetoo.
Sépulcre, (*un*) *ou cimetiere*,	Ma'ray.
Seul,	Ota'hoi.
Scie, (*une*)	Eee'oo.
Siége, (*un*)	Papa.
Sifflement, *maniere de fiffler pour appeler le monde au tems des repas*,	Epou,maa.

Tome IV.   P p

Siffler,	Ma'poo.
Signe, (faire) de la main à quelqu'un,	Ta'rappe.
Silence,	Fatteébooa.
Six,	A'honoo.
Sobriété, sobre qui n'est pas adonné à l'ivrognerie,	Teéreida.
Sœur, (une)	Too'heine.
Sœur, terme qu'emploient les enfans,	Te'tooa.
Soif,	W'ahee'y.
Soin, (prendre) des alimens,	Ewhaapoo te maa.
Soir, (le)	Oohoo'hoi.
Soleil, (le)	Mahananna, f. Era.
Soleil (le) à midi,	Tei'neéa te Mahanna.
Sommeil, (le grand) ou la mort,	Moe'eoa.
Sommeiller,	A'touou.
Son, tout ce qui frappe l'oreille,	Pa'eéna.
Son, qui dirige la danse,	Apee.
Souffle, (le) ou la respiration d'une baleine,	Ta'hora.
Souffler par le nez,	Fatte.
Souhait qu'on fait à celui qui éternue,	Eva'roua t Eatooa.
Soupir,	Faëa.
Sourcil, (le) & les paupieres,	Tooa, matta.
Stérile, terre,	Fénooa Ma'oure.
Stupidité, ignorance,	Weea'la.
Sueur (la) du corps,	E'hou, f. Ehou hou.
Suicide,	Euha' aou.
Suinter, ou faire de l'eau,	Eto' tooroo, f. E'tooroo.
Surdité,	Ta'reea, toorea.
Surmonter, ou conquérir,	E'ma'ooma.
Surprise, (interjection de) ou d'admiration,	Avaheneé ai.

T

Tache *fur la peau*,	Atoonoa.
Tailler *avec une hache*,	Teraee.
Tambour, (*un*)	Ta'hoo.
Tâter,	Oté, ote.
Teigne, (*une*)	E, pepe.
Tempête, *pluie*, *tonnerre*,	Tarooa.
Tems, *efpace de tems de fix à dix du foir*,	A'tooe, tee'po.
Tems, *long-tems*,	Ta'ma.
Tems, *un peu de tems*, *un petit efpace*,	Popo'eunoo.
Tendre,	Oo'peere.
Tenir, (*fe*) *droit*,	Atëarenona.
Tenir (*fe*) *chez foi*,	Ate'ei te Efarre.
Terre, (*à*)	Te Euta.
Terre, *en général*, *Pays*,	Fénoaa, f. whénooa.
Tête, (*la*)	Oo'po.
Tête, (*une*) *rafée*,	Tête,) *une*) *rafée*.
Tête, (*le mal de*) *fuite de l'ivrognerie*,	Eana'neea.
Tiens, *cela eft à vous*,	No oe.
Tige *d'une plante*,	A'niaa, f. E'atta.
Tirer, *ou traîner quelque chofe par force*,	A'niaa, f. E'atta.
Tirer *la langue*,	Ewha'toroo' t'Arere.
Tirer *un arc*,	Etëa.
Tombe, (*une*)	Too, pap'pou.
Tomber,	Topa.
Tomber, *renverfer*,	Pouta' heite.
Tomber, (*faire*) *quelqu'un en luttant*,	Méhae.
Tonner,	Pa'teere.

Tordre *les membres, le corps, les lévres,* &c.	Faeéta.
Tordre *une corde,*	Paweeree.
Tors, *de travers,*	Na'na.
Tortue, (*une*)	E'honoo.
Toton, (*un*) *jouet d'enfant,*	E'piroa.
Toucher,	Fa'fa.
Tourner *autour, marcher devant & derriere,*	Hoodeepeepe.
Tourner, ou *tourné,*	Ooa'hoë.
Tout,	A'maoo.
Tout, *le tout,*	Eta, étea, f. A'maoo.
Trait, (*un*)	E'oome.
Trait, (*le roseau d'un*)	O'wha.
Trait, (*la pointe d'un*)	To'ai, f. o'moa.
Travailler,	Ehëa.
Trembler, *frissonner de froid,*	Ooa'titte, f. Eta.
Tremblant, *qui s'ébranle,*	Aou'dou.
Tremper *sa viande dans l'eau salée, en place de sel, coutume du Pays,*	Faweéwo.
Tressaillir, *en songeant, ou autrement,*	Wa'hee, té dirre.
Trier, *choisir,*	Ehee te mai my ty.
Trois,	Toroo.
Tropique, (*un oiseau du*)	Manoo'roa.
Trou, (*un*) *fait avec une vrille dans du bois,*	E'rooa, f. Pata.
Tué, *mort,*	Matte.
Turban, (*un*)	E tae.

V

Vaisseau, (*un*)	Pahe.
Vapeur *lumineuse.*	Epao.

Vafe, *tout vafe creux, comme coupe, noix,*	*Ai'*boo.
Vafe *particulier, dans lequel ils préparent une liqueur eni-vrante,*	Oo'mutte.
Vaffal, ou *fujet,*	Manna'houna.
Vafte,	Ara, hai, f. Mai, ara'hai.
Veiller, *guetter,*	E'teae.
Veines, (*les*) *qui courent fous la peau,*	E'woua.
Vent, (*le*)	Mattay.
Vent, (*le*) *Sud-Eft.*	Mattaee.
Vent, (*lâcher un*)	Ehoo.
Vénus,	Tou'rooa.
Vérité,	Paraou, mou.
Verre, (*grain de*)	Poe.
Verrue,	Toria.
Vers, (*petits*)	E'hoohoo.
Verfer *un liquide,*	Ma'nee.
Verte, (*couleur*)	Poore, poore.
Veffie, (*la*)	Toa'meeme.
Veux, (*je ne*) *pas faire cela,*	Aeeoo, *d'un ton chagrin.*
Veuve, (*une*)	Wa'tooneea.
Vieil,	Ora'wheva.
Ville, (*une*)	E'farra pootoo pootoa.
Vifage, (*le*)	E'motee.
Vifage, (*le*) *en terre,*	Teéopa.
Vifage, *cacher le*) ou *tourner de côté, comme quand on rougit,*	Fareéwai.
Vîte, (*marcher*)	Harréneina.
Vivacité, *promptitude,*	E'tirre.
Vivacité, *être vif, prompt,*	Teéteere.
Vivant,	Waura.

Voile, (*la*) *d'un vaisseau, ou d'une pirogue*,	Eééai.
Voile, (*aller à la*) *être sous voile*,	Ewhano.
Voile, (*sous*)	Pou' pouee.
Volaille, (*une*)	Maa.
Voler, *comme un oiseau*,	E'raïte.
Voleur, (*un*) *Larron*,	Eee'a (taata.)
Vomir,	E'awa, f. éroo'y.
Vomir,	Eroo'y.
Vous,	Oë.
Ville, (*une*)	Eho'oo.
Vuide,	Ooata'ao , f. Tata'ooa.

U

Ulcere, (*un*)	O'pai.
Ulcere, (*autre*)	Féfe.
Un,	A'tahai.
Uni, *poli.*	Pa'ya.

TABLE qui représente sur une même ligne des termes dont on se sert dans les différentes Langues des Mers du Sud, depuis l'Isle de Pâque, jusqu'à la Nouvelle-Calédonie ; formée d'après les Observations faites pendant ce Voyage.

Français.	Taiti.	Isle de Pâque.	Isles des Marquises.	Isle d'Amsterdam.	Nouvelle-Zélande.	Mallicolo.	Tanna.	Nouvelle-Calédonie.
Air	'E'fanna			'Fanna		Na'brroos	Na'fanga	
	Aynoo	Acenoo	'Acenoo			No'aee	'Nnoee	'Oodoo, f. Oondoo.
	'Boa		'Boca	Bou'acka		'Brrooas	'Booga, f. 'Boogas	
de Coco	'Aree			'Ecoo		Naroo	Nabooly	'Necroo.
dent	Enecheoo	'Necho	E'necho	Necto	Necho	Reeboim	Warrewuuk, f. Roibuk,	Denna'wein
	A'vvy	E'vy				Er'gour		Ooe.
	'Ahoo	A'hoo	Aha, f. A'hooeea	Babba'langa	Kak'ahoo		Ta'nacee	Ham'ban.
femme	Wa'hėine					Ra'bin	Nar'braan	Tama.
Homme	Taata	Papa?	Terte			Ba'rang	Narvo'maan	
	E'oohe	Oohe				Nan'tam	Oofe	Oobe.
je, f. ou	Wou, f. ou		Wou		Ou			
	Ererma	Reema		E'reema	'Reenga			Bandon'heen.
main	'Ayma		Eoo'my					'Eeva, f. Eeba.
	Yatha	E'fa		Eesha	Ka'oure	Ta'ep	E'fa ?	Whanboo'een.
	A'oure			'Matta		Nemprtong	Napeésainguk	
Nombril	'Peeto					Mattang	Nanee'maiuk	Teéveci.
	Matta	Matta	Peeto, f. Peeto'ai			'Eeo	Tag'ooroo	'Elo, f. Eeo, f. oe.
Oeil	T'Manoo	Manoo	Matta, f. Mattaeea	Manoo	'Peeto	Ba'rabe		'Wang ?
ville	Ta'reea	Ta'reean		'Eeo	Matta	Na'brruts		
à Pain	Ai		Booa'eena		Ai			
Pirogue	Ouroo	Wagga		'Eeo	Ta'wagga		Na'mawar	Ooe.
main	Evva		Maieea				Nomoo?	
	'Maiya	Maya, Footíe	Evå	Foodje				
	E'ooa		Maieea					
	'Eya	Erka		'Erka	'Ee'ka		Haarish	Ap, f. Gyé ap.
Habitation, Tatouage	Ta'tou			Ta'ton	Moko	Papang	'Namoo	Gan, f. Gan, galang.
	'Atta		E'patoe		Katta		Narroo'maan	
	'Mapoo				Feeo, feeo	Ba'laine	Nar'braan	Tama.
de Sucre	K'IO	To				Moo'eeo	Na'rook	
Tête	Oo'po	Ao'po		Moa	Yak'oopo			
Volaille	Moa	Moa	Moa	Oé		Moo'eeo		
	Oé		Oé					
	A'Tahay	Katta'haee	Atta'haee	Ta'haee	T'eekaee	Reedee		Wagé aing.
	E'Reoa	'Reva	A'ooa	'E'ooa	'E'vy	'Karoo		'Waroo.
	'Toroo	'Toroo	A'toroo	'Toroo	E'rei	'Kahar		Waceen.
	A'Haa	'Haa, f. Faa	A'faa	A'faa	a'batt	'Kaiphar		Wam'baerk.
	E'Reema	'Reema	A'eema	'Neema	E'reem	'Kreerum		Wannim.
	A'ono	'Honoo	A'ono		T'eokaee	Märeedee		Wannim'geerk.
	A'Heeoo	'Heedoo	A'wheeooo		Gooy	Mäkaroo		Wannim'noo.
	A'waroo	'Varoo	A'eeva		Hoorey	Mäkahar		Wannim'gain.
	A'eeva	Heeva	A'eeva		Goedbats	Mäkaiphar		Wannim'baerk.
	Atta'hooroo, f. Auna'hooroo	'Wannahoo, f. Wanna'hooroo			Senearn	Mäkeerum		Wannoomanuk.

Il est aisé de s'appercevoir que, quoiqu'il y ait des mots différens, les cinq premieres Langues des Mers du Sud sont radicalement les mêmes; cependant la distance de l'Isle de Pâque à la Nouvelle-Calédonie, est de plus de quinze cens lieues. La principale différence consiste dans la prononciation, qui, à l'Isle de Pâque, à celle d'Amsterdam, & à la Nouvelle-Zélande, est plus aigre & plus gutturale qu'aux Isles Marquises & à Taiti. Les trois autres diffèrent entièrement, non-seulement des cinq premieres, mais encore entr'elles, ce qui est bien plus extraordinaire, que la ressemblance des autres Langues : car de Mallicolo à Tanna, on ne perd jamais la Terre de vue, & la Nouvelle-Calédonie, n'est pas fort éloignée de la derniere Isle. Dans le Dialecte de Mallicolo, il y a un grand nombre d'expressions dures & nasales, qu'il est difficile de mettre par écrit. A Tanna, la prononciation est dure aussi, mais plus gutturale; & les Habitans de la Nouvelle-Calédonie ont dans leurs Langues beaucoup de sons qui viennent du nez, où ils semblent beaucoup en parlant. On peut observer pourtant, que dans les trois dernieres langues, il y a des mots qui semblent avoir une ressemblance éloignée avec ceux qui précedent, tels que *Brooa* à Mallicolo, *Booga* ou *Boogas* à Tanna, qui signifient également un cochon, qui à Taiti & aux Marquises s'appelle *Boa*, & à Amsterdam *Brocka*. Il est difficile de dire si ce n'est pas le hasard seul qui a produit cette conformité : car ces Insulaires emploient souvent deux mots pour exprimer la même chose : par exemple, à la Nouvelle-Calédonie une Etoile s'appelle *peeja* & *fyfatou*; le premier terme semble plus analogue à la langue du Pays, & le second diffère très-peu de *E'fattou*, ou *Wahettoo*, nom d'une Etoile à Taiti. Quand ils parlent du Tatouage, ils l'expriment par gan, ou gangalang; mais quelquefois disent *Tatatou*, ce qui est presque la même chose que *Tatou*, mot qui désigne le Tatouage à Taiti & à Amsterdam.

Les lettres en italique, telles qu'oo, aa, &c. se prononcent comme s'il n'y en avoit qu'une : celles qui portent cette marque .. comme e i, &c. se prononcent séparément : l'accent au commencement d'un signifie que la prononciation doit appuyer principalement à cet endroit; s'il est placé au-dessous, ou dans quelque autre endroit, il faut appuyer sur la syllabe qui suit immédiatement. Un coma au milieu du mot signifie, ou qu'il est composé de deux mots, ou que les mêmes syllabes répétées, forment le mot. Dans les deux cas, il faut faire une petite pose en prononçant.

E X T R A I T

De l'Ouvrage, intitulé : OBSERVATIONS AS-
TRONOMIQUES, *recueillies pendant le Voyage
qu'ont fait dans l'Hémisphère Austral & autour
du Monde, les Vaisseaux* la Résolution & l'Aventure, *en 1772, 1773, 1774, &* 1775; *par*
M. WALES, *de la Société Royale de Londres;
&* M. BAYLY, *Astronome Royal de l'Observatoire de Greenwich.*

AVERTISSEMENT DU TRADUCTEUR.

M. Cook a déjà dit dans sa Préface, que
M. Wales & M. Bayly, furent envoyés, le premier,
à bord de *la Résolution*, & le second à bord de
l'Aventure, pour faire des Observations Astronomiques pendant le Voyage.

M. Wales, par ordre du Bureau des Longitudes,
qui a payé les dépenses de cette partie de l'expédition, vient de publier, à Londres, un Ouvrage
qui est d'un grand prix dans les Sciences naturelles, car les Tables & les faits qu'il contient, seront
consultés dans tous les tems. Il rapporte les Observations Astronomiques faites sur l'Isle Drake, dans le
Canal de Plimouth, à Fonchial, à Madere, au Cap
de Bonne-Espérance; à différentes reprises, dans la

Baie Dusky à la Nouvelle-Zélande; à différentes
reprifes, dans le Canal de la Reine Charlotte à la
Nouvelle-Zélande; à différentes reprifes à la Pointe
Vénus à Taïti; —— des Obfervations fur l'inclinaifon de l'aiguille aimantée, à la Baie de Tolaga, à la
Nouvelle-Zélande, à la Baie de la Réfolution, fur
une Ifle des Marquifes; —— des Obfervations
fur les Marées à Uliétéa; —— des Obfervations
Aftronomiques à Tanna, l'une des Nouvelles-
Hébrides; à Pudyona, fur la côte de la Nouvelle-
Calédonie; au Canal de Noël, fur la Terre de Feu;
à Sainte-Hélene; —— des Obfervations fur l'inclinaifon de l'aiguille aimantée, à l'Ifle de l'Afcenfion,
à Fyal, l'une des Açores; —— les Obfervations faites
fur la latitude & la longitude à bord de *la Réfolution* & de *l'Aventure*, avec les Gardes-tems; ——
des Obfervations fur la latitude à bord des deux Vaiffeaux, par la méthode lunaire; —— des Obfervations
pour trouver la déclinaifon de l'aimant, à bord des
deux Vaiffeaux; —— un Journal nautique & météo-
rologique à bord des deux Vaiffeaux.

Les Observations & les Tables font précé-
dés d'un Difcours Préliminaire, qui parle des différens inftrumens Aftronomiques qui étoient à
bord des deux Vaiffeaux, & qui d'ailleurs, par les
vues neuves qu'il contient, nous a paru devoir être
traduit: en voici la verfion.

※

DISCOURS

DISCOURS PRÉLIMINAIRE

Qui se trouve à la tête de l'Ouvrage.

DE M. WALES.

Lorsque M. Cook fut envoyé pour la seconde fois, dans l'hémisphère austral, les Savans croyoient encore qu'il y a des Terres d'une grande étendue, vers le pole Sud; & le Navigateur célèbre à qui on confia les deux vaisseaux, la Résolution & l'Aventure, fut chargé de déterminer ce point important en Géographie: mais cette opinion n'étoit fondée que sur une simple probabilité; les raisons mathématiques & philosophiques qu'on a proposées sur cela, ne sont point du tout solides, & la prétendue nécessité du contrepoids de ce côté du Globe est si peu vraie, que je suis fort surpris que tant d'habiles Ecrivains l'aient adopté. Les Mathématiciens savent que tout corps en repos, quelque irrégulier qu'il soit, reste en équilibre s'il est suspendu sur une ligne qui passe par son centre de gravité; & la révolution d'un corps irrégulier autour d'un axe, n'est point troublée par ses irrégularités, si elles se trouvent dans la direction de son axe de rotation, ainsi qu'on les suppose être ici: quand elles se trouvent dans quelque autre direction, le cas est différent, mais alors elles doivent être beaucoup plus grandes qu'aucune montagne que nous connoissions, pour causer une aberration sensible dans l'axe de la terre.

De plus, si à une masse irréguliere de matiere solide,

tel qu'eft notre Globe, on ajoute une quantité de matiere parfaitement fluide, on fait que la matiere fluide fe diftri-buera dans les vallées, ou plutôt le long de ces parties de la matiere dure, qui font les plus proches du centre de gravité, fans aucun égard au centre de figure, & par con-féquent s'il n'y a pas affez de matiere fluide pour inonder & couvrir le tout, les portions qui font vers la partie la moins denfe du Globe ou du corps, feront couvertes les dernieres; ceci pourroit arriver, quand même la Terre feroit une fphere parfaite fans aucune irrégularité à fa furface. La même chofe pourroit fe faire, quoiqu'un peu moins fen-fiblement, par les feules irrégularités de la furface, lors même que la terre feroit par-tout également denfe. Ob-fervé qu'avant cette expédition, il étoit du moins vraifem-blable que les irrégularités de denfité & de furface, étoient à-peu-près égales dans les deux hémifpheres, quoique cela ne fût pas néceffaire.

Dès que le Voyage fut réfolu, les Commiffaires des Longitudes, toujours occupés du progrès des Sciences, char-gerent M. Bayly & moi, de faire des obfervations à bord des deux vaiffeaux; ils nous fournirent pour cela des inftru-mens de toute efpèce conftruits par les meilleurs Ar-tiftes : en voici la lifte :

1.° Un Obfervatoire portatif.

2.° Une Horloge aftronomique, faite M. Shelton.

3.° Un Compteur, fait par M. Monlk.

4.° Un instrument de passage, par feû M. Bird.

5.° Un quart de cercle astronomique, par le même excellent Artiste.

6.° Un Télescope de deux pieds, par le même.

7.° Une Lunette achromatique de trois pieds $\frac{1}{2}$, avec un triple objectif, par M. Dollond.

8.° Un Micromètre objectif achromatique, fait & divisé par M. Dollond.

9.° Un Sextant d'Hadley, par le même.

10.° Un autre par M. Ramsden.

11.° Un Compas azimuthal, par M. Adams.

12.° Deux Globes, par le même.

13.° Une Aiguille d'inclinaison, par M. Nairne.

14.° Un Baromètre de mer, par le même.

15.° Un Anémomètre ou machine pour mesurer le vent, inventée par le Docteur Lind d'Edimbourg, & faite par M. Nairne.

16.° Deux Baromètres portatifs, par M. Burton.

17.° Six Thermomètres, par le même.

18.° Un Théodolite ou graphomètre, avec un niveau & une chaîne, par le même.

19.° Un appareil pour mesurer la chaleur de l'eau de la mer à différentes profondeurs.

20.° Deux Gardes-tems, l'un de M. Larcum Kendall, d'après les principes de M. Harrifon, & l'autre de M. Jean Arnold.

M. BAYLY avoit les mêmes inftrumens, excepté l'inftrument des paffages dont nous devions nous fervir en commun, quand cela feroit poffible; fes gardes-tems étoient tous les deux de la conftruction de M. Arnold.

DE L'OBSERVATOIRE.

L'OBSERVATOIRE fut imaginé par mon Collégue, M. Bayly, & c'eft fans doute un des obfervatoires portatifs les plus commodes qu'on ait jamais faits. Les côtés perpendiculaires font compofés de huit poteaux, *A B*, *C D*, &c. (*voyez la pl.* 65,) d'environ deux pouces d'équarriffage, & de cinq pieds & demi de long, qui foutiennent un cercle 1, 2, 3, 4, &c. jufqu'à 21, de huit pieds de diamètre, & le couvert, *r*, *q*, 9 10, &c. jufqu'à 21, *o*, *p*, de toile huilée. Les poteaux font de hêtre, armés à l'extrémité de piques de fer qui fe fichent en terre, & au fommet, de petites pointes de fer adaptées à des trous pratiqués dans le cercle pour les recevoir : le cercle eft compofé de huit parties, d'environ trois pieds de long, de deux pouces de large & d'un pouce d'épaiffeur, de bois de hêtre : il eft aifé de les joindre enfemble, ou de les démonter, à l'aide de quelques fortes plaques de fer, bien ferrés avec des vis de bois, à l'extrémité d'un arc, & par les vis & les écrous qui fe trouvent à l'extrémité d'un autre : on les viffe & les déviffe fréquemment, fans danger d'ufer les trous,

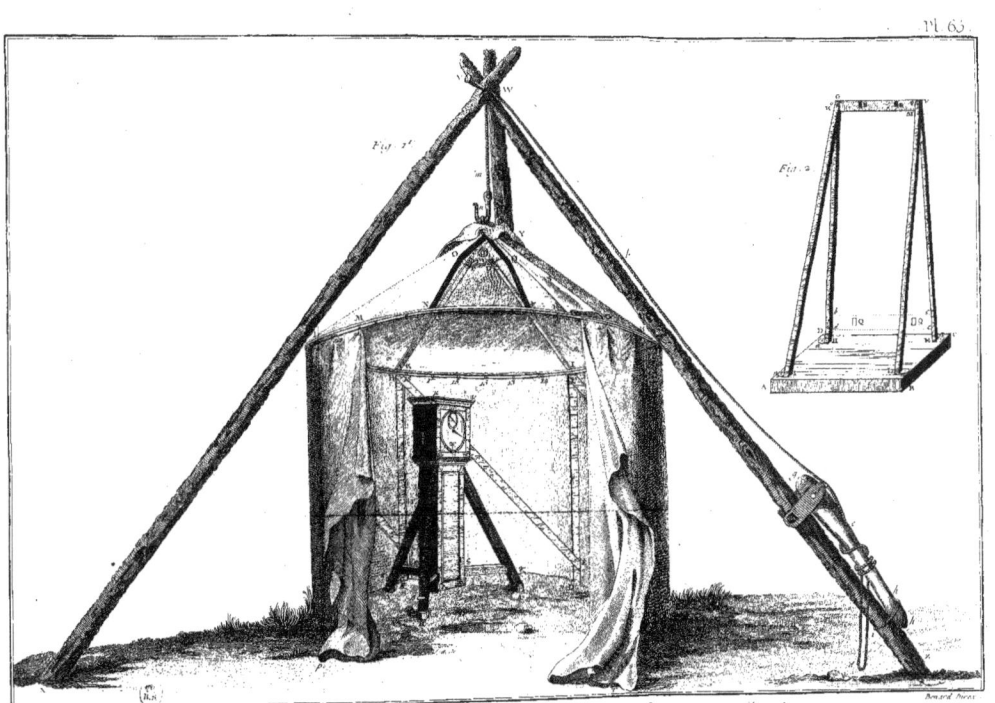

Pl. 63.

Fig. 1.

Fig. 2.

Bosard Direx.

Fig. 1. Observatoire portatif. Fig. 2. Maniere d'établir une Horloge Astronomique à terre.

comme cela arriveroit avec des vis de bois qui entreroient dans du bois. Sur le bord extérieur de ce cercle, on a placé de petits pitons 1, 2, 3, 4, &c. & au bord supérieur de la toile dans les parties correspondantes, il y a plusieurs crochets qui prennent ces pitons, servant à soutenir le bord supérieur de la toile, tandis que le bord d'en bas traîne à terre : les deux parties de la toile 2, 1, 0, p; 9, q, r, sont supposés décrochés des pitons 1, 2, 3, 4, & 5, 6, 7, 8, & rejetées en arriere pour montrer l'intérieur de l'observatoire, & la maniere dont on établit l'horloge : $B E$ est une traverse du même bois, vissée au sommet du poteau A B, par une vis qui est à B, & au pied du poteau $D C$ à E. Les traverses du sommet du poteau au pied de celui, qui les suit, tiennent tout cet assemblage dans une position droite, & lui donnent de la fermeté. $F G H I K L M N$, est un autre cercle exactement de la même dimension & de la même construction que le premier, sur lequel il pose : le toit de l'Observatoire est vissé à ce cercle par dix longues vis, qui passent aux extrémités des montans, à $F G H I K$, &c. dans des écrous de fer, fixés pour cela dans ce cercle. Les pieces $M P$, $R P$, $I U$, $K E$, &c. sont attachées au couronnement $P T V$, par des charnieres à T & V, & les deux petites pièces $F Q$, $N O$, sont attachés aux deux montans $R P$, $M P$, par des charnieres, à O & Q; au moyen de ces gonds, le toit s'ouvre & se ferme comme un parasol, & quand il est dégagé du cercle $F R H$, &c. on le plie, & on le réduit à un très-petit volume.

LA COUVERTURE du toit est d'une toile très-épaisse, &

elle descend tellement qu'elle flotte d'environ quatre pouces
pardelà les bords : le couronnement $P\ T\ V$, a environ
huit pouces de diamètre, & il est revêtu d'une pièce de
toile pareille à celle qui est au-dessus du toit. Une boucle
N ⊙ passe à travers son centre & est attaché dans l'intérieur
par la noix ⊙. Cette boucle est destinée à recevoir le cro-
chet n, qui pend à la corde $m\ b\ g\ c\ d$, & qui passe à W
sur une poulie fixée au sommet de l'arbre $V\ Z$; au pied
de cet arbre, il y a un lévier $g\ h$: au moyen de la jumelle
à f, & d'une seconde qui lui correspond du côté opposé , le
lévier tourne sur la cheville de fer f. La corde $m\ b\ c\ d$;
passe dans un trou C dans le lévier, & elle est tendue,
quand l'extrémité h du lévier s'avance vers χ, & qu'on l'y
retient au moyen de la corde sans fin $i\ k$: le toit de l'observatoire peut se détacher du cercle 1 , 2 , 3 , &c. &
on peut le tourner en tordant ou détordant la corde
jusqu'à ce que l'ouverture $N\ O\ P\ Q\ E$, soit vers le Soleil
ou vers tout autre objet qu'on veut observer : quand l'observation est finie on peut lâcher le lévier, & laisser tomber
le toit de maniere qu'il porte sur le cercle inférieur, parce
qu'alors il sera moins exposé à être dérangé par le vent. Il
y a aussi huit petits pitons, sur le bord intérieur du cercle
1 , 2 , 3 , &c. & autant de petits crochets qui y corres-
pondent sur le cercle supérieur, ou celui auquel les pièces
du toit sont attachées. Ces crochets, quand le toit est baissé,
doivent entrer dans les pitons, & la corde tendue alors, afin
d'empêcher, s'il est possible, l'effet du vent ; l'ouverture
$N ,\ O\ P ,\ Q\ F$, est cachée, quand on ne s'en sert pas par
la partie de la toile $Q\ R\ G\ S$, qui est de la même espèce
& peinte de la même maniere que celle qui couvre le toit.

Excepte les trois arbres, *W Z*, *W X*, *W Y*, tout cet obfervatoire plié fe renferme dans une caiffe de fix pieds neuf pouces de long, & d'environ vingt pouces en quarré: les trois arbres qui portent l'obfervatoire, font d'environ quinze pieds de longueur & de quatre pouces de diamètre: on peut les placer parmi les boute-hors d'épargne du vaiffeau, ou s'il paroît trop incommode de les conferver, on peut toujours en couper au milieu des bois, ou en acheter.

DES HORLOGES.

Nos deux horloges avoient des pendules compofés de cette efpèce, appelée communément pendule à gril, avec *l'échappement à repos*, à la maniere de feû M. Graham: on les établiffoit aux moyens d'une plaque & d'un chaffis de fer, qui eft repréfenté dans la fig. 2, pl. 65, où *A B C D* eft une plaque de fonte, d'environ trois ou quatre pouces d'épaiffeur, de deux pieds de long & de treize ou quatorze pouces de large, pefant entre trois & quatre cens liv: cette plaque fe pofoit horizontalement fur quatre poteaux de bois, armés de fer, & fichés profondément en terre, où le fol le permettoit, & quand cela ne fe pouvoit pas, on la plaçoit fur un rocher. *E F G H* eft un chaffis de fer, d'environ un pouce en quarré, excepté au fommet *F G*, & il a environ trois pouces de largeur, & trois quarts de pouce d'épaiffeur: ce chaffis eft viffé fortement à la plaque à *E* & *H* par les vis *a a*; *I K* & *L M* font deux appuis de fer, d'un pouce en quarré, viffés fortement auffi à la plaque en *I* & *K*, par les vis *n n*, & au chaffis *E F G H* à *K* & *M*, par les vis *o o*. Le pied de la caiffe de l'horloge appuyoit fur la furface horizontale *I L E H*, & le dos portoit contre la barre plate *F G*, à laquelle on le viſſoit fortement par deux groſſes vis, qui paſſoient par la planche de derriere de la caiſſe & les mortaiſes *S S*.

CETTE MANIERE d'établir une horloge au beſoin, a été imaginée par M. Jean Smeaton, Membre de la Société Royale de Londres. Elle a pluſieurs avantages ; en ce qu'elle ne prend qu'une heure, & qu'elle peut avoir lieu dans pluſieurs cas où l'ancien uſage de la fixer à un poteau n'eſt pas pra-ticable, ſur-tout dans les endroits remplis de rochers, qui ſont ſouvent les ſeuls qu'on puiſſe trouver pour obſerver près de la côte de la mer. L'horloge a une baſe très-ferme & n'eſt ſujette à aucun inconvénient que je ſache ; ſi ce n'eſt l'expanſion du chaſſis *E F G H*, & des ſupports *I K* & *L M*, que j'ai reconnu être quelquefois aſſez grande pour élever la caiſſe de l'horloge entierement hors de la baſe *A B C D*, la relâcher par conſéquent & la rendre ſujette à acquérir du mouvement par l'oſcillation du pen-dule ; mais je crois qu'on peut remédier complétement à cela, en plaçant une barre en croix vers le pied du chaſſis de fer, tel qu'elle eſt repréſentée par les lignes ponctuées *b c*, *d e*, & en y attachant fortement la caiſſe de l'horloge de la même maniere qu'au ſommet, par de fortes vis & des écrous qui paſſeroient par la planche du derriere de l'hor-loge & les mortaiſes *Q Q*. Cette maniere d'établir le pied de la caiſſe, exige ſeulement que l'horloge ſoit placée per-pendiculairement à l'horizon, en fichant bien de niveau en terre les poteaux ſur leſquels poſe la plaque de fonte, ce qui ſera très-difficile & très-ennuyeux & prendra

beaucoup

beaucoup de tems; dans les circonstances où l'on a le plus
besoin de cet appareil, le tems est extrêmement précieux:
voilà pourquoi je proposerois de fixer deux forts bras à la
barre de traverse *b c, d e*, au lieu des mortaises *Q Q*, qui
se projeteroient assez en avant pour admettre librement
entr'elles la caisse de l'horloge: dans chacun de ces bras, il y
auroit une vis assez grosse, & en lâchant une de ces vis
& serrant l'autre, l'horloge pourroit se placer tout de suite,
d'une maniere bien droite, après que la plaque de fonte
aura été posée à-peu-près horizontalement; & alors il est
facile de faire presser les deux vis contre la caisse, avec
une force égale & modérée: on pourroit ajouter une autre
vis à la barre de fer *b c d e*, si on le jugeoit à propos,
afin de la tenir droite de l'autre côté, mais cela n'est pas
nécessaire.

Comme on ne pensa à aucun des moyens de remédier à cet
inconvénient, quand le Capitaine Cook partit, on conseilla
à M. Bayly & à moi, d'essayer d'autres méthodes, & d'employer, pour nos observations astronomiques, celles de la
pl. 65. fig. 1. Si l'on excepte ce que semble indiquer, touchant
cette méthode, l'appendice du Voyage au Pole Boréal du Capitaine Phipps, la premiere idée en fut donnée par M. Bayly,
qui présenta sur cela un dessin aux Commissaires des Longitudes: le Bureau chargea ensuite M. Arnold de l'exécuter; cet Artiste fit dans l'exécution quelques changemens qu'il jugea de-
voir être utiles. Dans la gravure, pl. 65, $\mu\,\upsilon\,\phi\,\lambda$ représente l'horloge supportée sans toucher terre, par les pièces $\Phi\,\Omega$, Γ E,
$\Sigma\,\Theta$, qui sont de bois de Mahogany, d'environ deux pouces
d'épaisseur, & de deux & demi de large, & vissées fortement à

la caiſſe de l'horloge à Φ, Γ & Σ, avec de groſſes vis de fer; ces pièces poſent ſur trois pilotis, Λ , ЛΙ & Δ fichées en terre, & on peut les lever ou les baiſſer, au moyen des vis α, β, γ, ſuivant qu'il le faut pour placer perpendiculairement la caiſſe de l'horloge ; deux de ces pièces Φ Ω & Σ Θ, ſont viſſées aux deux côtés de la caiſſe, très-près du cadran, & la troiſieme Γ E, directement au milieu de la planche de derriere, exactement à la même hauteur que les deux autres, δ ε, Ω η, & ρ ϑ ſont trois arcs-boutans de Mahogany, d'environ deux pouces en quarré, bien emmortaiſés dans les pièces Γ E, Φ Ω, Σ Θ à δ, Ω, & ϑ: elles preſſent aſſez fortement contre la caiſſe de l'horloge α ε, η & ρ ; c'eſt-à-dire que δ ε eſt directement contre le milieu de la planche de derriere & Ω η, ϑ ρ contre les deux coins de devant de la caiſſe; la caiſſe de l'horloge, & en particulier la planche de derriere eſt très-forte, & elle n'a que la hauteur abſolument néceſſaire pour contenir le pendule.

AVANT de quitter cette matiere, il ne ſera pas inutile de rapporter quelques irrégularités très-extraordinaires, ſurvenues dans la marche des horloges; ces détails préſenteront, ſous un même point de vue, leurs différentes marches dans les différens endroits où on les a établies.

L'HORLOGE B gagna 5″ 03 par jour ſur la révolution ſydérale, du 28 Mars au 1 Avril 1772, tems où elle fut établie à l'obſervatoire Royal de Gréenvich, ſur des pièces de bois fichées dans la muraille; c'eſt-à-dire, de la maniere que l'horloge de paſſage eſt fixée à cet endroit: l'horloge C perdit 0″ 373 par jour ſur la révolution ſydérale du 25 au 28 Mars 1772, qu'on l'établit au même endroit & de la même maniere. Les oscillations moyennes du pendule furent d'1^d 53' de chaque côté : cette horloge, avec la même longueur de pendule, perdit 20" $\frac{5}{8}$ par jour sur la révolution sydérale, du premier au 9 Juillet 1772, à l'Isle de Drake, dans le Canal de Plimouth, par 50^d 21' $\frac{1}{2}$ de latitude N., & 4^d 16' $\frac{1}{8}$ de longitude O. du méridien de Gréenvich ; & les vibrations du pendule étoient d'1^d 50' de chaque côté.

A FONCHIALE à l'Isle de Madere, par 32^d 33' $\frac{1}{2}$ de latitude N. & 17^d 11' $\frac{1}{4}$ de longitude O. ; B perdit 36" 6, & C 1' 15" par jour sur la révolution sydérale, du 30 Juillet au premier Août 1772 : le pendule de B faisoit des oscillations d'1^d 40' de chaque côté, & celui de C d'1^d 53'.

Au CAP de Bonne-Espérance, par 33^d 55' $\frac{3}{4}$ de latitude S., & 18^d 23' $\frac{1}{4}$ de longitude E., B perdit 1' 15" 43, & C 1' 27" 35 par jour, sur la révolution sydérale, du 2 au 14 Novembre 1772 : les oscillations moyennes de la premiere furent d'1^d 37' $\frac{1}{2}$ & celles de la derniere d'1^d 43' $\frac{1}{2}$.

A LA BAIE DUSKY à la Nouvelle-Zélande, par 45^d 47' $\frac{5}{12}$ de latitude S., & 166^d 18' de longitude Est, B gagna 4" 066 sur la révolution sydérale, du 5 au 21 Avril 1773, & les oscillations moyennes furent de 1^d 35' de chaque côté.

DANS le Canal de la Reine Charlotte à la Nouvelle-Zélande, par 41^d 6' de latitude S., & 174^d 18' $\frac{1}{2}$ de longitude Est, C perdit 1^d 29" 003 par jour sur la révolution

fydérale, du 20 Avril au 20 Mai 1773 ; & ses oscillations
moyennes furent d'1ᵈ 35' de chaque côté. Cette horloge
alla ici avec plus de régularité qu'à aucun autre endroit ;
feulement pendant la nuit du 14 au 15 Mai, elle paroît
s'être arrêtée douze fecondes ; ce qui est fort extraordinaire,
fur-tout quand on confidere que M. Bayly affure que rien
n'en troubla le mouvement, parce qu'il fut feul, durant tout
l'intervalle, dans l'obfervatoire.

A LA POINTE VÉNUS à Taïti par 17ᵈ 29' ¼ de latitude S.,
& 210ᵈ 25' de longitude Est, B perdit 1' 28" 42, & G
2' 10" 69 par jour, fur la révolution fydérale, du 27 au
31 Août 1773 : le pendule de la premiere ofcilloit d'1ᵈ
39', & celui de la feconde ofcilloit de 1ᵈ 46' ½ de chaque côté.

DANS le Canal de la Reine Charlotte, B perdit 21"
116 par jour du 6 au 22 Novembre, & fes ofcillations
étoient d'1ᵈ 38' de chaque côté ; & C perdit au même
endroit 1' 8" 47 par jour du 7 au 15 Décembre 1773, &
fon pendule ofcilloit d'1ᵈ 46' de chaque côté. La lentille
du pendule étoit alors d'environ fept pieds au-deffus de la
mer, à la marque de la marée baffe : durant la premiere
relâche, elle étoit d'environ quatre-vingt-quatre pieds &
demi, au-deffus du niveau de la mer.

AU CAP de Bonne-Efpérance, cette horloge perdit 1'
30" 016 par jour fur la révolution fydérale du 23 au 28
Mars, tems où M. Bayly tranfporta fon obfervatoire & fon
horloge dans une autre partie du jardin : enfuite du 28 Mars
au 10 Avril, elle perdit 1' 17" 71 fur la révolution fydérale.

M. Bayly affure, comme on l'a déjà dit, qu'il n'arriva point
d'altération dans la longueur du pendule, & je ne doute
pas qu'il ne l'ait examiné avec attention; mais fi réellement
il n'est pas survenu quelque altération dans la longueur du
pendule, (ce qui a pu arriver sans qu'il l'ait découvert,) il
m'est absolument impossible d'expliquer un changement fi
brusque & fi considérable. Les oscillations du pendule
étoient d'1^d 46′ de chaque côté.

L'horloge B perdit 1′ 22″ 64 par jour sur la révolution
sydérale, à Taïti par 17^d 29′ ¼ de latitude S., & 210^d 25′
de longitude E., du 23 Avril au 9 Mai 1774 : je ne parle
pas ici de la perte qu'elle fit du 30 Avril au premier Mai;
il paroît qu'elle perdit une minute de plus ce jour, qu'en
aucune autre circonstance; ce que je ne puis expliquer parce
que je ne me souviens pas d'avoir jamais laissé ouverte la caisse
de l'horloge; sans doute quelqu'un de l'équipage, pour
s'amuser, trouva moyen de l'ouvrir & de retarder l'horloge
d'une minute, afin de voir si l'Astronome s'en appercevoit.
Les oscillations du pendule furent d'1^d 35′ de chaque côté,
jusqu'au 30 d'Avril, jour où elles tomberent à 1^d 30′; elles
diminuerent ensuite peu-à-peu; de sorte que, le 7 Mai, les
oscillations ne furent plus que d'1^d 15′. Je ne connois point
la cause de ce changement; le poids n'étoit pas à plus des
deux tiers de sa longueur : cependant je le remontai, & en
peu d'heures il augmenta les oscillations jusqu'à 1^d 35′ &
il continua à vibrer sur cet arc, jusqu'au 10 Mai qu'il
se trouva en bas.

En la remettant en mouvement une seconde fois,

au Canal de la Reine Charlotte à la Nouvelle-Zélande, j'eus beaucoup de peine à la faire aller, parce que la plupart des pièces, & sur-tout les verges d'acier du pendule, étoient couvertes de rouille ; elle perdit 15″ 58 par jour, sur la révolution fydérale du 22 Octobre au 5 Novembre 1774, & elle alla avec assez de régularité, après que je l'eus remise en mouvement ; je l'huilai aussi de nouveau, & les oscillations furent alors d'1ᵈ 37′ ½ de chaque côté.

Au Canal de Noël sur la terre de Feu, par 55ᵈ 22′ de latitude S, & 289ᵈ 58′ ⅓ de longitude E, B gagna 36″ 52 par jour sur la révolution fydérale, entre le 23 & le 26 Décembre 1774 ; & les oscillations moyennes du pendule furent d'1ᵈ 37′ ½ de chaque côté. Cette latitude étoit la plus haute où j'aie eu occasion d'observer.

Le 23 Mars 1772, je remontai B une seconde fois, au Cap de Bonne-Espérance, & depuis cette époque jusqu'au 23 Avril elle perdit 42″ 207 par jour sur la révolution fydérale ; les oscillations du pendule étoient d'1ᵈ 37′ ½ de chaque côté jusqu'au 9 Avril, & ensuite d'1ᵈ 40′. La Table suivante présente ces matieres sous un point de vue, qui les rapprochera davantage dans l'esprit des Lecteurs.

LIEUX.	L'Horloge B. gagne ou perd sur la révolution sydérale.	Latitude.	Longitude.	EPOQUE.
	′ ″ ‴	d ′	d ′	
GREENWICH.	+0 5 03	51 28 ½ N.	0 0	Mars 1772.
MADERE.	−0 36 6	32 33 ½ N.	17 11 ¼ O.	Juillet 1772.
CAP DE BONNE-ESPERANCE.	−1 15 43	33 55 ½ S.	18 23 ¼ E.	Novembre 1772. Avril 1775.
Ditto.	−0 42 21			
BAIE DUSKY.	+0 4 07	45 37 ½ S.	166 18 E.	Avril 1773.
POINTE VENUS.	−1 28 42	17 29 ½ S.	210 25 ½ E.	Août 1773. Mars 1774.
Ditto.	−1 22 64			
CANAL de la Reine Charlotte.	−0 11 12 / +0 15 58	41 6 S.	174 18 ¼ E.	Novembre 1773. Octobre 1774.
TERRE DE FEU.	+0 16 52	52 22 S.	289 58 ½	Décembre 1774.

LIEUX.	L'Horloge C. perd sur la révolution sydérale.	Latitude.	Longitude.	EPOQUE.
	′ ″ ‴	d ′	d ′	
GREENWICH	−0 0 37	51 28 ½ N.	0 0	Mars 1772.
ISLE DE DRAKE.	−0 20 62	50 21 ½ N.	4 16 ¹¹⁄₁₁ O.	Juillet 1772.
MADERE.	−1 15 0	32 33 ½ N.	19 11 ¼ O.	Juillet 1772.
CAP DE BONNE-ESPERANCE.	−1 27 35	33 55 ¼ S.	18 23 ¼ E.	Novembre 1772.
Ditto.	−1 36 02			Mars 1774.
Ditto.	−1 17 71			Avril 1774.
CANAL de la Reine Charlotte.	−1 29 0 / −1 8 47	41 5 S.	174 18 ½ E.	Mai 1773.
POINTE VENUS.	−2 10 69	17 29 ½ S.	210 25 E.	Août 1773.

EN EXAMINANT les marches diverfes des horloges, au Cap de Bonne-Efpérance, en Novembre 1772 & Avril 1775, je fuis porté à croire que le pendule n'étoit pas à fa jufte longueur, où lors de notre relâche au Cap, en Novembre 1772, ou à la Baie *Dusky* à la Nouvelle-Zélande, après lequel tems il ne fubit plus aucune altération; d'autant plus que la différence correfpond à-peu-près à celle qui réfulteroit d'une révolution entiere de l'écrou qui foutient la lentille du pendule; favoir 28″ ou 29″ outre la même quantité que l'horloge avoit gagnée lorfqu'on l'établit une feconde fois à la pointe Vénus & au Canal de la Reine Charlotte: or, en rétabliffant cette quantité, cette horloge auroit été d'accord avec elle-même, autant peut-être qu'il eft poffible de l'attendre d'une horloge; fur-tout quand on la met en mouvement à des époques fi éloignées, & que, durant les intervalles on la dépofe dans des lieux humides & peu convenables, comme cela fera toujours à bord des vaiffeaux, à moins qu'on n'arrange un endroit exprès: je crois que cela pourroit fe faire aifément fur chaque navire: il ne fera pas inutile d'ajouter que cette place ne doit pas être près de l'un ou l'autre côté du bâtiment; & qu'il doit être tapiffé d'une groffe toile peinte, & pardeffus d'une groffe étoffe de laine: un efpace de vingt pouces fur quinze de large, & quatre pouces & demi de haut fuffiroit.

LE COMPTEUR avoit un fimple pendule, dont la verge étoit d'un fapin blanc, & tellement difpofée qu'elle battoit avec l'horloge aftronomique, fans aucune différence fenfible, pendant plufieurs minutes: elle n'indiquoit que les minutes.

minutes & les secondes, on la remontoit comme les horloges ordinaires après vingt-quatre heures, en tirant la corde du poids : elle étoit construite de maniere à donner un fort battement, & à frapper avec beaucoup d'exactitude à la fin de chaque minute, afin qu'on pût saisir plus certainement le premier moment de la seconde, pendant l'observation.

Le bruit de l'oscillation est très-utile, quand le vent est fort, ou lorsqu'à raison de quelque autre agitation de l'air, on ne peut pas entendre l'horloge astronomique. Ce compteur nous a été d'un avantage particulier, parce que nos observations se faisoient communément sur la côte de la mer, où le mugissement de la houle nous permettoit rarement d'entendre l'horloge astronomique.

De l'Instrument des Passages.

Cet instrument étant aujourd'hui trop connu pour exiger une description générale, je parlerai seulement de quelques dispositions particulieres à celui dont nous nous servîmes & de la maniere de le disposer. L'objectif de la lunette, qui étoit achromatique, avoit trois pieds & demi de foyer, & l'ouverture trois pouces & demi ; il grossissoit les objets environ cinquante fois. L'axe posoit sur deux pieces angulaires de métal de cloche, attachées à deux fortes plaques de cuivre, d'environ six pouces en quarré : ces plaques entroient dans deux poteaux de bois de Riga, de six pouces sur huit, & vissées fortement avec de grosses vis, qui passoient en travers les poteaux, du côté opposé à celui où se mettent les plaques de cuivre ; les supports de métal de cloche gliſſoient ſur les plaques de cuivre, l'une dans une direction verticale, & l'autre dans une direction horizontale, à l'aide de pluſieurs vis d'acier, afin d'ajuſter l'inſtrument & de le poſer dans le plan du méridien. Les poteaux avoient au pied chacun un double tenon qui s'adaptoit à deux mortaiſes d'un ſeuil de même bois, de dix pouces de long, ſur ſix ou ſept pieds de longueur, & ils étoient ſoutenus par une barre horizontale, à environ trois pieds au-deſſus du chaſſis, & aux angles par des traverſes. Quand on vouloit dreſſer l'inſtrument, on creuſoit un trou de cinq pieds de long, d'environ quinze ou ſeize pouces de large ou de trois pieds de profondeur, dans une direction perpendiculaire au méridien : on y deſcendoit les poteaux & le ſeuil; on mettoit enſuite l'inſtrument à ſa place, & on le dirigeoit ſur une mire qu'on avoit placée dans le méridien au moyen du compas azimuthal ; après avoir tenu compte de la variation occaſionnée par le mouvement du chaſſis d'un côté ou d'un autre dans le trou, & après qu'on avoit rendu l'axe horizontal en ſuſpendant le niveau au point de vue deſtiné à ajuſter l'inſtrument, & en élevant une extrémité du ſeuil ou en baiſſant l'autre, ſuivant que cela étoit plus convenable, juſqu'à ce que les deux extrémités de l'axe fuſſent de la même hauteur. Le trou étoit alors rempli de terre & de pierre & bien foulé : nous avions grand ſoin, durant cette opération, de ne pas tordre ou forcer l'aſſemblage hors du plan du premier vertical, & pour cela nous mettions ſouvent l'inſtrument en ſa place, nous eſſayions le niveau, & nous dirigions la lunette vers la mire. On place enfin l'inſtrument de la maniere la plus exacte, avec des vis qui conduiſent les deux pièces angulaires, de métal de cloche, fur lefquelles il repofe : je n'ai jamais trouvé que l'inftrument ainfi dreffé, variât d'une maniere fenfible dans fa pofition.

Du Quart de Cercle Astronomique.

Cet instrument a été fi bien & fi complettément décrit par M. Maskelyne, Aftronome Royal, dans fes inftruc-tions relatives au paffage de Vénus, *(voyez Nautical Almanach de* 1769.*)* qu'il refte peu à dire fur cette ma-tiere. Il ne fera pas inutile cependant d'expofer une où deux différences particulieres à mon inftrument. D'abord l'arc excédant ou celui qui eft deftiné a déterminer la ligne de collimation, par les obfervations des étoiles près du Zénith, n'étoit pas compté 1^d, 2^d, 3^d, &c. depuis O, où le commencement des divifions de l'arc de 90^d; dans ce cas, il auroit montré la diftance au Zénith des objets; mais $89°$, $88°$, $87°$, &c. par ce moyen on obtient la hau-teur, au lieu de la diftance au Zénith, & les divifions de Vernier & les fecondes indiquées par la vis du micromètre, fe lifent exactement de la même maniere que fur l'arc de 90^d: de plus le quart de cercle dont je me fuis fervi avoit une feconde ligne d'aplomb, qui, dans les obfervations des étoiles près du Zénith, fe fufpendoit au moyen d'un ap-pareil deftiné à cet effet du bord de la règle horizontale du quart de cercle, & à laquelle on faifoit couper, en deux parties égales, un point très-fin fur l'arc à droite d'O, ou du com-mencement des divifions, en même tems que la ligne d'aplomb ordinaire, ou celle qu'on employe généralement, coupe les deux points qui font fur l'arc & la plaque cen-trale de l'inftrument, & dans une ligne paralelle à celle qui paſſe par le centre, & à la premiere diviſion de l'arc; il eſt alors manifeſte que la ligne d'aplomb qu'on emplôye communément, & qui ſeroit dérangée par la lunette, peut s'ôter pour en ſubſtituer une autre; par ce moyen on prévient entièrement les erreurs qu'on auroit pu commettre en changeant les deux points de ſuſpenſion. Toutes les obſervations ſe comptent réellement du même aplomb.

LE TÉLESCOPE, la lunette achromatique & le micromètre objectif achromatique, n'avoient rien de particulier dans leur conſtruction, & ils ſont maintenant ſi connus, qu'il n'eſt pas néceſſaire de les décrire; j'ajouterai ſeulement que les deux lunettes de réfraction étoient excellentes, & garnies d'axes polaires mobiles, afin de pouvoir les adapter commodément à toutes les latitudes.

DU SEXTANT D'HADLEY.

NOUS AVIONS, M. Bayly & moi, chacun deux de ces Sextans; l'un de M. Dollond, avec ſon nouvel appareil pour ajuſter le verre horizontal de derriere, & l'autre de M. Ramſden. Le dernier fut conſtruit par ordre de la Société Royale, en 1768; je m'en étoit ſervi auparavant dans mon Voyage à la Baie d'Hudſon, & j'en connoiſſois la valeur: ſon rayon avoit quinze pouces, & il étoit coupé dans une ſeule plaque ſolide de cuivre battu, d'environ un neuvieme de pouce d'épaiſſeur. Le chaſſis & les barres de traverſe étoient d'environ un pouce & un tiers de large, & ſoutenus derriere avec des regles de champ perpendiculaires, attachées fortement avec des vis qui paſſoient à travers le chaſſis du ſextant dans les barres elles-mêmes. L'index étoit aussi très-large & fort, & affermi par une barre perpendiculaire, bien vissée sur son côté supérieur. La pesanteur de ces barres & du chassis, rendoient l'instrument un peu lourd; mais je n'en ai jamais trouvé un qui conservât sa figure, son plan & ses positions, aussi bien que celui-ci; & ces qualités sont si essentielles, qu'on ne devroit, je crois, y jamais renoncer, uniquement pour réduire le poids de l'instrument à quelques onces de moins : sa pesanteur ne m'a jamais paru incommode, dès que j'y ai été accoutumé. Cet instrument avoit quelques désavantages auxquels on remédie en général, telle que la petitesse du verre de l'horison; ce qu'il y a de pis, ce verre étoit si petit qu'il ne rendoit pas le champ tout entier, quand l'index étoit retourné à son plus grand angle : mais malgré ces imperfections & quelques autres, je crois, tout examiné, que c'est le meilleur instrument de cette espèce dont je me suis jamais servi.

Le sextant de M. Dollond étoit de la même grandeur & construit avec des régles de champ, comme celui de M. Ramsden, mais moins massif cependant. Les additions le rendoient aussi pesant, défaut que j'ai observé être peu important, quand les pièces & la manière de les ajuster contribuent à lui donner de la fermeté; je ne puis pas dire que cet instrument offroit cette compensation, car il étoit très-sujet à se plier, lorsqu'on lui donnoit différentes positions. L'index étoit aussi sujet à se jéter dans la direction de l'angle mesuré, faute d'être assez affermi; les verres de l'horison manquoient de stabilité, &, à moins qu'on n'y veillât très-attentivement, ils changeoient souvent de position, même dans le court intervalle nécessaire pour faire une obfervation ; de forte qu'il me falloit examiner leurs différentes erreurs devant & après l'obfervation, & prendre un milieu des deux réfultats. Je dois obferver cependant, qu'on l'a tellemenr perfectionné, & qu'on y a ajouté tant d'ingénieux appareils, que s'ils avoient été un peu mieux difpofés, l'inftrument feroit prefque ineftimable ; mais ne fachant par où commencer, ni comment décrire ces améliorations, fans donner une hiftoire générale du fextant, depuis fon invention jufqu'à préfent, je vais me jéter dans cette digreffion, & le Lecteur trouvera peut-être bon que je rapporte quelques détails touchant le premier ufage qu'on fit des inftrumens aftronomiques dans la navigation : j'indiquerai les différentes efpèces qui fe font introduites & les additions qu'on y a faites de tems en tems avant l'invention admirable du fextant : je renfermerai le tout dans le plus petit efpace poffible.

JE N'AI jamais remarqué dans les livres, qu'on fe foit fervi en mer d'aucun inftrument aftronomique avant la fin du quinzieme fiecle ; à cette époque, ainfi que le dit *Maffeius*, dans fon *Hiftor. Ind. Martin de Bohemia*, difciple de Regiomontan, recommanda les aftrolabes pour prendre des hauteurs à bord d'un vaiffeau ; mais il ne paroît pas qu'on s'en foit fervi dès-lors, & il eft douteux fi l'arbalète (a) qu'on

---

(a) Les anciens Auteurs l'appelloient arbalefte, arbaleftrille, fléche, rayon aftronomique, croix géométrique, verge d'or. Le P. Fournier dit que les Chaldéens appelloient bâton de Jacob un inftrument avec lequel ils obfervoient mais on ne fçait pas s'il reffembloit à l'arbalète des tems modernes,

inventa vers ce tems, ou bientôt après, ne fut pas le premier inftrument aftronomique qu'on ait employé en mer; il eft du moins sûr que tous les anciens Ecrivains que j'ai vu parlent de l'arbalète, comme d'un inftrument très-ancien, excepté Jean *Werner* de Nuremberg, qui, autant que j'ai pu le découvrir, eft le premier qui l'ait décrit; mais, d'après ce qu'il dit, il ne paroît pas qu'il en fut l'inventeur: il avertit les Marins qu'il eft propre à obferver la diftance de la Lune au Soleil, ou à une étoile, afin de déterminer la longitude en mer. Le Livre de *Werner* fut imprimé en 1514; & je trouve qu'Apian, dans fa Cofmographie, qui, par la date de fa Préface, femble avoir été écrite en 1524, ou même auparavant, recommande cet inftrument pour le même objet; vers ce tems la méthode de trouver la longitude en mer, par les obfervations de la diftance du Soleil ou des étoiles, eft citée dans plufieurs Auteurs, & en particulier par *Gemma Frifius*, dans fes *Principia aftronomiæ & cofmographiæ*, imprimés en 1530: il parle auffi de découvrir cette longitude au moyen d'une horloge ou d'un garde-tems: ce fut d'ailleurs le premier, fi je ne me trompe, qui ajouta trois marteaux à l'arbalète, qui avoit d'abord été d'une feule croix, & qui par cela étoit très-incommode; car ou la flèche étoit d'une longueur énorme pour mefurer les petits angles, & par conféquent très-difficile à manier, ou bien les divifions fur-tout vers 90^d, étoient trop petites pour comporter une médiocre précifion. Cette addition eut lieu au milieu du feizieme fiecle; mais on ne fait point sûrement qui l'imagina, car une arbalète de la même efpèce fut décrite, à-peu près dans le même tems, par Michel *Coignet*, natif d'Anvers, dans fes *Inf-*

truct. nouv. des points plus excellens & néceffaires tou-
chant l'art de naviger, & par *Waeghener*, Hollandois fi
fameux alors pour dreffer des Cartes, qu'aujourd'hui nos
Matelots appellent un volume de Cartes, un *Waeghener*.

En 1542, Pierre *Nonius*, dans fon Traité *de Crepuf-*
culis, publia la méthode de divifer, au moyen de plufieurs
cercles concentriques décrits fur une face de l'inftrument,
& de divifer chacun de ces cercles en un nombre différent
de parties égales; comme, par exemple, le cercle le plus
extérieur fut coupé en quatre-vingt-dix parties égales ou
degrés; le fecond en quatre-vingt-neuf, & le troifieme en
quatre-vingt-huit, &c. de forte que, dans chaque obfervation, l'index doit traverfer l'un ou l'autre de ces cercles très-
près d'une divifion, d'où l'on peut avoir par le calcul, les
degrés & les minutes contenus dans cet arc. Mais cette
méthode incommode fit bientôt place à celle des tranfverfales, qui fut imaginée dans le même tems, & appliquée à
la flèche & aux autres inftrumens, par Richard Chanceler,
habile-Artifte Anglois. Thomas Digges, dans un Traité
ingénieux, publié en 1573, fur la nouvelle étoile qui paroiffoit alors dans la chaife de Caffiopée, décrit une flèche
avec laquelle il l'obferva; il fait plufieurs remarques curieufes
fur l'ufage de cet inftrument, & entr'autres, il parle d'une
méthode de corriger l'erreur qui provient de l'excentricité
de l'œil; & après avoir expofé fort en détail cette maniere
de divifer, il ajoute: « J'avoue que la divifion de la flèche
» en plufieurs parties fenfibles, n'a pas été inventée par
» moi; mais que plufieurs habiles Mathématiciens s'en fer-
» vent depuis long-tems en Angleterre; le premier qui
　　　　　　　　　　　　　　　　　　» l'employa,

» l'employa, comme j'en suis assuré, fut Richard Chan-
» celer, habile Artiste, & dont je publie le nom avec
» d'autant plus d'empressement, qu'il est mort sans laisser
» d'autre souvenir de ses talens, que quelques instrumens
» d'une invention admirable & d'une exactitude sin-
» guliere. »

Je me suis ainsi étendu sur cette matiere, parce que
Ticho-Brahé, *pag.* 403 de ses ouvrages, publiés à Francfort en 1648, parlant de la même étoile, rapporte ce passage de M. Digges, & ajoute: « Mais quand j'étudiois, il y
» a vingt-huit ans, à Leipsick, j'employois une flèche ainsi
» divisée, qui venoit du cabinet de l'habile Mathématicien
» *Homelius*, & que je vins à bout de me procurer en sé-
» duisant son domestique. Je ne sais pas d'où Homelius
» l'avoit tirée, ni s'il en étoit l'inventeur. » Ticho vouloit
donc disputer à M. Digges en faveur de son ami, le mérite
de cette invention, mais il me semble qu'il ne pouvoit pas
le faire avec avantage; car il n'alla pas à Leipsick, avant
l'année 1562 ou 1563, ainsi que nous l'apprenons de l'histoire de sa vie par Gassendi; & Ticho lui-même, dans son
Epître à Christophe *Rothman*, écrite en 1587, & imprimée
à Uranibourg en 1599, dit qu'il étoit alors âgé de dix-sept
ans; & puisqu'il étoit né en 1546, il y alla en 1563, c'est-
à-dire dix années seulement avant que M. Digges écrivit:
or M. Digges assure en termes exprès, qu'à cette époque
l'inventeur étoit déjà mort, que la méthode étoit connue
& suivie depuis long-tems en Angleterre, & qu'il ne se
souvenoit pas de l'époque où on l'imagina; & sûrement il
s'en seroit souvenu, s'il n'y avoit eu que dix à douze ans.

Ticho ajoute, qu'il avoit appliqué cette efpèce de divifions aux quarts de cercle, aux fextans, &c. & il remarque
qu'elle n'eft pas exacte dans ces inftrumens, quand les cercles
font décrits à diftances égales; il donne auffi une méthode
de corriger cette erreur, au moyen des tranfverfales circulaires qui pafferoient à travers le centre du quart de cercle
fi on les continuoit, & enfin il la préfere, fans héfiter, à la
méthode de *Nonius*, décrite ci-deffus, qui étoit très-incommode, fujette à de plus grandes erreurs, & qui n'étoit pas
applicable aux inftrumens dont on peut fe fervir en mer;
cette maniere de décrire des tranverfales fut inventée par
Jean *Ferrerius*, Artifte très-habile & très-exact, & elle fut
enfuite exécutée d'une maniere plus élégante, & auffi pré-
cife par le Docteur Hooke, notre compatriote, ainfi qu'on
peut le voir dans fes Remarques fur la *Machina Cœleftis*
d'Hevelius.

Sur ces entrefaites, plufieurs tentatives adroites pour
perfectionner la méthode de Nonnius, furent faites par différentes perfonnes, & en particulier par *Jacobus Curtius*,
Vice-Chancelier de l'Empereur Rodolphe II, & Protecteur
de Ticho auprès de ce Prince, ainfi qu'on peut le voir en
détail dans les Ouvrages de Ticho & de Clavius, publiés
entre 1580 & 1590, & qui enfin conduifirent à l'excellente
méthode aujourd'hui univerfellement en ufage. Pierre
Vernier, de Franche-Comté, la publia le premier, dans un
petit Traité, intitulé: *La conftruction & l'ufage du quadrant
nouveau*, imprimée à Bruxelles en 1631. Dans la Préface
de cet Ouvrage, Vernier réclame cette invention, & obferve, avec raifon, qu'en fuivant cette méthode, les minutes

se distinguent aisément sur les quarts de cercle de trois pouces de rayon, & des instrumens de M. Ramsden m'ont convaincu de cette vérité.

L'Arbalète & l'Astrolabe semblent avoir été les seuls instrumens dont on se soit servi en mer jusqu'à la fin du seizième siècle. A cette époque le quart de nonante (a), appelé en Anglois *Back Staff*, parce que l'Observateur avoit le dos tourné au Soleil, commença à être fort en usage. Cet instrument fut inventé par le célèbre Capitaine Jean Davis, qui donna le nom au Détroit qui sépare le Groënland Occidental de l'Amérique : il en fit la description dans un petit livre, intitulé : *Les Secrets du Marin*, publié en 1594 : je n'ai jamais pu trouver cet Ouvrage ; mais Adrien *Metius* a donné une Description & une figure de cet instrument dans son *Astronomica Institutio*, imprimée en 1605, & ensuite dans son Traité de *Arte navigandi*, publié à Francfort en 1624, & dans ses *Doctrinæ Sphericæ*, *lib.* 5, publiés au même endroit, en 1630.

Originairement cet instrument n'avoit qu'un arc ; savoir, celui sur lequel glisse le marteau d'œil ; le marteau d'ombre étoit fixé sur une régle droite emmortaisée dans le côté supérieur du rayon de l'instrument à une plus grande distance du marteau de l'horizon que l'arc lui-même ; mais il ne conserva pas long-tems cette forme ; car, vers l'an 1600, ou bientôt après, l'arc fut porté jusqu'à 90ᵈ, partie au-dessous & partie au-dessus du rayon & du *marteau d'ombre*,

---

(a) On l'appelle aussi Quartier Anglois, ou Quartier de Davis.

qu'on y fixoit jufqu'au degré le plus convenable : dans cet
état, il étoit généralement connu fous le nom de l'Arbalète. Il fubit bientôt un autre changement, & il reçut fa
forme actuelle : le marteau d'ombre étant alors placé à une
grande diftance du marteau d'horizon, la pénombre devint
fi étendue, qu'on ne pouvoit juger avec quelque degré de
certitude du commencement, de l'extrémité ni du centre :
&, ce qu'il y avoit de pis, fi le Soleil n'étoit pas très-brillant,
on n'appercevoit point l'ombre du tout : on jugea donc
néceffaire de diminuer le rayon de cette partie de l'arc fur
laquelle étoit placé le marteau d'ombre, afin d'obtenir une
ombre plus diftincte & plus forte : on ne fait pas qui perfectionna ainfi l'inftrument ; quelques Auteurs croient que ce
fut l'Inventeur lui-même, mais j'en doute beaucoup ; la dernière Addition, de quelque importance qu'on y ait faite,
fut de fubftituer une lentille dont la longueur du foyer étoit
précifément égale au rayon du moindre arc, au lieu du
marteau d'ombre. Cette amélioration, quoique très-fimple,
fut d'une grande utilité ; car le point de lumiere formé fur
le marteau d'horizon dans le foyer du verre, devint affez
brillant pour être vu très-diftinctement lorfque le Soleil
étoit fi foible qu'on ne pouvoit pas appercevoir la moindre
trace d'ombre à travers le marteau. On dit pofitivement à
la *page* 250, *Vol. I*, du nouveau Syftême de Sir Jonas
Moore, que ce fut l'invention de M. Flamftéed le premier
Aftronome Royal ; mais d'autres affurent qu'elle fut imaginée
par le feu Docteur Edmond Halley, & adapté à cet
inftrument, dans fon Voyage à l'Ifle Sainte-Hélène, en
1677 : il eft probable qu'ils ont eu tous les deux la même
idée.

CES TROIS INSTRUMENS, favoir, l'Aftrolabe, l'Arbalète
& le Quartier de Davis, fubirent plufieurs autres altéra-
tions, & parurent fous un grand nombre de formes différentes dont je n'ai pas fait mention plus haut: du premier
vinrent le demi-cercle, les anneaux marins, & le quartier
marin; le fecond produifit la demi-arbalète, le rayon de
M. Hood, &c. & le dernier les quartiers d'Elton & plufieurs autres: aucun de ceux-ci ne fut long-tems en ufage,
& en effet, ils ne méritoient guères d'être employés.

JE VAIS PARLER MAINTENANT des différens Inftrumens
qu'on inventa pour mefurer les angles par réflexion. Je
fuis fermement perfuadé que la premiere idée en fut donnée par cet habile & infatigable Méchanicien le Docteur
Hooke, vers l'an 1681, ainfi qu'on le voit dans l'Hiftoire
de la Société Royale de Birch, *Vol. IV, p.* 102, & dans fa
Vie & fes Ouvrages pofthumes, *p.* XXIII & 503, publiés
par R. Waller en 1705; mais, comme fon inftrument mefuroit les angles par une réflexion feulement, il ne fut pas
aufli commode pour la Mer qu'il l'auroit été d'ailleurs. Le
premier qui publia enfuite quelque chofe fur cette matière,
fut John Hadley, Vice-Préfident de la Société Royale,
fameux alors pour avoir perfectionné & mis en ufage le
Télefcope. Il préfenta, le 13 Mai 1731, à la Société Royale
un inftrument conftruit à-peu-près dans la même forme
qu'ils le font maintenant, & il y ajouta une Defcription;
il parla fort en détail de la théorie & de la maniere de fe
fervir de cet inftrument: mais, quoique M. Hadley fut le
premier qui le publia, il n'eft pas moins fûr que Newton
inventa long-tems auparavant, un inftrument de cette

efpèce, qui différoit peu de celui de M. Hadley, excepté dans la méthode d'appliquer la lunette; mais cette découverte, ainfi que beaucoup d'autres de ce grand homme, ne fut connue du Public que plufieurs années après; favoir, à la mort du Docteur Halley, en 1742, lorfqu'un Mémoire écrit de la propre main de Newton, contenant une Defcription de l'inftrument, fe trouva parmi les papiers de ce Savant; & il fut imprimé avec la figure de l'inftrument, dans le N.° 465 des Tranfactions Philofophiques de l'année 1742. Le Mémoire n'étoit point daté, on ne fauroit dire en quel tems Newton fit cette découverte: il n'y a pas cependant le moindre doute qu'elle ne foit antérieure à celle de M. Hadley, de 1731, puifque Newton mourut en 1727, & les dernieres années de fa vie, il s'occupa peu de ces matières.

QUAND le Mémoire de M. Hadley fut lu à la Société Royale, le Docteur Halley déclara qu'il en avoit un de Newton, qui décrivoit un inftrument pareil à celui de M. Hadley, & qui lui avoit été donné en 1700 ou 1701, mais qu'il ne favoit pas où le retrouver. Il eft très-probable que le Docteur Halley auroit pu décider, fi l'idée de Newton fut antérieure à celle du Docteur Hooke, en 1681, comme l'affure M. Stone dans fon Appendix de la Traduction des inftrumens de Bion, où il dit: « le premier » de ces inftrumens, pour prendre la diftance de la Lune » au Soleil, fut inventé, il y a long-tems, par Newton, » ainfi que le prouve un Mémoire écrit de fa main trouvé » parmi les papiers du feu Docteur Halley; & ce même » inftrument que Newton fit faire, fe voyoit encore il n'y

» a pas long-tems, chez M. Heath, dans le Strand, quoique
» le Docteur Halley s'en fût servi en 1672, quand il alla
» dreſſer le Catalogue des Etoiles de l'Hémiſphère Auſ-
» ſtral; » mais on ne peut pas compter beaucoup ſur ce
qu'il a ainſi avancé. Il eſt vraiſemblable qu'on fit un inſtrument de cette eſpèce ſous la direction de Newton,
mais non pas au tems qu'il dit ; car d'abord le Docteur
Halley ne partit pour Sainte-Héleine qu'à la fin de 1676;
c'eſt-à-dire, quatre ans plus tard que ne l'a avancé M. Stotue:
& il eſt preſque auſſi ſûr que lorſqu'il s'embarqua, il n'avoit
point cet inſtrument, puiſque dans ſon Traité, intitulé :
Catalogus Stellarum Auſtralium, publié après ſon retour
en 1679, & que j'ai maintenant ſous les yeux, il donna
une liſte de ceux qu'il emporta, & on n'y en voit point de
pareils : il eſt difficile de croire qu'il n'eût pas parlé d'un
inſtrument qu'il auroit reconnu pour être ſi utile, & qui
avoit été inventé par un ſi grand Homme, expreſſément
pour cette occaſion & pour obſerver la diſtance de la Lune
au Soleil & aux Etoiles, d'autant plus que le Docteur
Halley avoit cette méthode de trouver la longitude fort
à cœur, & qu'il en parle à différentes fois dans cet Ouvrage.

Si cet Instrument fut conſtruit pour le Docteur Halley,
il eſt très-probable que ce fut vers le tems où il alla obſerver la variation du compas *ſur la pinque paramore*, c'eſt-
à-dire, en 1698, 1699, & 1700 : mais je penſe toujours
que s'il avoit eu quelque inſtrument de cette eſpèce, il
auroit rapporté ſes eſſais dans ſes Journaux, & je n'ai pas
vu qu'il en diſe rien.

LE PRINCIPE fur lequel eft fondé cet inftrument admirable, eft fi naturel & fi fimple, que j'ai connu cinq perfonnes; outre le Docteur Hooke (qui n'employoit qu'une réflexion) qui l'ont inventé & qui l'ont conftruit fans fe rien communiquer les uns aux autres. Après Newton & M. Hadley, ou plutôt avant le dernier, M. Thomas Godfrey de Philadelphie, fit un quart de cercle pour mefurer les angles par réflexion; on alla l'effayer en mer vers la fin de l'année 1730; mais je n'ai pas pu découvrir avec quel fuccès, ni de quelle maniere il étoit conftruit; s'il avoit deux réflexions ou feulement une. Jofeph Harris, Garde des Monnoies, inventa enfuite un inftrument de cette efpèce, fans favoir qu'on en avoit déjà imaginé un pareil : enfin il eft prouvé d'une maniere inconteftable, par plufieurs lettres de M. Rowning, que le même inftrument fut exécuté de nouveau vers l'an 1752 ou 1753, par M. Holroyd, habile Mécanicien, réfident alors à York, mais qui vit aujourd'hui à Londres : cet Artifte le perfectionna même, comme on le dira plus bas.

MALGRÉ ces découvertes particulières que leurs différens Auteurs négligeoient dès qu'ils venoient à apprendre ce qu'on avoit déjà fait avant eux, il n'y eut aucune tentative pour perfectionner le fextant depuis que M. Hadley l'imagina, jufqu'après l'année 1745, époque où finit fon privilége exclufif : dès que les Artiftes eurent la permiffion d'en conftruire, ils fe difputerent feulement à qui les donneroit à meilleur marché, fans s'embarraffer de l'exactitude. Cet inftrument étoit réduit à un état fi déplorable, en 1750, que M. de la Caille nous affure, dans fes *Ephémérides des mouvemens*

mouvemens célestes, de 1755 à 1763, que deux hommes observant eux-mêmes de la maniere la plus exacte, avec deux des meilleurs sextans qu'ils avoient pu se procurer, différoient souvent de 6, 7, & même 8′ dans la hauteur du Soleil : on doit en conclure, ou que ces instrumens avoient été faits en France, ou qu'on n'avoit pas eu soin de les faire venir des bons Artistes d'Angleterre : car il a toujours été facile d'en acheter d'assez exacts, pour observer les hauteurs, ou de M. Jackson, pendant que M. Hadley a joui de son privilége exclusif, ou après sa mort, de M. Bird.

LES PREMIERS que je sache qui aient employé ce sextant, pour les mesures des distances, furent le Docteur Bradley, alors Astronome Royal à Gréenwich, & le Capitaine John Campbell, de la Marine Royale. Le dernier, vers l'an 1747, ayant, pour son propre amusement, mesuré les distances de plusieurs étoiles fixes avec un sextant de Jackson, il en communiqua les résultats au Docteur Bradley, qui les trouva correspondans à la véritable distance des étoiles dans les cieux : ces deux Messieurs firent souvent ensuite à Gréenwich des observations de la distance de la Lune au Soleil & aux étoiles, & des étoiles entr'elles. Pendant le cours de ces expériences, le Docteur Bradley montra au Capitaine Campbell un instrument imaginé pour ces sortes d'observations, par M. Hadley, & dont la forme ressembloit à celui de Newton ; seulement le petit miroir glissoit dans une coulisse, de maniere qu'il se plaçoit à droite ou à gauche du grand, pour mesurer commodément la distance de la Lune aux objets qui étoient aux deux côtés

Tome IV.   V v

de cette planete, sans retourner le plan du quart de cercle;
ce qui étoit alors jugé très-incommode, quoique cela se
pratique aujourd'hui. Le Docteur Bradley, qui avoit beaucoup perfectionné les tables de la Lune du Docteur Halley,
espéra qu'il trouveroit par-là la méthode tant souhaitée des
longitudes en mer, en observant la distance de la Lune au
Soleil & aux Etoiles fixes, d'autant plus que M. Bird s'ap-
pliquoit à perfectionner le quartier d'Hadley, dont le principal défaut étoit de se plier quand on lui donnoit une position qui n'étoit pas verticale: M. Bird réussit si bien, qu'en
1750, M. Benjamin Robins fit ces observations avec beaucoup de succès dans son Voyage aux Indes Orientales, en
se servant d'un sextant seulement de sept pouces de rayon.

L'ILLUSTRE NEWTON avoit, long-tems auparavant, établi
les fondemens de la théorie de la Lune, dans ses *Philo-
sophiæ naturalis Principia Mathematica*, & à cette
époque plusieurs Mathématiciens Anglois & Etrangers cher-
cherent à expliquer & à réduire cette théorie en tables,
ou à faire des observations pour déterminer les points que
la théorie seule ne pouvoit pas donner, ainsi que pour
perfectionner & vérifier les tables déjà faites; car l'expérience
montroit assez que la théorie seule ne pouvoit pas procurer
des tables exactes. Parmi ceux qui ont exercé leurs talens
sur cette matiere, on doit citer en particulier le Docteur
Bradley, M. Simpson, en Angleterre; & dans le Pays Etran-
ger, les célèbres MM. Euler, Clairaut, Mayer, d'Alem-
bert, Walmsley, & plusieurs autres. De tous ceux qui ont
fait sur cela des recherches-pratiques, aucun n'y a mis plus
de soin que notre Compatriote le Docteur Bradley, qui a

ſurpaſſé tous les Anglois, par ſa ſagacité, ſon exactitude
& ſon aſſiduité ; mais il faut avouer, d'un autre côté, que
les Mathématiciens étrangers lui ſont bien ſupérieurs dans
la théorie ; l'avantage qu'ils ont ſur lui, proviènt ſans doute
de l'étude qu'ils ont fait de la méthode moderne de l'ana-
lyſe : MM. Euler, Clairaut & Mayer ſe ſont diſtingués le
plus ; & ſi les deux premiers ont, à quelques égards, montré
plus de profondeur dans les Mathématiques, le dernier a
été bien plus heureux dans la diſpoſition ingénieuſe de ſes
tables, qui donnent de la facilité & de la promptitude au calcul.

EN CONSÉQUENCE M. Euler publia les tables de la Lune
dans l'*Almanach Aſtronomique* de 1750, imprimé à Berlin.
Les tables de M. Clairaut parurent en 1752, en réponſe
à la queſtion du Prix qui fut propoſée par l'Académie Im-
périale de Péterſbourg en 1750 ; & celles de M. Mayer,
dans les Mémoires de l'Académie de Gottingue en 1753 : ce
dernier ſurpaſſa tous ſes prédéceſſeurs, par la facilité &
l'exactitude de ſes calculs ; ce qu'il dut peut-être en partie
à l'uſage qu'il fit des obſervations de M. Bradley, données
par M. Morris à M. Euler, qui les communiqua à M. Mayer.
Dans ces tables, les erreurs en longitudes n'excédoient jamais deux minutes ; & M. Mayer les ayant encore perfec-
tionnées, il les envoya au Commiſſaire de notre Amirauté,
en demandant, pour ſa récompenſe, une partie de ce que
le Parlement avoit promis pour la découverte des longitudes en mer : il y joignit la deſcription & le deſſein d'un
inſtrument pour meſurer les angles par réflexion : on trouve
l'un & l'autre à la fin de ſes tables lunaires, imprimées
depuis par ordre des Commiſſaires des Longitudes ; cet

inſtrument eſt deſtiné ſur-tout à prévenir les erreurs, qui
pourroient s'introduire en faiſant l'arc total de ces inſtrumens
moindres qu'un cercle entier, ainſi que les irrégularités qui
peuvent ſurvenir dans les diviſions intermédiaires.

LE DOCTEUR BRADLEY rapprocha très-ſoigneuſement ces
tables d'un grand nombre d'obſervations de la Lune, qu'il
venoit de faire à Gréenwich avec les nouveaux inſtrumens,
& il dit : « qu'après plus de deux-cens-trente comparaiſons,
» il n'a jamais trouvé qu'elles différaſſent d'une minute &
» demie des longitudes obſervées. » Comme cette quantité
comprenoit l'erreur des tables & celle des obſervations,
le Docteur Bradley en conclut que les tables doivent donner
la véritable poſition de la Lune, à un peu plus d'une minute d'un degré près, & que par conſéquent la difficulté
de trouver la longitude en mer par les obſervations de la
Lune, dans ce qui a rapport à l'exactitude des tables,
avoit été réſolu, & qu'il reſtoit ſeulement à vérifier ſi on
pourroit obſerver en mer avec une exactitude ſuffiſante.

APRÈS cette repréſentation, les Commiſſaires des Longitudes firent conſtruire, par M. Bird, deux des inſtrumens
circulaires de M. Mayer, & le Capitaine Campbell, qui
avoit déjà montré de l'exactitude & de l'habileté dans ces
ſortes d'obſervations, fut chargé de les eſſayer en mer, ainſi
que le ſextant de M. Hadley. Cet excellent Obſervateur,
& M. Jean Bradley, neveu du Docteur Bradley, firent un
grand nombre d'obſervations de la diſtance de la Lune aux
étoiles fixes en 1757, 1758 & 1759; elles furent enſuite
calculées par le Docteur Bradley, qui trouva qu'elles s'ac-

cordoient d'une maniere furprenante entr'elles, & avec les longitudes des lieux qui étoient à la vue du vaiſſeau, quand on obſervoit. Dans le cours de ces expériences, il ne parut pas que les ſextans d'Hadley fuſſent ſujets à des erreurs conſidérables, de l'eſpèce de celles que l'inſtrument de M. Mayer ſe propoſoit de prévenir ; &, comme ce dernier inſtrument eſt d'un rayon peu étendu, on en négligea l'uſage.

L'ASTRONOMIE étoit à ce point lorſque toutes les Sociétés ſavantes & les Académies de l'Europe ſe préparerent à obſerver le paſſage de Vénus ſur le diſque du Soleil en 1761 ; le Docteur Halley l'avoit prédit quatre-vingts ans avant qu'il arrivât, & il avoit indiqué l'utilité que pouvoient en retirer les Sciences : tous ceux qui s'occuperent de cet important phénomène eurent une belle occaſion de faire des expériences, ſur la méthode de trouver la longitude en mer ; & perſonne ne s'y livra avec plus d'ardeur & de ſuccès que M. Maskelyne : il réuſſit non-ſeulement à faire lui-même un grand nombre d'obſervations, mais il convainquit ſi bien les Officiers de nos Vaiſſeaux de la facilité, de la certitude & de l'utilité de ces obſervations, que la méthode devint bientôt d'un uſage univerſel dans le ſervice de la Compagnie des Indes, & elle eſt regardée depuis long-tems comme une connoiſſance néceſſaire parmi ſes Officiers de mer. A ſon retour en Angleterre, il publia les méthodes qu'il avoit employées, ainſi que pluſieurs excellentes manieres d'abréger les calculs, qui alors étoient aſſez ennuyeux, & que le plus habile calculateur ne pouvoit pas faire en moins de trois ou quatre heures : il donna à ſon Ouvrage le titre de *British mariner's guide*, &c. Guide du Marin pour

trouver là longitude en mer : le même Livre renferme plufieurs méthodes qui n'étoient pas univerfellement connues
ou d'un ufage général, pour difpofer & vérifier le fextant
d'Hadley avec plus d'exactitude, ainfi que diverfes idées
utiles, qui n'ont pas un rapport fi immédiat au fujet que
nous traitons ici, mais qui font d'une grande importance au
Marin, & dont, je crois, on tire maintenant un grand profit:
enfin il recommanda la publication du *Nautical Almanach*
fur un plan approchant de celui qu'avoit d'abord propofé
l'Abbé de la Caille.

Sur ces entrefaites, nous eûmes le malheur de perdre
deux des meilleurs Aftronomes qui aient peut-être jamais
exifté, & ceux qui ont le plus perfectionné cette méthode,
le Docteur Bradley, Profeffeur d'Aftronomie à Oxford, &
M. Mayer, l'Auteur des tables de la Lune, dont on a déjà
parlé. Le dernier ayant reçu de la munificence de Georges II
d'excellens inftrumens de M. Bird, en fit ufage avec une
ardeur infatigable; & en comparant fes obfervations, ainfi
que celles que lui avoit communiqué autrefois le Docteur
Bradley, avec les réfultats que donnoit la théorie, perfectionna tellement les tables de la Lune, avant fa mort, que
fa Veuve les envoya, en 1763; au Bureau des Longitudes,
& elles ne différoient pas de plus d'une minute des obfervations du Docteur Bradley, excepté en très-peu de cas,
que l'Obfervateur avoit marqué comme douteux; mais, en
général, les erreurs n'étoient pas d'une demi-minute.

M. GAEL MORRIS compara ces nouvelles tables aux obfervations du Docteur Bradley. Ce Savant, en rapprochant

les obfervations de Bradley des tables que Mayer envoya
d'abord, & en changeant les maximums de l'équation,
où les obfervations fembloient le plus l'exiger, compofa
des tables des mouvemens de la Lune, qui indiquoient, dans
tous les tems, d'une maniere très-exacte, la véritable pofition de la Lune; mais, comme il devoit fa théorie & fes
découvertes à M. Mayer, on ne put jamais le déterminer
à les publier pendant la vie de M. Mayer, de peur qu'on
ne l'accufât de vouloir partager la fomme promife par le
Parlement, pour la découverte de la longitude en mer,
que cet habile Aftronome réclamoit à fi jufte titre.

L'exactitude des tables & la poffibilité des obfervations étant ainfi déterminées, plufieurs Mathématiciens cher-
cherent à diminuer la longueur & la difficulté des calculs;
entr'autres M. Witchell, Principal de l'Académie Royale de
Portfmouth, parvint à réduire en tables toute cette partie
du calcul qui a rapport à la réduction de la diftance apparente, à la diftance vraie de la Lune aux Etoiles, à raifon
de la parallaxe & de la réfraction; & cette réduction, dans
ces tables, peut fe prendre à la vue, ou, dans les cas les plus
difficiles, par des parties proportionnelles qui font aifées.
Cette méthode fut propofée aux Commiffaires des Longitudes au mois de Septem. 1764, & tellement approuvée d'eux,
qu'ils firent donner une gratification de trois cens livres
fterlings, & calculer & imprimer les tables, fous l'infpec-
tion de M. Shepherd, avec l'addition d'une colonne, pour
corriger les effets de la réfraction provenant de la denfité
variable de l'athmofphère. A l'aide de ces tables, autant
qu'une longue expérience me permet de l'affurer, la

réduction mentionnée ci-deffus peut fe faire dans l'efpace d'environ trois minutes, & toujours dans cinq. M. Wit-chell propofa auffi le plan d'un Nautical Almanach, & MM. Dunthorne & Lyons, donnerent bientôt après d'ex-cellens abrégés pour faire cette réduction par des régles & des tables fort courtes; ils obtinrent chacun une récompenfe de cinquante liv. fterlings, & le Bureau des Longitudes publia leurs méthodes.

Dès le commencement du printems de 1765, M. Maf-kelyne, de retour de fon voyage aux Barbades *(a)*, où il avoit donné un grand nombre de preuves qu'on peut faire des obfervations de la Lune avec facilité & avec exactitude, fut nommé Aftronome Royal à Gréenwich, à la mort de M. Blifs, qui avoit fuccédé au Docteur Bradley, en 1762; comme il fe trouva alors membre du Bureau des Longitudes, il demanda de nouveau la publication d'un Nautical Alma-nach, & il préfenta un mémoire, figné de plufieurs Officiers de la Compagnie des Indes, qui affuroient tous qu'un tel ouvrage feroit de la plus grande utilité à la navigation. Les Commiffaires s'adrefferent au Parlement, pour obtenir la permiffion d'imprimer & de publier cet Almanach, & on expédia en effet un acte, daté de la cinquieme année du règne de Georges III : le premier Almanach de cette efpèce fut calculé & imprimé pour 1767, & on l'a toujours con-tinué depuis; on le donne plufieurs années d'avance, pour qu'il ferve à ceux qui entreprennent de longs voyages. Le

_____

(*a*) Il étoit allé faire des Obfervations fur le garde-tems de M. Arnold.

même

même acte accorda une récompenfe de trois mille liv. fterlings à la veuve & aux héritiers de Tobie Mayer, auteur des
tables de la Lune; & trois cens liv. fterlings au célèbre
M. Euler, pour avoir réduit la théorie de la Lune de
Newton, en formules analytiques très-commodes, dont
M. Mayer avoit profité, & d'où, par une fagacité, fingu-
liere, il avoit tiré avec facilité & avec exactitude, la plus
grande quantité de chacune des équations.

M. Maskelyne ayant comparé les dernieres tables de
la Lune de M. Mayer, avec un plus grand nombre d'obfervations, conçut l'efpoir de les approcher encore davantage de l'obfervation. Du confentement du Bureau des
Longitudes, il calcula de nouveau les tables d'équation par
les nombres qu'il avoit lieu de croire les plus voifins de
la vérité : il confeilla auffi de les étendre jufqu'à des dixie-
mes de fecondes, afin que l'omiffion des fractions qui fur-
viennent dans le calcul introduife moins d'erreurs : ces
tables ont depuis été imprimées, & c'eft d'après ces tables
que les calculs du *Nautical Almanac* fe font maintenant.
On a enfuite inventé & publié dans le *Nautical Almanac*
de 1772, les deux méthodes les meilleures & les plus exactes
de réduire la diftance obfervée de la Lune au Soleil, ou
à une Etoile, à la diftance vraie; nous fommes redevables
de l'une de ces méthodes à M. Maskeline, & de l'autre à
M. Witchell *(a)*.

Au moyen du *Nautical Almanac* & des différentes

(a) Il y a une méthode de M. le Chevalier de Borda, peut-être
encore plus facile, dans la Connoiffance des Tems de 1780.

méthodes décrites ci-deſſus, d'abréger la réduction de la
diſtance apparente à la diſtance vraie, à cauſe de la parallaxe & de la réfraction, les calculs néceſſaires pour cette
méthode de trouver la longitude peuvent ſe faire, en
quinze ou ſeize minutes, par un calculateur très-ordinaire,
& jadis les plus habiles ne pouvoient pas les achever en
moins de trois ou quatre heures.

MALGRÉ ces progrès, il reſtoit encore pluſieurs choſes
à faire, & beaucoup de difficultés à ſurmonter. Cette méthode n'avoit guères encore été pratiquée que par les Aſ-
tronomes, & on ne pouvoit pas ſuppoſer que le commun des
Marins voulût ſe donner la peine de la ſuivre : il n'eſt pas aiſé
d'engager les hommes à exécuter les plans des autres, à
moins qu'ils ne ſoient aſſurés du ſuccès ; & ce n'étoit pas
ici le cas, puiſque chaque Marin avoit oui dire, dès l'enfance, que cette opération étoit impraticable. Les Commiſſaires de l'Amirauté employerent tous les moyens poſſibles
pour l'encourager dans la Marine du Roi : heureuſement
on eut à obſerver un autre paſſage de Vénus, en 1769 ;
l'obſervation de ce phénomène, ainſi que les voyages entrepris dernièrement dans les mers du Sud, ont engagé
pluſieurs perſonnes, qui, par goût & par état, s'intéreſſoient
à cette découverte à s'exercer à cette méthode, & leur
exemple a peut-être plus contribué que tout le reſte à la
répandre.

EN DEVENANT plus générale, on a remarqué dans les
inſtrumens différens petits défauts, qui avoient échappé
auparavant, & auxquels on n'avoit pas fait beaucoup d'at-

tention : les plus effentiels étoient le manque d'exactitude
dans les divifions de l'arc, & les erreurs provenant du défaut de paralellifme dans les deux furfaces des miroirs de
verre. M. Bird avoit donné une méthode, fuivant laquelle un habile Artifte peut obvier au premier défaut,
& il avoit reçu cinq cens liv. fterlings du Bureau des Longitudes; M. Ramfden y a remédié entièrement, en inven-
tant une machine curieufe pour divifer les arcs dans les
inftrumens d'aftronomie; & le Bureau des Longitudes lui a
auffi accordé une gratification confidérable. Cette machine
divife avec tant de précifion & d'exactitude, que dans un
quartier qui avoit été divifé par fon apprentif, en préfence
des Commiffaires des Longitudes, & examiné enfuite avec
la plus grande rigueur par M. Bird, on n'y trouva aucune
erreur qui allât à quinze fecondes de degré; car M. Bird
m'a affuré que, s'il y avoit cette erreur, il la découvriroit
fûrement : ce même Artifte eft actuellement occupé d'une
machine femblable pour divifer les lignes droites, avec
autant d'exactitude, de fûreté & de promptitude.

On a remédié auffi aux erreurs provenant du défaut de
paralellifme dans les deux furfaces des verres, par l'*Index
fpeculum* de M. Maskelyne : on peut en voir la defcription
dans des Remarques très-intéreffantes, qu'il a publiées fur
le fextant d'Hadley, dans le *Nautical Almanac* de 1774:
on laiffe la partie fupérieure de l'*Index fpeculum* fans être
étamée, & la furface de derriere de verre dépolie, & on
couvre celle-ci d'une efpèce de peinture noire : par-là tous
les rayons que ne réfléchit pas la premiere furface, fe

trouvent abforbés, & j'ôfe affurer que c'eft une des plus grandes améliorations qu'on ait faites à cet inftrument depuis qu'on l'a inventé. M. Holroyd, que nous avons cité comme un des inventeurs du fextant d'Hadley, avoit eu auffi une idée femblable pour prévenir ces erreurs, comme le prouve un quartier qu'il fit conftruire par M. Dollond, en 1765, & que j'ai vu. J'ai vu auffi des appareils du même Artifte, pour prévenir ces erreurs, en employant des miroirs d'une efpèce de verre opaque, & d'une compofition un peu reffemblante à l'émail, qui mériteroit qu'on en fît d'autres effais.

M. MASKELYNE a donné, dans le même Ouvrage, des règles & des avis excellens touchant les dimenfions des miroirs, la manière de les étamer, l'ouverture de la lunette & les moyens de la placer parallélement au plan de l'inftrument. Il confeille de mettre, dans le foyer de l'oculaire de la lunette, deux fils d'argent un peu épais, qui divifent le diamètre du champ en trois parties égales ; il montre en même temps qu'on pourroit tirer d'autres avantages de ces fils.

J'AI OBSERVÉ plus haut que M. Bird a, le premier, employé des règles de champ perpendiculaires, pour foutenir ou affermir le plan de cet inftrument ; mais l'allidade d'une lame de cuivre, mince & large, étoit expofée à fe courber, ou dans le plan ou en dehors du plan de l'inftrument, ce qui tendoit à forcer le centre. Pour remédier à cet inconvénient, le même Artifte appliqua le premier une règle perpendiculaire à la furface de l'allidade, ce qui devoit affuré-

ment perfectionner les parties de l'instrument, qui sont
très-délicates; mais on trouva que l'allidade étoit encore
sujette à se plier dans le sens de sa longueur, ou, ce qui
est la même chose, dans le plan de l'angle mesuré.
Le peu de force nécessaire pour surmonter le frottement
qui se fait autour du centre, opéroit ce pli, ce qui est si
incroyable que M. Bird, qui connoît autant que personne
les inconvéniens des métaux, ne pouvoit pas le croire, jusqu'à ce que le Capitaine Campbell, qui le premier découvrit
ce défaut, le lui fit voir en relâchant la vis qui affermit la
partie supérieure de l'allidade, & en poussant l'allidade dou-
cement avec son pouce. Quand il retiroit subitement le
pouce, M. Bird reconnut de ses propres yeux que l'allidade
faisoit ressort en arriere d'une quantité très sensible : cette
erreur est réellement très-considérable, si par hasard la
vis, qui tient l'axe du centre a été tournée un peu trop
fortement; afin d'y remédier, M. Bird, dans tous les quartiers à réflexions qu'il fit les dernieres années de sa vie,
plaça une plaque circulaire mince, de cuivre battu, creusée
d'un côté, coupée par un grand nombre d'entailles droites
de la circonférence, presque jusqu'au centre, & il y avoit
un trou assez large pour laisser passer librement la vis qui
attachoit le centre : cette plaque étant posée sur l'axe du
centre, la partie concave appuyée sur le derriere du quartier, & la vis dans le trou, la plaque agit comme un
ressort contre le dos du quartier, &, en cédant, elle empêche le centre d'être trop serré par la vis, & cependant
l'affermit assez pour empêcher les secousses. Mais, comme
il y a plusieurs sextans qui ne sont pas construits de cette
maniere, & qu'il est possible que cet appareil ne remplisse

pas toujours fon objet auffi complétement qu'on le defi-
reroit, je confeillerois à l'Obfervateur de mouvoir l'allidade
de différens côtés, entre les obfervations ; c'eft-à-dire, de
découvrir & de cacher les objets alternatiment ; par ce moyen,
on les amene au point du contact, en portant l'allidade de
différens côtés ; les erreurs provenant de cette caufe feront
alternativement négatives & affirmatives, & par conféquent
fi on en prend un égal nombre des deux côtés, elles fe
détruiront entr'elles : cette méthode tendra auffi à corriger
les erreurs qui proviendront d'une mauvaife habitude que
l'Obfervateur peut avoir contracté en formant le contact
des deux objets. Je n'en ai jamais vu réfulter aucun inconvénient, fi ce n'eft que les obfervations deviennent un
peu irrégulieres : cette irrégularité fera plus ou moins
grande, fuivant la quantité réunie de ces deux erreurs.

C'est ainfi que les inftrumens & la pratique de l'Aftronomie nautique font arrivés à leur état actuel de perfec-
tion : il faut attribuer une partie de ces fuccès aux récom-
penfes & au noble encouragement donnés par le Bureau
des Longitudes, à tous ceux qui imaginent quelque chofe
d'utile aux progrès de l'Aftronomie & de la Navigation.
C'eft au Lecteur à juger de quelle utilité l'inftitution du
Bureau des Longitudes a été à la Grande-Bretagne.

Comme je viens de traiter fort au long de la méthode
de trouver la longitude par des obfervations de la diftance
de la Lune au Soleil & aux Etoiles fixes, on s'attend peut-
être que j'expofe mon opinion touchant l'exactitude avec
laquelle on peut les faire, & ce qu'on doit efpérer de

l'inftrument dont j'ai tant parlé. Il faut avouer que le quartier de réflexion, a encore quelque chofe de très-défagréable, & qu'il n'eft pas aifé d'expliquer. Quelquefois, pendant plufieurs mois, les longitudes déduites des obfervations faites à-peu-près dans le même tems, avec mes deux fextans, ne différoient pas de plus de dix ou quinze milles, & très-rarement d'une auffi grande quantité : enfuite les longitudes déduites commençoient à différer davantage ; & cette différence s'accroiffoit peu-à-peu, quelquefois juf-qu'à plus d'un degré & demi ; en peu de tems elles dimi-nuoient de nouveau, & bientôt après les obfervations s'accordoient comme à l'ordinaire. J'ai effayé toutes fortes de moyens pour découvrir la caufe de ces étranges différences; mais mes efforts ont été inutiles, & quelqu'un plus verfé que moi dans la mécanique devroit fuivre ce travail.

Quant à l'exactitude de nos obfervations, je citerai deux faits qui n'ont pas befoin d'être appuyés par des raifonne-mens. Au moyen de la montre de M. Kendall, j'ai rap-porté au Cap de Bonne-Efpérance quarante obfervations faites avant notre arrivée à ce Cap, dans l'efpace d'une demi-lunaifon : j'ai employé le même moyen pour réduire au Cap plufieurs obfervations, après que nous en fûmes partis ; le réfultat des premieres donna 18ᵈ 10′ Eft pour la longitude de la Ville du Cap ; & celui des dernieres 18ᵈ 23′ ⅔ Eft. Le milieu eft de 18ᵈ 16′ 50 Eft; ce qui differe de 6′ 25″ de fa vraie longitude, telle qu'elle a été déterminée par MM. Mafon & Dixon; de plus, le milieu des quatre obfervations de la Lune, faites immé-diatement après notre arrivée à Sainte-Hélène, donna 5ᵈ

30′ $\frac{1}{3}$ O. pour la longitude de cette Isle, après qu'elles y eurent été rapportées par la montre de M. Kendall; quatre autres faites immédiatement après notre départ, & rapportées à cette Isle de la même maniere, donnerent 6ᵈ 20′ de longitude O.; le milieu est de 5ᵈ 55′ $\frac{1}{30}$ O., ce qui ne differe que de 6′ 6″ de sa véritable longitude qu'a trouvé M. Maskelyne par un grand nombre d'observations astronomiques faites à terre. Je conclus donc que cette méthode donne, avec très-peu de peine, la longitude du vaisseau en mer, à un sixieme de degré près, ou tout au plus à un cinquieme: je vais continuer à décrire le reste des instrumens dont nous avons fait usage dans cette expédition.

DES COMPAS AZIMUTHAUX.

OUTRE le compas azimuthal, de la construction de M. Adams, qui appartenoit au Bureau des Longitudes, & qui étoit de l'invention du Docteur Knight, nous en avions deux autres; l'un de ceux-ci étoit de l'invention du Docteur Knight, & du même Artiste M. Adams; & l'autre avoit été fait par M. Grégory, avec quelques changemens de son invention: ces changemens consistoient sur-tout dans la grandeur de l'instrument, le poids & la force de ses parties, & leur maniere de suspension, qui étoit sur des rouleaux: chacun de ces rouleaux contribue à diminuer son mouvement, ou à le rendre plus régulier & moins sensible. Je dois observer que les compas du Docteur Knight, tels qu'on les faits maintenant, sont très-défectueux sur ce point; le moindre mouvement du vaisseau les dérange, & on ne peut pas les raffermir tout de suite; voilà pourquoi ils sont d'un usage très-

incommode

incommode & peut-être moins exact qu'ils le seroient d'ailleurs.

Je ne puis m'empêcher de faire ici une ou deux Remarques sur les irrégularités des observations, faites avec cet instrument. Dans le Canal d'Angleterre, les extrêmes des variations étoient de 19ᵈ ⅓ à 25ᵈ ½, &, pendant la traversée d'Angleterre au Cap de Bonne-Espérance, j'ai souvent remarqué des différences presque aussi grandes, sans pouvoir les expliquer en aucune maniere : la différence, dans notre position, ne suffisoit pas pour cela. Ces irrégularités continuerent après notre départ du Cap, ce qui m'engagea à examiner les circonstances dans lesquelles elles furent faites ; je reconnus bientôt que, lors de la plûpart des observations, pendant lesquelles on avoit eu les plus grandes variations, l'avant du vaisseau étoit Nord & Est, & que quand on fit celles qui donnoient les moindres, l'avant du bâtiment étoit Sud & Ouest. Je communiquai cette particularité au Capitaine Cook, & à quelques-uns des Officiers qui ne parurent pas d'abord croire mes remarques fondées ; mais, à mesure que l'occasion s'en présentoit, on faisoit de nouvelles observations qui me confirmoient dans mes idées ; & pendant tout le Voyage, j'ai eu toutes sortes de raisons de croire que les variations observées avec l'avant du vaisseau, en différentes positions, & même en différentes parties du bâtiment, différeroient très-sensiblement l'une de l'autre ; & qu'il y auroit une diversité encore plus grande dans les variations observées à bord de différens vaisseaux ; ce qui s'est trouvé vrai, en comparant celles qui ont été faites dans le même tems sur l'Aventure. Le douzieme article n'a besoin d'aucune explication.

Des Aiguilles d'Inclinaison.

Cet instrument a été fait par M. Nairne, suivant un dessein de M. Mitchell, Membre de la Société Royale ; l'aiguille peut s'y balancer dans tous les tems, d'une maniere assez exacte, mais non pas sans beaucoup de peine & d'embarras. Cette suspension se fait au moyen de quatre petites boules, qui se meuvent sur deux petits fils d'archal, dont l'un est supposé être dans un plan qui passe par l'axe de l'aiguille & ses deux poles, & l'autre dans un plan qui lui est perpendiculaire. En faisant mouvoir les boules du dernier fil, le centre commun de gravité des boules & de l'aiguille, vient dans le plan qui passe à travers les poles & l'axe de l'aiguille, & ensuite en faisant mouvoir les deux premieres, il vient dans l'axe lui-même.

Les principaux inconvéniens de cette construction, sont la difficulté de placer le fil de métal, qui conduit les deux dernières boules dans le plan convenable, & l'impossibilité de connoître avec certitude quand cela arrive: de plus, il est très-possible, & sans doute il arrive souvent que l'axe de l'aiguille & ses deux poles ne sont pas dans le même plan ; dans ce cas, il y a une autre difficulté pour balancer l'aiguille d'une maniere très-exacte. Je crois qu'on parviendroit à remédier à ces défauts, si la largeur de l'aiguille se mettoit dans la direction de son axe de rotation, ainsi que dans le compas azimuthal; je foumets cette conjecture au jugement de ceux qui, fur cette matiere, font plus éclairés que moi.

DES BAROMÈTRES ET DES THERMOMÈTRES.

LES DEUX BAROMÈTRES portatifs ne différoient en rien des baromètres ordinaires; mais la conftruction du baro-mètre de mer eft curieufe, & mérite d'être décrite. Il étoit de l'efpèce qu'on appelle *baromètre à réfervoir*: le réfervoir étoit un cylindre de bois, percé au fommet de deux trous circulaires, l'un de près d'un demi-pouce, & l'autre de près d'un pouce de diamètre; le tube s'adapte fi exactement dans le premier, qu'il ne laiffe pas fortir le mercure: le plus grand trou eft couvert d'un morceau d'étoffe de laine, à laquelle M. Nairne a trouvé la propriété d'admettre l'air, & non pas le mercure. Le tube étoit droit, & fon calibre plus petit que de coutume fur une longueur à-peu-près de deux pieds; mais au-deffus il étoit d'une largeur ordinaire: la petiteffe du tube au-deffous, empêchoit le mercure de defcendre auffi promptement que le mouvement du vaif-feau l'auroit fait defcendre d'ailleurs, & la largeur du tube au-deffus empêchoit ce qui s'élevoit, d'avoir un effet auffi fenfible qu'il l'auroit eu lors du mouvement du mercure, dans cette partie du tube.

CE BAROMÈTRE étoit fufpendu à une planche ordinaire jufqu'au milieu de fa hauteur. Je m'apperçus bientôt que le mouvement du vaiffeau produifoit un effet très-fenfible fur cet inftrument; & il me parut que le mouvement d'un baromètre ainsi suspendu, tendoit à élever le mercure, un peu plus qu'il ne se seroit élevé sans cela : voilà pourquoi les variations moyennes du mercure, pendant le voyage, ont en général été plus grandes qu'elles ne l'auroient été dans un baromètre en repos. M. Nairne me dit qu'il a reconnu depuis, par expérience, qu'un baromètre de cette espèce peut être suspendu à une telle hauteur au-dessus du bassin, que son mouvement aura une tendance à rendre sa hauteur moyenne plus petite qu'elle ne seroit dans un baromètre en repos, & de-là il est venu à bout de déterminer le point où on doit le suspendre, pour que le mercure n'ait point de tendance à monter ou descendre; dans un baromètre ainsi suspendu, le mercure sera parfaitement en repos.

Les thermomètres n'avoient rien de particulier : leur échelle alloit de 0^d à 120 : il ne seroit pas mal que les thermomètres qu'on veut employer dans les expéditions de cette espèce, en eussent une plus étendue.

Le théodolite & la chaîne de Gunter sont trop connus pour avoir besoin d'être décrites.

La machine à vent ou l'anémomètre a été complétement décrite par son inventeur, le Docteur Lind, dans les Transactions Philosophiques, vol. 65, de l'année 1775. Un pareil instrument seroit sans doute très-utile, si on pouvoit le faire avec une échelle un peu plus étendue que celle que j'avois. L'eau n'y a jamais monté à plus d'un neuf dixieme d'un pouce, au milieu des coups de vent les plus forts; & elle oscilloit ensuite de ce point jusqu'à rien.

L'APPAREIL, pour mesurer la chaleur de l'eau de la mer à différentes profondeurs, consistoit en un tube de bois quarré, d'environ dix-huit pouces de long, & trois pouces en quarré extérieurement : ce tube avoit une soupape au fond, qui s'ouvroit par en-bas, & une autre au sommet qui s'ouvroit par en-haut ; le thermomètre se plaçoit exactement au milieu de ce tube. Quand on vouloit s'en servir, on l'attachoit à une sonde très-longue, précisément au-dessus du plomb, de sorte que, pendant la descente, l'eau avoit un passage libre à travers le tube, au moyen des soupapes qui étoient alors ouvertes ; mais, à l'instant où on le retiroit, les soupapes se fermoient par la pression de l'eau : on remontoit ainsi le thermomètre dans une masse d'eau de la même température que celle dans laquelle on l'avoit plongé.

M. COOK a déjà parlé de nos Garde-tems dans sa Préface ; on connoît les principes de ceux qu'a construit M. Kendall, d'après les plans de M. Harrison ; mais je ne connois point les principes de construction des Montres marines de M. Arnold. Je voulois rapporter en abrégé tout ce qu'on a fait pendant l'expédition, avec ces Garde-tems, pour trouver la longitude en mer ; mais je n'ai pas pu tirer des résultats assurés, des différentes personnes qui se sont occupées de cet objet : j'ai publié seulement les observations de M. Bayly & les miennes.

DISCOURS

Sur les moyens employés dans ces derniers tems, & fur-tout dans la feconde expédition du Capitaine Cook, pour conferver la fanté des Gens de Mer, prononcé à la Société Royale de Londres, le 30 Novembre 1776, par le Chevalier PRINGLE, Préfident.

N.a La Société Royale ayant couronné, en 1776, un Mémoire du Capitaine Cook, qui expofoit les Moyens qu'il a employés pour garantir fon Equipage du Scorbut, M. Pringle a prononcé, à cette occafion, un Difcours dont voici la Traduction.

MESSIEURS,

Le Comité m'a chargé de vous avertir de la difpofition qu'il a faite, de la médaille de Sir Godefroy Copley *(a)*, & je remplis ce devoir avec d'autant plus de plaifir, que vous applaudirez d'un commun accord à fon Jugement. Les Commiffaires ont reconnu le mérite de plufieurs des Mémoires, qui formeront le volume de vos Tranfactions de

_____

(a) Fondateur du Prix.

cette année, mais ils n'ont pas héfité à préférer celui que je
vous ai préfenté de la part du Capitaine Cook, & qui décrit
les moyens que ce Navigateur célèbre a employé, *pour
conferver la fanté de l'équipage du vaiffeau du Roi*, la
Réfolution, *pendant fa derniere expédition autour du
monde.* Le nom feul d'un auffi digne Membre de cette Société,
qui a fait les Voyages les plus étonnans & les plus inftruc-
tifs, qui a découvert & reconnu de nouvelles contrées fort
étendues, qui a détruit la chimere du Continent auftral,
& fixé les bornes de la Terre habitable & de la navigation
de l'Océan, dans l'hémifphère du Sud, fuffit pour fe dé-
partir de la rigueur de vos régles, qui exigent qu'un Mémoire foit préfenté par l'Auteur lui-même.

JE NE M'ARRÊTERAI PAS à donner à cet illuftre Voyageur
tous les éloges qu'il mérite; je parlerai feulement de l'objet
du Prix que vous diftribuez toutes les années. Le Fondateur
a voulu couronner l'ouvrage de l'année, qui contient les
recherches expérimentales les plus utiles & les plus heu-
reufes; or quels travaux plus utiles que ceux qui font deftinés
à fauver la vie des hommes? & où trouvera-t-on des tentatives qui aient mieux réuffi que celles du Capitaine Cook?
fes réfultats ne préfentent ni la vaine forfanterie des empiri-
ques, ni des théories ingénieufes, mais fauffes. Son Mémoire
concis & fans art, expofe les *moyens par lefquels avec cent
dix-huit hommes* (a), *il a fait un voyage de trois ans & dix-*

(a) Il y avoit à bord cent dix-huit hommes, y compris le Docteur
Sparrman, que MM. Forfter prirent au Cap.

huit jours, dans tous les climats depuis le 52ᵈ Nord, jusqu'au 71ᵈ Sud, sans perdre plus d'un homme de maladie (a); & ce qui ajoute un nouveau prix aux observations importantes de M. Cook, ses précautions sont fort simples.

JE DEMANDERAI à ceux qui s'occupent le plus des bills de mortalité, si dans le climat le plus sain, & parmi les hommes de la meilleure santé, ils ont jamais trouvé si peu de morts dans le même espace de tems? L'étonnement augmente lorsqu'après avoir lu l'histoire des anciennes Navigations, on reconnoît que l'air de la mer n'a plus de malignité; & enfin qu'on parcourt le Globe entier sur des vaisseaux, avec moins de danger pour la santé, qu'on ne fait le tour de l'Europe.

AFIN de mieux exposer le contraste qui est entre les Navigations actuelles & celles des anciens tems, permettez-moi de vous rappeler ce que vous avez lu du premier Voyage, entrepris pour l'établissement de notre Compagnie des Indes *(b)* : quatre vaisseaux montés de quatre cens quatre-vingts hommes partent des Ports d'Angleterre; le scorbut affoiblit tellement trois des Equipages, dès qu'ils furent à

(*a*) Il mourut d'une phthisie pulmonaire, qui se termina par une hydropisie. M. Patten, Chirurgien de la *Résolution*, qui m'a exposé l'état du Malade, a observé qu'il se plaignit, dès le commencement du voyage, d'une toux, & d'autres symptomes de consomption, qui ne le quitterent plus; que ses poumons étoient, sans doute, attaqués avant qu'il montât à bord.

(*b*) L'Escadre commandée par Lancastre, qu'on appeloit le Général, mit à la voile en 1601. *Voyez* Purchass Pilgrims, *Vol. I, pag.* 147, & *suiv.*

trois

trois degrés au-delà de la ligne, que les Marchands qui
s'étoient embarqués comme paſſagers, ſe virent contraints
de faire le ſervice des Matelots, & pendant la traverſée
ſur la côte de Soldania, (place de rafraîchiſſement de ce
côté du Cap de Bonne-Eſpérance,) il mourut cent cinq
hommes, c'eſt-à-dire, plus du quart des complémens : Sir
Richard Hawkins, Officier auſſi éclairé que brave, qui
vivoit à cette époque, ne dit-il pas que, *pendant les vingt*
ans qu'il a fréquenté la mer, il pourroit citer dix mille
Marins que le ſcorbut ſeul a fait périr (a)? & il étoit ſi
loin de ſe méprendre ſur la nature de cette maladie, que j'ai
lu peu d'Auteurs qui la décrivent auſſi-bien. Si, dans ces
premiers tems, qu'on peut appeler l'enfance du commerce
& de la puiſſance maritime de la Grande-Bretagne, le
ſcorbut emporta tant de monde, quel ravage ne doit-il
pas avoir fait lorſque nos flottes s'accrurent, & que notre
commerce s'ouvrit de nouveaux Ports?

MAIS, pour paſſer de ces époques éloignées à une plus
moderne, dont ſe ſouviennent tous les Membres de cette
Aſſemblée, arrêtons-nous ſur l'expédition victorieuſe, mais
déplorable, de l'Amiral Anſon. Il ſemble qu'alors tout ce
qui étend les forces navales & le commerce de l'Angleterre, avoit dû faire de grands progrès, & cependant, pour conſerver la ſanté des Marins, on ne prenoit
guères plus de précautions que n'en avoient pris nos An-
cêtres ignorans; on ſait qu'après avoir paſſé le Détroit de

le Maire, le fcorbut infecta l'Efcadre d'Anfon; que le Centurion eut à peine parcouru quelques degrés dans la mer du Sud, qu'il perdit quarante-fept hommes, & que, huit mois après le départ de la flotte, il n'y avoit prefque perfonne fur les vaiffeaux qui n'en fût attaqué; que le neuvieme mois, quand Centurion cingla vers Juan Fernandès, il avoit perdu quatre-vingt-quatre Matelots; que la maladie fit de tels progrès fur le bâtiment amiral, qu'avant de relâcher fur l'Ifle, il avoit jeté deux cens hommes à la mer; & qu'enfin il n'y avoit plus que fix Matelots par quart pour le fervice. Les deux autres vaiffeaux fouffrirent en proportion.

CES MALHEURS ne finirent pas à Juan Fernandès; après un intervalle de quelques mois, cette maladie terrible reparut de nouveau, & avant que le Centurion (qui portoit alors le refte des Equipages des trois vaiffeaux) pût aborder à Tinian, il perdoit quelquefois huit ou dix hommes dans un jour; enfin, après avoir été deux ans en mer, M. Anfon avoit perdu plus des quatre cinquiemes de l'Efcadre, & fuivant l'Hiftorien du Voyage, tous ces malheureux périrent du fcorbut dans la mer du Sud. Je parle d'après l'Ecrivain élégant qui a fait la relation du Voyage: comme il ne s'occupoit pas de la Médecine, & qu'il n'a point appuyé cette partie de fon récit fur le témoignage des Chirurgiens des vaiffeaux, ou fur leurs journaux, je crois qu'il fe joignit au fcorbut une efpèce de maladie peftilentielle, qu'on a appelée fièvre de prifon ou d'hôpital (a), parce que c'eft là

_____

(a) Le Docteur Méad, qui vit les Obfervations de deux Chirurgiens

qu'elle se manifeste souvent. Ce n'est pas ici le lieu d'examiner si le scorbut seul ou le scorbut joint à la fièvre, détruisirent la plus grande partie des Equipages d'Anson, puisqu'on a découvert depuis des moyens de prévenir ces deux maladies, causées par un air infect. On doit observer à la gloire du prudent & brave Commodore, qu'il ne fit pas lui-même les préparatifs de son Voyage; que son vaisseau étoit si chargé, qu'on ne pouvoit ouvrir les sabords que dans les momens les plus calmes, & que, pour conserver la santé de ses Equipages, il ne négligea rien de ce qui étoit alors connu & pratiqué dans la Marine.

Je rapporterai les principales découvertes qu'on a faites depuis sur cette matiere, & à l'aide desquels nos vaisseaux ont exécuté de longues navigations si heureusement, qu'elles effacent le souvenir de nos premiers désastres; mais il est à-propos de dire auparavant qu'elle est cette maladie, la plus fatale aux gens de mer, & pour laquelle on a imaginé tant de préservatifs, car les Marins eux-mêmes la connoissent peu. J'observerai d'abord que le scorbut de mer n'est pas la maladie qu'on appelle de ce nom à terre : ce qu'on nomme ordinairement *scorbut* à terre, appartient à une classe de maladies absolument différentes de celles dont il est ici question; & l'opinion reçue qu'il n'y a *guères de constitutions totalement libres d'affections scorbutiques*, est si peu vraie, qu'excepté parmi les Matelots ou parmi ceux qui menent une vie pareille à la leur, & particulièrement

du Commodore, dit que le Scorbut étoit alors accompagné de fièvre putride, &c. *Voyez* son Treatise ou The Scurvy, &c. *pag. 98 & suiv.*

parmi ceux qui mangent des alimens falés ou pourris, fur-
tout s'ils vivent dans un air falé & dans la mal-propreté, j'ai
lieu de croire que c'est une des maladies les moins fréquentes.
J'ai foumis cette opinion au jugement de la Société Royale,
il y a plufieurs années, & rien ne m'engage aujourd'hui à
en changer : je vous dis alors, Meffieurs, contre l'opinion
commune, mais appuyé fur des raifons qui paroiffent bonnes,
que l'air de la mer n'est pas la caufe du fcorbut, puifque pendant les plus longs voyages, la propreté, la ventilation, &
les provifions fraîches, préferveroient de cette maladie
l'Equipage d'un vaiffeau, & que fur les côtes où il n'y a
point de marécages, les Habitans ne font pas fujets à cette
indifpofition, quoiqu'ils refpirent fouvent l'air de la mer (a):
en adoptant les fentimens de ceux qui attribuoient le fcorbut
à une révolution feptique, je conclus que c'est un commencement de corruption dans toute l'habitude du corps, femblable à celle d'une fubftance animale privée de la vie (b);
cette affertion est affez vérifiée par l'examen des fymptomes
dans les fcorbutiques & l'état de leurs corps après la mort (c).
A cette occafion, je remarquai que les viandes falées fe pou-
riffent en effet après un certain tems, quoiqu'elles reftent
mangeables à caufe du fel; que le fel ordinaire qui paffe
pour un des meilleurs préfervatifs contre la corruption,
n'est qu'un préfervatif ordinaire, lors même qu'on en met

(a) Voyez les Maladies de l'Armée; Part. I, chap. 2, app. pap. 7.
(b) Ibid.
(c) Woodall' furgeon' s Mate, pag. 163, Poupart, Mémoire de l'Académie Royale des Sciences, ann. 1699, Petit, Maladie des Os, Tome II,
pag. 446. Méad on Scurvy, pag. 101.

une grande quantité; & que si l'on en met aussi peu que dans l'assaisonnement de nos viandes fraîches à table, ou de nos viandes salées, il hâte la putréfaction loin de l'empêcher.

LES EXPÉRIENCES rapportées par feû M. Canton, Membre de cette Société, dans son Mémoire *sur la cause de l'aspect lumineux de l'eau de la mer*, confirme la qualité putride du sel de la mer.

ON A DIT que le scorbut provient de la froideur de l'air, qui arrête la transpiration, que c'est pour cela qu'il est endémique chez les peuples du Nord, & sur-tout chez ceux qui habitent les environs de la Baltique *(b)*. Le fait est en partie vrai; mais je crois qu'on s'est trompé sur la cause. Dans les longs & rigoureux hivers de ces contrées, les troupeaux privés de pâturages, pouvant à peine subsister, les Habitans sont obligés de les tuer à la fin de l'automne, & de les saler pour plus de six mois: cette nourriture putride qu'ils prennent si long-tems, & à laquelle les Habitans du Sud ne sont pas réduits, semble être la cause principale de la maladie: si on réfléchit que, dans le Nord, le bas-peuple n'a presque point de légumes ou de fruits, & très-peu de liqueurs fermentées l'hiver, & qu'il habite souvent des maisons humides, sales & mal aërées, il est aisé de concevoir pourquoi il est sujet à la même maladie que les gens de mer, tandis que d'autres Nations sous une même latitude, mais

---

(a) Phil. Transf. *Vol. LIX*, *pag.* 446.
(b) Bartholin, Méd. Danor. Domestic. *pag.* 98.

qui vivent d'une manierc différente, s'en préfervent; aufli
M. de Linnée nous apprend que les Lappons, l'un des peuples
les plus hyperboréens (a), ne connoiffent pas le fcorbut,
fans doute parce qu'ils ne fe nourriffent jamais de viande
falée, qu'ils ne font aucun ufage du fel, & qu'ils mangent
tout l'hiver la viande fraîche de leurs rennes.

LA SANTÉ des Lappons eft d'autant plus remarquable,
qu'ils confomment peu de végétaux, & jamais de pain, comme
l'ajoute le célèbre Auteur que je viens de citer: mais dans
les Provinces qui bordent la Lapponie, où l'on fait ufage
du pain & de peu des végétaux, où l'on confomme des
viandes falées, les Habitans font auffi affectés du fcorbut que
par-tout ailleurs (b). Permettez-moi, Meffieurs, de remarquer en paffant que les progrès de l'agriculture, du jardi-
nage, & des autres arts de la vie, en étendant leur influence
jufqu'aux parties les plus éloignées de l'Europe, & jufqu'au
plus bas-peuple, commencent à diminuer fenfiblement cette
maladie, même dans les climats où elle étoit jadis plus ré-
pandue.

ON A ASSURÉ que les hommes, qui vivent fur les côtes
de la mer, deviennent fcorbutiques fans manger de viandes
falées; mais je n'en ai jamais connu d'exemple, excepté
dans ceux qui refpiroient un air marécageux, ou putride

(a) Linnæi Flora Lapponica, pag. 8, 9.

(b) M. de Linnée, en plufieurs endroits de fes Ouvrages, confirme
ce qu'on dit ici, que les viandes falées font une des caufes principales
du Scorbut. Voyez Amœnitat. Acad. Vol. V, pag. 6, & fuiv. pag. 42.

d'ailleurs, & qui ne faifoient point d'exercice, & ne man-
geoient ni fruits ni légumes frais : car alors les humeurs fe
corrompent de la même maniere, mais non pas au même
degré que celles des gens de mer. Ainfi, dans la derniere
guerre, lorfque le Château de Sifinghurft, au Comté de
Kent, fut rempli de prifonniers François, le fcorbut fe mani-
fefta parmi eux, quoiqu'on ne leur eût pas fervi de viandes
falées en Angleterre : on leur donnoit chaque jour de la
viande fraîche & du pain, mais fans légumes ou fans végétaux. Le Chirurgien qui les foignoit, & qui m'a communiqué ces détails, ayant été auparavant employé dans la
Marine, étoit plus en état de juger de la maladie & de la
guérir. Outre le manque de légumes, il obferva que les
cours étoient fales & trop pleines ; les chambres humides
(à caufe du foffé qui les environnoit), & que l'efpace accordé aux prifonniers pour prendre l'air, étoit fi petit & fi
bourbeux dans les tems de pluie, qu'ils fortoient rarement.
Il ajouta que d'après fes repréfentations, on lui permit de
donner aux prifonniers des racines & des légumes, pour les
faire bouillir dans leur foupe, & de placer les malades dans
un village voifin, & fur un terrain fec, où ils pouvoient
prendre l'air & marcher : qu'en employant ces remèdes, ils
recouvrerent tous promptement leur fanté : il eft probable
que le fcorbut fe montra plutôt parmi ces Etrangers, parce
qu'on les avoit pris en mer, & que par conféquent ils y
étoient plus difpofés. Le même Chirurgien m'apprit en
outre que, dans les parties les plus baffes & les plus
humides de ce Comté, où vivoient quelques hommes de fa
profeffion, on voyoit de tems en tems de petites affections
fcorbutiques chez le bas-peuple ; & fur-tout chez ceux qui

vivoient tout l'hiver de lard falé, fans liqueurs fermentées, fans légumes & fans autres fruits, que quelques pommes : mais il remarqua que, dans les hivers qui fuivoient une ré-colte abondante de pommes, les Payfans étoient beau-coup moins fujets à cette maladie.

JE ME SUIS ÉTENDU fur cette partie de mon fujet, parce que la connoiffance de la nature & de la caufe du fcorbut, me femble néceffaire pour perfectionner les moyens de le prévenir & de le guérir. Après beaucoup de réflexions, après toutes les converfations que j'ai eues avec ceux qui, à une extrême fagacité, joignent une longue expérience dans la Marine, je fuis perfuadé qu'en examinant les diffé-rens anti-fcorbutiques qui ont été approuvés & adoptés der-nièrement, on trouvera que, quoiqu'ils puiffent varier dans la maniere d'opérer, ils contribuent cependant tous à cor-riger ou prévenir la *putréfaction*, foit de l'air dans les parties du vaiffeau les plus fermées, foit des viandes, de l'eau, des vêtemens & des lits, & du corps lui-même. L'examen des principaux anti-fcorbutiques, & des autres moyens employés par le Capitaine Cook, a donné peut-être un nouveau poids à cette idée, & ce fera une raifon de plus de mé-diter fur ces principes, afin de perfectionner cette branche importante de la Médecine.

LE CAPITAINE COOK commence par la drêche fa lifte des provifions, il dit : « Qu'il en faifoit un moût doux, & » qu'il en donnoit à ceux qui avoient des fymptomes ma-» nifeftes de fcorbut, & à ceux qui y paroiffoient le plus fujets. » Le Docteur Macbride, qui le premier eut l'idée de cet

cet anti-fcorbutique, fut conduit à cette découverte par des expériences préfentées à cette Société, & dont le réfultat indiquoit que l'air produit par la fermentation alimentaire, a le pouvoir d'arrêter la putréfaction *(a)*; il fit un grand nombre d'effais, à l'appui de ce fait; &, trouvant que ce fluide eft de l'air fixe, il en conclut, avec raifon, que toutes les fubftances nutritives qui en feroient remplies, & qu'on pourroit porter commodément en mer, feroient très-bonnes contre le fcorbut, qu'il regardoit alors comme une maladie putride, & qu'il confeilloit de prévenir ou de guérir par cette efpèce d'anti-feptiques *(b)*. La biere, par exemple, avoit toujours paffé pour un des meilleurs antifcorbutiques; mais, comme elle tire fon air fixe de la drèche dont elle eft compofée, il jugea la drèche elle-même préférable pour les longs voyages, parce qu'elle prend moins de place que la biere toute faite, & qu'elle fe garde plus longtems. L'expérience a depuis vérifié cette théorie ingénieufe, & la drèche a acquis tant de crédit dans la Marine, qu'il ne manquoit plus qu'une expédition auffi longue & auffi célèbre que celle-ci, pour la mettre au nombre des provifions les plus indifpenfables : car, quoique le Capitaine Cook remarque : « qu'il faut auffi prendre d'autres pré-
» cautions, qu'il ne croit pas que le moût de biere puiffe
» guérir en entier un fcorbut fort avancé, il eft perfuadé
» cependant qu'il fuffit pour empêcher long-tems cette
» maladie de faire des progrès confidérables, & il n'héfite

(*a*) *Voyez* l'Appendix & les Obfervations fur les Maladies de l'Armée.

(*b*) *Voyez* Macbride's, Exper. Eff. paffim.

Tome IV. Aaa

» pas à prouver que c'eſt un des meilleurs anti-ſcorbutiques
» que la Médecine ait encore trouvé *(a)*. »

L'*AIR FIXE* ſi ſalutaire à l'économie animale, eſt en
plus ou moins grande quantité, dans toutes les liqueurs en
fermentation, & il s'oppoſe à la putréfaction, dès que le
travail ou le mouvement intérieur commence.

Il abonde dans le vin, & il n'y a peut-être point de ſub-
ſtance végétale, qui en ſoit plus remplie que le jus du
raiſin ; & comme le vin a un goût agréable, il faut le mettre
au premier rang parmi les anti-ſcorbutiques. Le cidre & les
autres productions vineuſes, qu'on tire des fruits, ſont également bonnes, ainſi que les différentes eſpèces de biere.
On a obſervé conſtamment que dans les longues campagnes,
ou les voyages éloignés, le ſcorbut ne ſe manifeſte jamais
tant qu'il reſte aſſez de petite biere, pour en donner à
chacun une ration complète, & qu'après qu'elle eſt toute
conſommée, cette maladie paroît bientôt. Il eſt donc à

(a) On a eu la bonté de me communiquer le Journal que M. Patten a tenu ſur la *Réſolution*, & j'y ai lu le paſſage ſuivant, qui confirme ce qu'on vient de dire : *J'ai trouvé durant le Voyage, que le moût de
biere eſt de la plus grande utilité dans toutes les Maladies Scorbutiques.
Comme un grand nombre de perſonnes en prennent par précaution, cette précaution, dans preſque tous les cas, a eu du ſuccès ; c'eſt le meilleur remède
qu'on ait découvert juſqu'à préſent, pour guérir le Scorbut de Mer ; & je ſuis
bien convaincu, d'après l'examen de ſes effets, & de ſa maniere d'opérer,
qu'en y joignant les tablettes de bouillon portatives, la four-krout, le
ſucre, le ſagou, & les raiſins de Corinthe, le Scorbut, cette peſte de la
mer, deviendra rarement, ou preſque jamais, alarmant, dans un vaiſſeau,
pendant les plus longs voyages, ſi on a ſoin des proviſions, & ſi on veille à
la propreté.*

defirer que cet excellent breuvage fe renouvelle en mer ;
mais les vaiffeaux n'offrent pas pour cela les commodités
néceffaires : les Ruffes cependant viennent à bout de préparer à bord comme à terre, une liqueur mitoyenne, entre
le moût & la petite biere : ils prennent pour cela une cer-
taine quantité de drêche & de farine de feigle qu'ils pé-
triffent, & dont ils forment de petits pains qu'ils cuifent
au four. Ils y verfent enfuite au befoin une quantité convenable d'eau chaude, qui fermente fitôt que dans l'efpace
de vingt-quatre heures la boiffon eft achevée ; c'eft une
petite liqueur vive, & aciduleufe qu'ils appellent *quas*, qu'ils
trouvent fort bonne, & qui n'eft pas défagréable pour les
étrangers. Le feû Docteur Mounfey, Membre de cette Société, qui avoit vécu long-tems en Ruffie, & qui avoit été
Archiater fous deux Souverains, m'a dit que le *quas* eft la
boiffon ordinaire des flottes & des armées de cet Empire,
& qu'il eft anti-fcorbutique : il ajoute que lifant à Mofcow les
Obfervations fur la fièvre de prifon ou d'hôpital, que je
venois de publier (*a*) ; il forma le projet de comparer ce
que je difois, avec ce qu'il verroit dans les différentes prifons
de cette grande Ville ; mais, après les avoir toutes vifitées,
& les avoir trouvé remplies de malfaiteurs (car la derniere
Impératrice ne laiffoit exécuter aucun de ceux qui étoient
convaincus de crimes capitaux), il fut bien furpris de
ne point y remarquer de fièvre, & il n'apprit pas qu'on y
eût jamais connu une maladie particuliere aux prifons. Il

_____

(*a*) Ce Traité fut publié d'abord féparément, & enfuite joint aux
Obfervations fur les Maladies de l'Armée.

remarqua que quelques-unes de ces prisons avoient une cour
où l'on permettoit aux prisonniers de prendre l'air ; mais
qu'il y en avoit d'autres privées de cet avantage, sans être
plus mal-saines : il ne pouvoit expliquer la santé de ces
hommes, que par l'espèce d'alimens qu'ils consommoient :
ces alimens étoient les mêmes que ceux du bas-peuple du
pays, qui, n'étant pas en état d'acheter de la viande, se nourrit principalement de pain de seigle, (le plus acide de tous les
pains), & qui boit du *quas.* A son retour à Péterfbourg le
Docteur Mounsey fit les mêmes recherches, & y eut le même
résultat.

IL SEMBLE que, dans la fabrique du *quas* des Russes, la
farine de seigle accroît la fermentation & ajoute plus d'air
fixe, puisque la drêche seule ne pourroit pas produire sitôt
une liqueur aussi acide & aussi vive : & il est probable
que, lorsqu'on donnera aux autres grains un degré convenable de fermentation, ils acquéreront plus ou moins
la même qualité; d'après ce que m'a dit un Officier de
Marine, ami du Capitaine Cook, je pense du moins que
l'avoine produiroit cet effet; cet Officier croifant sur un
grand vaisseau *(a)*, au commencement de la dernière guerre,
& le scorbut se manifestant parmi l'Equipage, il songea à
une espèce de nourriture dont il avoit vu faire usage dans
quelques campagnes d'Angleterre, & il jugea qu'elle lui
feroit très-utile. On remplit de gruau d'avoine un vase de
bois, on y verse de l'eau chaude, & l'infusion continue
jusqu'à ce que la liqueur commence à devenir aigrelette,

_____

(*a*) L'Effex, de 70 pièces de canons.

c'eft-à-dire, jufqu'à ce que la fermentation commence; ce qui arrive en deux jours, dans un tems médiocrement chaud. On tire enfuite l'eau du vafe de bois, & on la fait cuire jufqu'à la confiftence d'une gelée *(a)*; il prépara du gruau de cette maniere, & il en fit fervir dans les chambrées: il l'adoucit d'abord avec du fucre, & il ajouta un peu de vin de France (qu'il avoit pris fur un vaiffeau ennemi) qui le rendit d'un meilleur goût, quoiqu'il fût aigre; & cet aliment ne fut pas moins agréable que falutaire.

IL M'A ASSURÉ qu'en prenant du *fooins*, & s'abftenant de viandes falées, fes fcorbutiques guérirent tous fans fortir du vaiffeau; que cet expédient lui réuffit dans ce voyage, & dans toutes fes autres campagnes durant la guerre, & qu'il ne fut obligé d'envoyer aucun de fes malades à terre. L'avoine non fermentée, comme l'orge qui n'eft pas préparé, ne paroît avoir aucun effet fenfible fur le fcorbut: l'*air fixe* qui eft incorporé à ces grains, femble fe mêler avec le chyle qu'ils produifent, & leur qualité élaftique ou anti-fep-tique ne fe manifefte pas, à moins que cet *air fixe* ne foit dégagé par une fermentation antérieure.

AVANT qu'on connût la puiffance de l'*air fixe* contre la putréfaction, on attribuoit la vertu des fruits, des légumes & des liqueurs fermentées à leur acide, & nous avons toujours lieu de croire que l'acide contribue à produire cet effet. Si on dit qu'on a fait ufage dans le fcorbut, avec peu de

_____

(*a*) Ce mets eft appelé *Sooins*, dans les Campagnes du Nord.

fuccès, des acides minéraux, qui contiennent peu ou point d'*air fixe*, je répondrai que peut-être dans ces effais, on ne les a jamais affez délayés; car il eft aifé de concevoir que la quantité d'eau qu'on donne communément à l'élixir de vitriol, par exemple, eft trop petite; que cet acide peut à peine fortir des premiers paffages; vu le tiffu délicat des lactées qui doivent l'arrêter & exclure une liqueur fi piquante; il faudroit donc, lorfqu'on manque de drêche, ou lorfqu'elle commence à fe gâter, parce qu'on la conferve depuis long-tems (*a*), effayer de l'eau acidulée avec de l'efprit de fel de mer, dans la proportion de dix gouttes feulement pour une quarte; ou avec de l'efprit foible de vitriol, dans la proportion de treize gouttes pour la même mefure (*b*), & de donner à ceux qui font menacés de fcorbut, trois quartes de cette liqueur par jour.

Mais fi l'*air fixe* & les acides font de fi bons préfervatifs contre le fcorbut, pourquoi le Capitaine Cook a-t-il employé fi peu de *rob* de limons & d'oranges, (car c'eft ainfi qu'on a appelé les extraits ou les fucs épaiffis de ces fruits), en traitant cette maladie? voici la raifon qu'on m'en

---

(*a*) Le Capitaine Cook m'a dit que la drêche fe conferve affez bien pendant deux ans; mais que la troifieme, elle perd de fon goût, & qu'il doute qu'il lui refte alors quelque chofe de la première vertu. M. Patten cependant a obfervé que, quoique la quantité de la drêche foit diminuée fenfiblement la troifieme année, il l'a toujours trouvée utile, lorfqu'il a eu foin d'en mettre une plus grande quantité pour l'infufion.

(*b*) C'eft d'après ces proportions que j'ai trouvé le goût de l'évan aciduleux, comme il faut, & agréable.

a donnée. Comme on n'avoit embarqué ces anti-scorbutiques
que pour les essayer, on dit au Chirurgien du vaisseau, par
forme de conjecture, combien il pourroit en mettre pour
une dose, sans toutefois limiter strictement la quantité. L'essai
se fit d'après la proportion spécifiée, mais avec si peu de
succès, que ne jugeant pas à propos de perdre plus de
tems sur cela, il s'occupa à guérir le scorbut avec le moût
de biere seulement, dont il connoissoit l'efficacité, & il
réserva ces *robs* pour d'autres occasions, sur-tout pour les
rhumes; alors, dans un grand verre d'eau chaude mêlé de sucre
& de quelques esprits, il mettoit une cuillerée de *rob*, &
produisoit par-là un sudorifique agréable, qui avoit un bon
effet. On ne doit donc point s'étonner que le Capitaine Cook
ne connoissant pas la dose convenable de ces jus, & les
ayant vu manquer dans tous les essais, ait conçu une foible
idée de ces anti-scorbutiques : il est à propos aussi de remarquer, que comme ils avoient été réduits à un très petit
volume par l'évaporation sur le feu, ce procédé les avoit
vraisemblablement beaucoup affoiblis, & qu'avec leurs particules aqueuses, ils avoient perdu de leurs particules aériennes,
d'où dépend en grande partie leur qualité anti-septique. Si
donc on essayoit de nouveau ces excellens fruits, il seroit
plus à propos d'envoyer à la mer les jus purifiés en caisses
entieres, suivant ce qui a été proposé à l'Amirauté, il y a
quelques années, par un Chirurgien de la Marine, très-
habile & très-expérimenté. Les témoignages en faveur des
qualités salutaires de ces acides, sont en effet si nombreux
& si persuasifs, que s'il y avoit encore des exemples de
leur peu de succès, pareils à ceux de ce voyage, je ne

croirois pas encore cette raifon fuffifante, pour les ôter de la lifte des meilleurs anti-fcorbutiques.

OBSERVEZ, MESSIEURS, que le Capitaine Cook ne fait pas plus d'éloge du vinaigre que des *robs*; il ne faut pas en conclure qu'il ne prife point cet acide, mais feulement qu'en ayant eu fort peu dans une expédition qu'il a achevée avec tant de fuccès, il ne croit pas que de grandes provifions de vinaigre foient auffi néceffaires qu'on l'imagine commu-nément; quoiqu'il ait diftribué, en place de l'acide, de la *four-krout* aux différentes chambrées, & employé princi-palement le feu pour purifier les ponts, j'efpere que les Navigateurs ne fe ferviront pas de fon autorité, afin d'omettre cet article. le vinaigre fera du moins un bon affai-fonnement pour les viandes falées, & on peut quelquefois l'employer avec fuccès, fur-tout dans les afperfions des poftes des Matelots; il faut remarquer que l'odeur en eft peu agréa-ble aux perfonnes en fanté, mais qu'elle l'eft commufié-ment aux malades, fur-tout à ceux qui font entaffés dans un lieu falé. Là, le Médecin lui-même recherche l'odeur du vinaigre, autant pour fon plaifir que comme un moyen de fe préferver de l'infection.

LE MOUT de biere & les fucs acides fe diftribuoient feule-ment comme des remèdes; mais la *four-krout*, (du choux aigre, dont on mange beaucoup en Allemagne) étoit d'un ufage plus étendu. Le chou acquiert fon acidité par une fermention fpontanée, & c'eft ce goût aigrelet qui le rend plus agréable à tous ceux qui en mangent: on peut ajouter

à fes

à ſes autres qualités, qu'elle s'eſt conſervée bonne juſqu'à la fin du voyage.

ON A LIEU de s'étonner que quoique le chou ait été ſi vanté par les Anciens, (on peut voir ce que diſent là-deſſus Caton l'ancien, & Pline le Naturaliſte,) & que ſes qualités ſe trouvent prouvées par l'expérience qu'en ont faites les Nations pendant des ſiécles, quelques-uns des Ecrivains de Médecine modernes les plus diſtingués, le déſapprouvent : l'un dit qu'il jette dans la cuiſſon une odeur rance, qu'il confond avec celle de la putréfaction ; un autre le dé-compoſe & y découvre un air très-groſſier, qui le rend indi-geſte ; mais on ſait aujourd'hui que la propriété, tant dé-criée, qu'il a d'engendrer des vents, provient de l'*air fixe* qui rend le chou ſi ſain quand il eſt fermenté. Un des plus célèbres Médecins de notre ſiécle l'a même dénoncé comme ayant quelque choſe de vénéneux: cet Auteur croyoit, avec auſſi peu de fondement, que le chou étant une plante al-caleſcente & diſpoſée par conſéquent à la putréfaction, ne pouvoit jamais être employée dans le ſcorbut, à moins que la maladie ne vînt d'un acide ; mais les expériences dont j'ai préſenté autrefois le réſultat à la Société, prouvent que ce végétal, ainſi que les autres corps ſuppoſés alcaleſcens, eſt réellement aceſcent, & le ſcorbut ne provient jamais d'acidité, mais plutôt d'une eſpèce de putréfaction, où tendoit, à ce qu'on croyoit, la claſſe mal fondée des alcaleſcens *(a)*.

<hr />

(*a*) *Voyez* cette Remarque plus étendue dans mes Obſervations ſur les Maladies de l'Armée ; *cap. I.*

PARMI les dernieres provisions de mer qu'on a découvertes les plus salubres, chacun a entendu parler de la soupe
portative, & le Capitaine Cook en a tiré un grand avantage
durant son expédition : ce bouillon concentré délivré de
toute graisse, & ayant, par une longue évaporation, jeté les
parties les plus putrides de la viande, est réduit à la consis-
tance d'une colle, &, dans un endroit sec, il se conserve
plusieurs années comme les autres colles. On a dit que les
bouillons, quoique faits sans végétaux, s'aigrissent en se gar-
dant (a) : or soit qu'il se forme par là un acide, ou qu'il
ne s'en forme pas, je suis porté à croire que les parties gé-
latineuses des substancees animales, telles que celles qui
composent les tablettes de bouillon, ne sont pas fort disposées
à la putréfaction. Puisque le Capitaine Cook observe qu'au
moyen de cette soupe, son Equipage mangeoit une plus
grande quantité de légumes qu'il n'en auroit mangé d'ailleurs, on doit convenir que du moins elle a été anti-septique
par-là.

J'EN AI DIT assez sur les provisions qu'ont embarqué
les vaisseaux de Roi, dans les longs voyages de ces derniers tems: M. Cook ne réclame d'autre mérite que d'avoir
distribué avec prudence celles qu'on lui avoit données; mais
il a seul la gloire des réglemens absolument nouveaux dont
je vais vous parler & des essais qu'il a fait avec succès, d'après
les idées de quelques-uns de ses Amis.

D'ABORD l'Equipage ne faisoit qu'un quart sur trois, au

(a) La seule matiere qui s'aigrisse dans le sang, est la matiere géla-
tineuse, &c. Sénac, Structure du Cœur, Liv. III, chap. 4, pag. 5.

lieu d'un sur deux, comme c'est l'usage : c'est-à-dire , qu'il le divisoit en trois bandes , & mettant chacune de quart à son tour , pendant quatre heures ; chaque homme avoit huit heures de repos pour quatre de service ; au lieu que , dans le service ordinaire , la moitié du monde étant de quart à-la-fois & y rentrant tous les quatre heures , chaque individu ne peut avoir qu'un sommeil interrompu , & quand ils sont mouillés , ils n'ont pas le tems de se sécher , avant de prendre leur hamac. Lorsque rien n'exige un travail pressant & extraordinaire , un Marin ne doit-il pas se rafraîchir par un sommeil aussi tranquille qu'un journalier ordinaire ? Je sais que rien ne distingue plus un Officier , que le soin de préserver son Equipage de l'humidité & des autres injures du tems. M. Cook a veillé sur le sien , avec une humanité particuliere. Dans la Zone torride , il mettoit les Matelots à l'abri de la chaleur brûlante du Soleil , à l'aide d'un toit , placé sur les ponts , & dans ses campagnes sous le cercle antarctique , il donnoit à chaque homme un gros habit de laine , garni d'un capuchon (a). Les Matelots le trouvoient fort utile pour manœuvrer à la pluie & à la neige , & parmi les glaces flottantes , dans les hautes latitudes du Sud.

UNE AUTRE PRÉCAUTION essentielle contre la putréfaction , c'est de tenir propres le corps , les vêtemens , les hamacs , & les postes des Matelots : M. Cook m'a appris que régu-

---

(a) Les Matelots portoient , dans l'occasion , ce vêtement , qu'ils appeloient , leur jaquette magellanique.

lièrement une fois par femaine, il paffoit l'Equipage en revue, & qu'il examinoit fi chaque homme avoit changé de linge, & fi d'ailleurs il avoit la propreté convenable; on fait combien la propreté, qui contribue à la fanté, tend d'ailleurs au bon ordre & à l'exercice de la vertu. Cet Officier infatigable s'eft perfuadé (& peut-être fon obfer-vation n'eft-elle pas nouvelle), que ceux des Matelots qu'il engagea à être plus propres qu'ils ne l'auroient été d'eux-mêmes, font devenus en même tems plus fobres, plus rangés, & plus attentifs à leur devoir : mais il faut avouer qu'un Matelot n'a pas beaucoup de moyens de fe tenir propre, quand il le voudroit. Je n'ai pas oui dire que les Comman-dans des vaiffeaux fe foient encore fervis de l'alembic, afin de fe procurer de l'eau douce, pour laver le linge & les habits, & cependant il eft sûr que l'eau de la mer ne fe mêle pas avec le favon, & que la toile humide de Saumure ne fe féche jamais parfaitement ; comme M. Cook a eu des oc-cafions fréquentes de faire de l'eau fur les Ifles de la mer du Sud, il a diftribué à l'Equipage de l'eau douce par-tout, & en cinglant dans les hautes latitudes des mers du Sud, il en a pris en abondance, comme vous le verrez par la fuite de ce Difcours.

IL N'EST PAS BESOIN de parler des hamacs & des lits : tous les Officiers favent aujourd'hui combien il importe à la fanté des Équipages de les tenir fecs & bien aërés ; puifque la refpiration de tant de monde répand, dans l'ef-pace de 24 heures, une humidité funefte fur les parties baffes du vaiffeau. M. Cook non content de faire expofer les hamacs & les lits fur le pont à chaque beau jour, (ce qui eft la méthode ordinaire), avoit foin qu'on en aërât toutes les parties.

Il s'est occupé en outre de la pureté du vaiffeau lui-même, précaution fans laquelle toutes les autres auroient été inutiles. Je ne vous rapporterai point en détail les ordres qu'il donnoit pour laver & ratiffer les ponts, parce que je ne vois pas qu'en ceci il l'ait emporté fur les Navigateurs ordinaires; mais, puifqu'il a tiré de fi grands fecours du feu pour purifier fon bâtiment, je tâcherai d'expofer la méthode de l'employer, plus au long qu'il ne l'a fait. Après avoir mis du bois dans un fourneau à grille, on l'allume & on le porte fucceffivement dans toutes les parties qui font au-deffous des ponts; par-tout où il y a du feu, l'air le plus proche s'échauffant devient fpécifiquement plus léger, & par fa légèreté, il s'éleve & paffe par les écoutilles dans l'athmofphère : l'efpace vide eft rempli par l'air froid des environs, & celui-ci s'échauffant à fon tour, monte & eft remplacé par un autre air : ainfi, en tenant le feu quelque tems dans chacun des appartemens inférieurs, on chaffe l'air fale & on y en introduit du frais; ce n'eft pas tout; je crois que les vapeurs acides du bois, agiffent alors comme anti-fcorbutiques & corrigent l'air corrompu qui refte.

Un Officier de Marine, d'un rang diftingué, m'a communiqué une obfervation très-jufte, c'eft que fur les vieux vaiffeaux de vingt canons d'ancienne conftruction, on étoit bien moins attaqué du fcorbut, que fur les bâtimens du même port de conftruction moderne; il ajoute qu'il ne peut expliquer cette différence, que parce que les premiers

ayant leur cuifine à l'avant du faux-pont (a), la cheminée
alloit fi mal, qu'elle rempliffoit tous les environs de fumée
quand le vent fouffloit de l'arriere; cela étoit incommode,
mais cet inconvénient lui paroiffoit compenfé par la bonne
fanté dont jouiffoit l'Equipage: peut-être que les feux allu-
més ainfi dans les parties baffes, contribuoient plus à fécher
& à ventiler les ponts inférieurs, qu'ils ne peuvent le faire
maintenant qu'ils font placés fous le gaillard d'avant, au-
deffus du pont d'en-haut.

Les feux portatifs étoient fur-tout d'une utilité manifefte, pour diffiper l'humidité dans ces endroits où l'air
circuloit le moins. Cette humidité, qui provient de la
tranfpiration d'une multitude d'hommes, & fouvent
d'animaux (qu'on conferve en vie), & des vapeurs qui
fortent du puits où il y a le plus de corruption, étant une
des caufes principales du fcorbut, M. Cook s'eft appliqué
plus particulièrement à la chaffer. Il ne pouvoit pas employer de meilleurs moyens que des feux; tandis qu'ils brû-
loient, quelques hommes frottoient fortement avec de la
toile ou du fil de cartet, chaque partie de l'intérieur du
vaiffeau qui étoit humide: ils purifioient fur-tout le puits, qui,
fe trouvant dans la partie la plus baffe de la cale, reçoit
toute l'eau des voies, & les gouttes qui tombent des viandes
gâtées ou de l'eau corrompue: les vapeurs méphitiques de
la fentine, ont fouvent occafionné la mort fubite de ceux
qui s'en font approchés fans précaution pour la nettoyer;

_____

(a) Le faux-pont eft immédiatement au-deffus de la cale.

souvent cette vapeur pestilentielle en a tué plusieurs de suite, qui vouloient aller au secours de leurs infortunés camarades. Dans ce voyage, on est venu à bout non-seulement de purifier, mais encore de rendre agréable ce lieu, en y descendant un pot de fer rempli de feu.

QUAND le tems ne permettoit pas de recourir à cette opération salutaire, on fumigeoit le vaisseau avec de la poudre à canon; quoique cette fumée ne pût pas dessécher les parties basses du bâtiment, elle chassoit seulement l'air corrompu, par le moyen des esprits acides du soufre & du nitre; car le soufre & le nitre jouissent peut-être d'une forte de fluide aërien, qui se dégage alors du feu, & qui arrête la putréfaction : mais comme ces purifications, à l'aide de la poudre à canon, & de la combustion du goudron, & d'autres substances résineuses, sont assez connues, je ne m'y arrêterai pas davantage.

PARMI les différens moyens de renouveller l'air, vous vous attendiez peut-être, Messieurs, à entendre parler du *ventilateur* du Docteur Halles; &, persuadé comme je le suis de l'excellence de cette machine, je vois, avec regret, qu'on a perdu une si belle occasion d'en donner au Public une idée favorable : si le succès de l'expédition de M. Cook, supérieur à ce qu'on pouvoit en espérer, ne suffisoit pas pour justifier cette omission, je dirois en faveur de notre digne Confrere, le Docteur Halles, que par une fatalité humiliante, qui accompagne si souvent les découvertes les plus utiles, la réputation de ce ventilateur est bien loin d'être fermement établie dans la Marine. Il n'est donc point surprenant que le Capitaine Cook, n'ait pas eu le tems de l'examiner, & qu'il ait négligé de surcharger son vaisseau d'un appareil qu'il n'avoit peut-être jamais vu en usage; d'ailleurs il étoit muni d'un autre ventilateur: il avoit les *manches à vent*, quoiqu'il n'en parle pas dans son Mémoire, & il m'a dit qu'il les a trouvé très-utiles, sur-tout entre les Tropiques: ils occupent peu d'espace, ils exigent peu de travail pour les faire aller, & la machine est si simple que tout le monde peut s'en servir: mais leur effet est peu considérable en comparaison du ventilateur du Docteur Halles; on ne peut pas les employer dans les vents forts, & ils sont inutiles dans les calmes, lorsqu'on a le plus besoin de rafraîchir l'air. Ne devroit-on pas se servir de l'un & l'autre de ces ventilateurs?

TELS sont les moyens par lesquels notre habile Navigateur a purifié l'air; il ne reste plus qu'à dire comment il s'est procuré une eau saine.

M. COOK avoit un appareil pour distiller l'eau de la mer; &, quoiqu'il n'ait pas pu en tirer autant qu'on l'avoit espéré, il en profitoit quelquefois. En dedans du tropique Sud dans la mer Pacifique, il a trouvé tant d'Isles si bien arrosées, que, comme je l'ai déjà observé, il manquoit rarement d'eau douce; pour avoir la plus pure, quand il en trouvoit de la nouvelle, il jetoit l'ancienne, quoiqu'il l'eût faite depuis deux ou trois jours: mais il a été plus de quatre mois dans sa traversée du Cap de Bonne-Espérance à la Nouvelle-Zélande, au milieu de la Zone glacée australe, sans voir terre une seule fois: & il a achevé le tour du Globe dans cette

haute

haute latitude fans trouver une feule fontaine. Ici le Lecteur
étonné, eft porté à traiter fon *Voyage de roman* ; ces mêmes
bas-fonds, ces plaines de glaces & ces montagnes de glaces
flottantes, au milieu defquels où il a dirigé fa route périlleufe,
& qui, de tous côtés, annonçoient des naufrages, ont contribué à la fanté de l'Equipage en lui fourniffant de l'eau
douce, ce dont il manquoit le plus. On avoit obfervé que
ces maffes énormes de glaces, appelées *Ifles* ou *montagnes*,
fe fondent en eau douce : Crautz, qui avance ce paradoxe,
n'imaginoit pas qu'elles priffent leur origine dans la mer : il
croyoit qu'elles fe formoient d'abord dans les grandes rivieres du Nord, & qu'enfuite portées au milieu de l'océan,
elles s'accroiffoient jufqu'à cette hauteur prodigieufe, par la
neige qui tomboit deffus *(a)* ; mais on n'avoit jamais
affirmé que toute eau de mer glacée fe fond en eau douce,
ou fi on l'avoit dit, cette opinion s'étoit peu accréditée : il
eft fûr que le Capitaine Cook ne s'attendoit pas à cette
tranfmutation, & il fut très-agréablement furpris de trouver
un obftacle de moins à combattre, celui de nourrir long-
tems fon Equipage de provifions falées, avec une petite
ration d'eau corrompue, ou avec le peu d'eau empy-
reumatique qu'il pouvoit tirer de la diftillation : la glace
fondue n'étoit pas feulement fraîche, mais douce & fi
faine que ce fut une nouvelle preuve des erreurs de la
raifon humaine prononçant fans expérience. Un Ancien, fort
refpecté avoit, par la théorie, expofé les mauvaifes qualités
de la neige fondue, & depuis cette époque jufqu'aux tems

(a) Hift. du Groënland, *Liv. I & II, Part.* 11, 12.

Tome *IV.* Ccg

modernes, ce préjugé étendu à la glace, n'étoit pas encore détruit.

Dans cette navigation autour du Globe, parmi des pluies neigeuses, de la neige, des brumes, & des tems le plus souvent humides, l'équipage de la *Résolution* jouit à-peu-près d'une aussi bonne santé que dans les Zones tempérées & torrides; on voit seulement, par le journal du Chirurgien, que, vers la premiere campagne *(a)*, quelques personnes commencerent à se plaindre du scorbut; mais la maladie fit peu de progrès, excepté dans un homme tombé malade de bonne heure par une autre cause. Les autres maladies furent également peu considérables : il n'y eut que des rhumes ordinaires, des diarrhées légeres, & des fièvres inter-mittentes, que le quinquina guérissoit tout de suite : il faut y ajouter quelques fièvres continues; mais, comme on les traita de bonne heure, elles ne devinrent jamais alarmantes. On doit donc beaucoup d'éloges aux soins & aux talens de M. Patten, le Chirurgien de la *Résolution*, qui a si bien secondé le Capitaine Cook; car il faut convenir que, malgré les meilleurs réglemens & les meilleurs provisions, il arri-vera toujours à un nombreux Equipage, pendant une longue expédition des accidens qui produiront plus ou moins de maladies, & qu'à moins qu'il n'y ait à bord un homme intelligent versé dans la Médecine, le plus sage Commandant perdra bien des Matelots qu'on auroit pu sauver.

***

(a) Entre le Cap de Bonne-Espérance & la Nouvelle-Zélande.

VOILA, MESSIEURS, les réflexions que j'avois à vous pré-
fenter fur cette matiere intéreffante; & fi j'ai été fi long,
daignez vous fouvenir que la plus grande partie de mon
Difcours explique ce que le Capitaine Cook n'a fait
qu'indiquer, qu'il m'a fallu employer d'autres obfervations
qu'il m'a remis ou que j'ai obtenues après fon départ, des
Amis dont il parle dans fon Mémoire.

LE COMITÉ n'a pas cru pouvoir donner au Capitaine
Cook des preuves plus éclatantes de fa haute eftime & de
fon refpect, qu'en lui offrant cette médaille, & il ne paroît
pas néceffaire de raffembler fur cela vos fuffrages; l'attention que vous avez bien voulu m'accorder, me femble une
preuve de votre unanimité : ma fatisfaction feroit entiere,
fi M. Cook fe trouvoit ici pour recevoir les honneurs qu'on
lui défere ; mais vous favez que cet infatigable Navigateur
eft parti pour une troifieme expédition, & qu'il va continuer, au milieu des mers, fes travaux pour les progrès des
Sciences naturelles & la gloire de cette Société; vous pouvez
être fûr que l'objet de fa nouvelle entreprife n'eft pas moins
grand, peut-être même l'eft-il davantage que celui des
deux premieres.

PERMETTEZ-MOI donc, Meffieurs, de donner à M. Cook
cette médaille empreinte de fon Nom immortel : perfonne
n'a mieux mérité ce témoignage de notre eftime & de
notre attachement; car fi Rome honoroit d'une *Couronne
civique* celui qui fauvoit la vie d'un fimple Citoyen, quels
hommages ne font pas dûs à celui qui, après en avoir
fauvé un fi grand nombre, a expofé dans vos Tranfactions

Ccc 2

les moyens par lesquels la Grande-Bretagne peut maintenant, pendant les Voyages les plus éloignés, conserver la
vie de ses intrépides enfans qui, bravant tous les dangers,
contribuent, d'une maniere si glorieuse, à la célébrité, à
l'opulence, & à l'autorité de leur Patrie (a).

(a) Le Mémoire présenté, par le Capitaine Cook, à la Société Royale,
est inséré dans la seconde Partie, *Vol. LXVI*, des Transactions Philosophiques; mais la substance de ce Mémoire se trouve dans les dernieres pages
du Voyage. La seule chose importante, qui soit omise dans le Journal, est
l'extrait d'une Lettre qu'a écrit M. Cook au Président, avant de
s'embarquer : elle est datée du Canal de Plimouth, le 7 Juillet 1776. La
voici :

« Je pense, comme vous, que la cherté du *rob* de Limons & d'Oran-
» ges, empêchera qu'on ne nous en fournisse une quantité considérable.
» Mais je ne le crois pas aussi nécessaire, quoiqu'il puisse aider l'effet
» des autres anti-scorbutiques; lorsqu'il est seul, je n'en ai pas une
» grande opinion. Je ne fais pas plus de cas du vinaigre; mon équi-
» page en a eu très-peu dans le dernier Voyage : sur la fin, nous
» n'en avions point du tout, & cette disette n'a eu aucune suite
» funeste. J'ai lavé rarement l'intérieur du vaisseau avec du vinaigre,
» il m'a paru que le feu & la fumée étoient meilleurs.

FIN DU TOME IV.

TABLE GÉNÉRALE

DES MATIERES,

Contenues dans le Voyage du Capitaine COOK.

A

AMATTAFOA, & Oghao, (Ifles) defcription, afpect, tom. 3, *pag.* 34; arrivée des pirogues. Obfervations nautiques, 36; pirogues, maniere de les faire marcher, *ibid.* Forme, étendue, 38; Defcription de l'Ifle, fol, rochers, &c. *ibid.* Volcan, 39. *voyez* Oghao.

Ambrym, (Ifle) découverte. Afpect, defcription, tom. 3, *p.* 57, 89.

Açores, (Ifles) hiftoire de leur découverte, tom. 4, *p.* 198. Etat de Corvo & de Fayal, *voyez* Fayal. Productions en vin, &c. de l'Ifle du Pico, 202; productions de Saint-George, Graciofa & Tercere, Sainte-Marie, Saint-Michel, 203, *& fuiv.* climat, volcan, 206; rafraîchiffemens qu'on peut s'y procurer, 209; obfervations nautiques & aftronomiques, 209, *& fuiv.*

Amis, (Ifles des) découverte, defcription des différentes Ifles qui compofent ce grouppe, tom. 3, *p.* 12; arrivée des Indiens, *ibid.* afpect des côtes, échanges 14; entrevue avec les Indiens, 15.

Amfterdam, fa découverte & fon afpect, arrivée des Infulaires, *tom.* 2, *p.* 24; cérémonies de l'entrevue, empreffement des Infulaires, 25; échanges, réglemens pour les échanges, 26; débarquement, accueil, 27; préfens, excurfion dans l'intérieur des terres, temple, 28; defcription de l'intérieur du pays, des chemins, &c. 30; complaifance des Infulaires, 31; harangue des Prêtres, *ibid.* un Chef dîne à bord, 32; petit accident furvenu à M. Wales, 32; différentes excurfions dans l'intérieur de l'Ifle, 33; échanges, plantations, forêts, 34; grande quantité de chauve-fouris, 35; cimetieres, 36; caractere des Infulaires, vie qu'ils menent, 37; grève & rivage, 38; religion, 39; inftrumens de mufique, *ibid.* débauche des femmes & des matelots, 40; vifite d'Attago, 42; vols commis par les Infulaires, 43; excurfion dans le pays, 44; pature, 45; échanges, vol, 46; cruauté d'un matelot, 47; entrevue avec un des Chefs, 48; portrait & caractere de ce Chef, 49; fa fuite, fon cortége, *ibid.* Prêtre, fon goût pour l'ivrognerie, 51; bonté du caractere des Infulaires, 52; ces peuples font ce qu'ils étoient du tems de Tafman, *ibid.* ufages particuliers, 53; le Docteur Sparrman & M. Forfter attaqués, 54; danfes dramatiques, 55; reffemblance de ces peuples avec les Taï-

Tome IV.

Ddd

Fin de la Table des Matieres.

APPROBATION.

J'AI LU, par ordre de Monfeigneur le Garde-des-Sceaux, un
Ouvrage, intitulé : *Second Voyage autour du Monde & aux
Terres Auftrales*, par le Capitaine Cook, en 1773, 74, 75
& 76, fuivi du *Voyage du Docteur Forfter auxdites Terres
Auftrales*, ainfi que l'abrégé defdits Ouvrages, ornés de Cartes,
Plans & Figures : de pareils Ouvrages ne peuvent être que très-
intéreffans par les obfervations, en tout genre, qu'ils renferment
pour le progrès des connoiffances, tant phyfiques que géographiques,
de la furface de notre Globe, & je crois que c'eft fatisfaire à l'im-
patience du Public, en accordant la permiffion de les mettre au
jour, n'y ayant rien trouvé qui puiffe en empêcher l'impreffion.
A Paris ce 16 Juin 1777.

Signé, ROBERT DE VAUGONDY.

PRIVILÉGE DU ROI.

LOUIS, PAR LA GRACE DE DIEU, ROI DE FRANCE ET DE NAVARRE: A nos amés & féaux Conseillers, les Gens tenans nos Cours de Parlement, Maîtres des Requêtes ordinaires de notre Hôtel, Grand-Conseil, Prévôt de Paris, Baillifs, Sénéchaux, leurs Lieutenans Civils, & autres nos Justiciers qu'il appartiendra : SALUT, notre amé le S.ʳ *** Nous a fait exposer qu'il desiroit faire imprimer & donner au Public ; *le second Voyage dans l'Hémisphère austral & autour du Monde, par M. Cook, traduit de l'Anglois*, s'il Nous plaisoit lui accorder nos Lettres de Privilége pour ce nécessaires. A CES CAUSES, voulant favorablement traiter l'Exposant, nous lui avons permis & permettrons par ces Présentes, de faire imprimer ledit ouvrage autant de fois que bon lui semblera, & de le vendre, faire vendre & débiter par-tout notre Royaume, pendant le tems de six années consécutives, à compter du jour de la date des Présentes. FAISONS défenses à tous Imprimeurs, Libraires & autres personnes, de quelque qualité & condition qu'elles soient, d'en introduire d'impression étrangère dans aucun lieu de notre obéissance ; comme aussi d'imprimer, ou faire imprimer, vendre, faire vendre, débiter, ni contrefaire ledit ouvrage, ni d'en faire aucuns extraits sous quelque prétexte que ce puisse être, sans la permission expresse & par écrit dudit Exposant, ou de ceux qui auront droit de lui, à peine de confiscation des Exemplaires contrefaits, de trois mille livres d'amende, contre chacun des contrevenans, dont un tiers à Nous, un tiers à l'Hôtel-Dieu de Paris, & l'autre tiers audit Exposant, ou à celui qui aura droit de lui, & de tous dépens, dommages & intérêts ; A LA CHARGE que ces Présentes seront enregistrées tout au long sur le Registre de la Communauté des Imprimeurs & Libraires de Paris, dans trois mois de la date d'icelles ; que l'impression dudit ouvrage sera faite dans notre Royaume & non ailleurs, en beau papier & beaux caractères, conformément aux Réglemens de la Librairie, & notamment celui du dix Avril mil sept cent vingt-cinq, à peine de déchéance du présent Privilége ; qu'avant de l'exposer en vente, le manuscrit qui aura servi de copie à l'impression dudit ouvrage, sera remis dans le même état où l'Approbation y aura été donnée, ès mains de notre très-cher & féal Chevalier, Garde des Sceaux de France, le Sieur HUE DE MIROMÉNIL, qu'il en sera ensuite remis deux exemplaires dans notre Bibliothèque publique, un dans celle de notre Château du Louvre, un dans celle de notre très-cher & féal Chevalier Chancelier de France, le Sieur DE M'AUPEOU, & un dans celle dudit Sieur HUE DE MIROMÉNIL ; le tout à peine de nullité des Présentes : DU CONTENU desquelles VOUS MANDONS & enjoignons de faire jouir ledit Exposant, & ses ayans causes, pleinement & paisiblement, sans souffrir qu'il leur soit fait aucun trouble ou empêchement. VOULONS que la copie des Présentes, qui sera imprimée tout au long, au commencement ou à la fin dudit ouvrage, soit tenu pour duement fignifiée, & qu'aux copies collationnées par un de nos amés & féaux Confeillers-Secrétaires, foi foit ajoutée comme à l'original. COMMANDONS au premier notre Huiffier ou Sergent fur ce requis, de faire pour l'exécution d'icelles, tous actes requis & néceffaires, fans demander autre permiffion, & nonobftant clameur de haro, chartre normande, & lettres à ce contraires : Car tel eft notre plaifir. Donné à Verfailles, le vingtieme jour du mois d'Août, l'an de grace mil fept cent foixante-dix-fept, & de notre Régne le quatrieme. Par le Roi en fon Confeil.

Signé, LE BEGUE.

Regiftré fur le Regiftre XX. de la Chambre Royale & Syndicale des Libraires & Imprimeurs de Paris, N.° 906, folio 406, conformément au Réglement de 1723, qui fait défenfe, article IV, à toutes perfonnes de quelque qualité & condition qu'elles foient, autres que les Libraires & Imprimeurs, de vendre, débiter, faire afficher aucuns Livres pour les vendre en leur noms, foit qu'ils s'en difent les Auteurs ou autrement, & à la charge de fournir, à la fufdite Chambre, huit exemplaires prefcrits par l'article CVIII du même Réglement. A Paris, ce 22 Août 1777.

Signé, A. M. LOTTIN l'aîné, *Syndic.*

E R R A T A

TOME PREMIER.

Introduction, page viij, *ligne* 6, fuivant leur eftime: lifez, fuivant l'eftime.

Page xj. *lig.* 15, & parlant : *lif.* en parlant.

Page xiv, *ligne* 10, l'un attera : *lifez* l'un atterit.

Page xv, *lig.* 14, O-tahiti : *lifez* Taiti, & faites par-tout cette correction.

Page xix. *ligne* 15, j'atterai : *lifez* j'atteris.

Page xxj, deux lignes avant la fin, & dans la Mer de l'Inde : *lifez,* & dans les Mers de l'Inde.

Pag. xxxj, cinq lignes avant la fin, le couple : *lif.* les couples.

Page xxxij, *ligne* 14, reconnus : *lif.* reconnues.

Page 7, *ligne* 7, j'appareillai : *lif.* nous appareil-lâmes.

Page 8, *ligne* 16, acbfidit, *lifez,* abfcidit.

Page 9, *ligne* 14, les futailles : *lifez,* fes futailles.

Page 13, cinq lignes avant la fin, & le fecond : *lif.* & la feconde.

Page 15, *ligne* 13, leurs Officiers ; *lif.* fes Officiers.

Page 45, quatre lignes avant la fin, Coupeur d'eau : *lif.* faucher, & faites par-tout cette correction.

Page 20, *ligne* 4, feroit : *lif.* croit.

Ibid. ligne 14, climats : *lif.* alimens.

Page 23, *ligne* 7, des Anglois de la faction : *lifez,* de la factorie.

Page 25, quatre lignes avant la fin, leurs relations : *lifez,* les relations.

Page 26, *ligne* 8, nous les voyons : *lifez,* voyions.

Page 33, *ligne* 20, le tenter : *lif.* la tenter.

Pag. 38, les Ifles du Cap Verd : *lifez,* toutes les Ifles.

Page 36, fix lignes avant la fin : Garde de terre : *lifez* Garde-tems.

Page 59, neuf lignes avant la fin, courant : *lif.* courante.

Page 65, fept lignes avant la fin, des Jardins : *lif.* & de Jardins.

Page 75, *ligne* 16 ; effacez, par an.

Page 78, cinq lignes avant la fin, une de fes maifons : *lif.* une de fes excurfions.

Pag. 84, *lig.* 6, de Brais : *lifez,* des Braies.

Page 96, ligne 5, qu'on ne pourroit : liſ. qu'on ne
   pouvoit.
Page 110, ligne pénultieme, changeant grand frais :
   liſeʒ, changeant en grand frais.
Page 130, ligne 2, Nouvelle-Hollande : liſ. Nouvelle-
   Zélande.
Page 144, ligne 8, & tangage : liſeʒ, & un tan-
   gage.
Page 150, ligne 12, de Molluſca : liſeʒ, des Mo-
   luſca.
Page 161, lig. 8, nous n'en avions : liſ. nous n'avions
Ibid. cinq lignes avant la fin, de deux anſes : liſ.
   de deux Anges.
Page 178, ligne 5, allerent : liſeʒ, alla.
Page 255, ligne 19, un vilage tors : liſeʒ, une
   figure d'homme torſe.
Page 262, ligne 11, parvenus : liſeʒ, parvenues.
Page 290, ligne 8, du vert aliſé : liſeʒ, du vent
   aliſé.
Page 294, ligne 4, courir : liſeʒ, recourir.
Page 351, ligne 5, plain : liſeʒ, plaine.
Page 355, ligne 8, avant la fin, avoient reſté : liſ.
   étoient reſtés.
Page 401, ligne 2, & qu'il ſouhaitoit : liſeʒ, & il
   ſouhaitoit.
Page 402, ligne 3, enfin le Capitaine : liſ. le Chef.
Page 419, ligne 8, il emporta : liſeʒ, il emporte.
Page 445, ligne 7, les Taïtiens : liſeʒ, les Inſulaires.
Page 447, ſept lignes avant la fin, Drury Lano :
   liſeʒ, Drury Lane.

TOME SECOND.

Page 9, ligne 7, qui n'eût : liſeʒ, qui eûn.
Page 5, ligne 5, un parapet : liſeʒ, ou parapet.
Page 114, ligne pénultieme, habitoient : liſeʒ, oc-
   cupoient.
Page 130, ligne 14, Bouvreuil, liſeʒ, Grimpereau,
   & faites par-tout cette correction.
Page 135, ligne 27, dans une carte : liſeʒ, dans
   ma carte.
Page 138, ligne 10, que la ſeule variété : liſeʒ, la va-
   riété ſeule.
Page 216, trois lignes avant la fin, couleurs & lui-
   ſantes : liſeʒ, couleurs luiſantes.
Page 247, ligne 9, cet hauſſecol : liſ. ce hauſſecol.
Page 253, ligne 9, répandre : liſ. reprendre.
Page 273, ligne 17, qu'ils nous firent : liſeʒ, que
   les Naturels nous firent.
Page 293, ligne 17, forme : liſeʒ, forment;
Ibid. trois lignes plus bas, qu'il ne connoît pas :
   liſeʒ, qu'on ne connoît pas.
Page 297, ligne 6, au-de-là le : liſeʒ, au-de-là du.
Page 321, ligne 11, le feu du vaiſſeau : mettez une
   virgule entre feu & du.
Page 324, ligne 3, effaceʒ le 30e jour du mois.
Page 342, ligne 14, qui l'avoit vu : liſ. qu'on avoit vu.
Page 345, ligne 7, après Mataoued : mettez un
   point.
Page 355, ligne 17, ſe-ſervoient les : liſeʒ, ſe ſer-
   voient des,

Page 389, la ſixieme avant la fin : effaceʒ, ou.
Page 398, cinquieme ligne avant la fin, les Etrangers :
   liſeʒ, les Arréoys.
Page 427 ligne 5, qu'il : liſeʒ, qui.

TOME TROISIEME.

Page 20, ligne 6, effaceʒ, de Hayes.
Page 80, ligne 4, effaceʒ, peu.
Page 85, ligne 4, forêts : liſeʒ fronts.
Page 94, ligne derniere, après direction, ajouteʒ :
   Eſt.
Page 110, cinq lignes avant la fin, Hydepark : liſeʒ,
   dans Hydepark.
Page 128, ligne 19, nous reſallâmes : liſ. nous re-
   tournâmes.
Page 152, ligne 8 avant la fin, portent : liſeʒ, por-
   toient.
Page 156, quatre lignes avant la fin ; qui les por-
   toit : liſ. qui le portoit.
Page 159, ligne 3, Scanders : liſ. Saunders.
Page 167, ligne 7, nous en apperçûmes un : liſ. une.
Page 246, ligne 20, Longitude des Lieues : effaceʒ
   des Lieues.
Page 248, Nouvelle-Calcédoine, liſeʒ, Nouvelle
   Calédonie.
Page 294, ligne 9 avant la fin ; la pagne : liſ. le
   pagne, & faites par-tout cette correction.
Page 323, ligne 14, N. ¼ O, liſ. N. ½ N. O.
Page 346, ligne 15, courſes, liſ. courbes.
Page 374, ligne 2, 19' 33'' 25'; après 25, effaceʒ
   le trait qui exprime des minutes.

TOME QUATRIEME.

Page 11, ligne 4, après, ſi longue : effaceʒ,
   même beaucoup plus courte.
Ibid. ligne 15, nous obſervons : liſeʒ, nous obſer-
   vions.
Page 27, dans les Vers Latins, acquante : liſeʒ,
   æquante.
Page 33, ligne pénultieme, pécherafis : liſ. pécherais.
Page 110, ligne 20, ne ſe haſarda : liſ. ne ſe haſar-
   dera.
Page 142, ligne 16, Tatougées : liſ. Tatouées.
Page 175, Note, ligne 2, de Londres : liſ. de l'Inde.
Page 178, ligne 8, per. capræ : liſ. pes capræ.
Page 193, ligne 19, ayant ordre : liſeʒ, eut ordre.
Page 194, ligne pénultieme, en Portugal : liſ. en
   Portugais.
Page 208, ligne 16, 90 hommes : liſ. 90 Religieuſes.

Na. Dans la Carte des Découvertes des environs
de la Georgie, on a appelé Iſle des Tonneliers, l'Iſle
Cooper, dont il eſt parlé dans le Diſcours ; & on a
marqué, ſous le nom de Pic de Terre glacée, ce
qu'il faut appeler Pic de Freeʒe-Land. Cooper &
Freeʒe-Land ſont deux noms d'hommes.